감사는 행복의 통로

송일순 산문집

도서출판 문예사조

■■■ 책을 내면서 ■■■

속담에 "호랑이에게 물려 가도 정신만 차리면 된다."는 말이 있다.

2020년 1월말부터 코로나-19 감염병 예방으로 온 세상이 지루한 시간을 보내고 있다. 온 나라 사람들에게 똑같이 주어진 이 시기에 무엇을 해야 잘 하는 걸까를 생각했다. '우선순위로 성경을 1회 워드로 완타하자'는 목표로 집콕 생활을 익혀 갔다. 5월 12일 1회를 완타하니 '나도 꽤 괜찮은 사람이구나' 하고 내 자신을 칭찬해도 기쁨이 온다.

그리고 일주일에 4일 정도는 1만보 걷기를 하고, 만나지 못하는 지인과는 카톡 서신으로 기다림과 설렘을 가지며 감염병 예방의 정답인 마스크를 쓰고 여러 곳을 다녔다. 볼 수 있고, 먹을 수 있고, 일어설 수 있고, 생각을 나눌 수 있고, 걸으며 웃을 수 있는 사람들이 있다는 것이 참 감사하다. 가요에 「있을 때 잘 해」란 가사가 참 좋고, 옛 말에 '역지사지(易地思之)'란 말을 늘 마음에 새기며 지키려고 노력한다.

때로는 전동열차를 타고 남이섬, 자라섬 등 예전에 가 보았던 곳이지만 세월 따라 아름다움이 달리 느껴지니 금상첨화(錦上添花)다.

특히, 공지천과 화천 붕어섬에서의 낚시질은 코로나-19시대 사회적 거리두기로 안성맞춤이며, 청정지역에서 낚아온 물고기는 반찬이 되어, 일거양득(一擧兩得)이다.

한겨울이 되어 기온에 따라 1만보 걷기도 조정하고, 평소보다 조용해진 시간에 마음에 두었던 이런저런 글로 두 번째 산문집을 출간할 자료들을 준비하니 코로나-19 감염병 시대의 긴 터널을 잘 돌파하고 있는 것 같다. 감사하는 마음으로 보람 있는 일을 계획하고 실천하면 건강한 삶을 영위하는 원동력이 됨을 나는 느낀다.

오늘을 최고의 감사한 날로 생각하고, 열심을 갖고 행복을 만들어 간다.

2021년 1월 20일

봄내 퇴계동에서
송 일 순

Contents

제1부

▲ 책을 내면서 _ 2

아름다운 세상 걷기

1. 꿈을 그리는 벽화(壁畵) ······················· 10
2. 정년퇴직기념 미국 여행 ······················· 14
3. 일가친척과 낚시 야영(夜影) ·················· 23
4. 형부 생신을 꽃 피운 노래방 ··················· 28
5. 『행복을 품은 열정』 수필집 출간 ·············· 32
6. 독립운동가 신석구 목사님의 향기(독후감) ······· 37
7. 5남매 기동력의 후유증 ························ 45
8. 대금굴(大金窟)과 정선 레일바이크 ············· 50
9. 생선구이와 하슬라아트 ························ 54
10. 홍콩과 마카오 가족여행 ······················ 58
11. 사이판 가족여행 ···························· 62
12. 故 부창옥 작가님을 기리며 ··················· 68
13. 안전사고는 순간의 선택 ······················ 72
14. 아들의 박사학위 취득 ························ 75
15. 청풍명월 문학기행 ··························· 79
16. 반가운 모과나무 모과청 ······················ 85

Contents

제2부

신나는 오늘 만들기

17. 용평 발왕산 케이블카 ······················ 90
18. 썬크루즈여객선 일본 여행 ·················· 94
19. 호기심의 후유증 ··························· 98
20. 홍천 수타사 산소길 소풍 ·················· 102
21. 파랑볼우럭(블루길) 낚시 ·················· 106
22. 가평 자라섬(남도) 꽃잔치 ················· 111
23. 가는 날이 장날 ·························· 116
24. 알밤 줍기의 도미노식 후유증 ·············· 119
25. 영화 「담보」 감상 ························ 123
26. 故 이영식 장로님을 기리며 ················ 127
27. 감사장을 드리고픈 시아주버님께 ············ 131
28. 산천어 반건조구이 ······················· 135
29. 코로나-19 감염병 외면하기 ················ 139
30. 힐링의 남이섬(南怡島) 관광 ··············· 144
31. 구곡폭포 나들이 ························· 148
32. 퇴계공원 충혼탑 ························· 152
33. 의암호 둘레길과 스카이워크 ··············· 158

감사는 행복의 통로 • 5

Contents

제3부

건강하고 행복한 얼굴들

34. 대관령 자연휴양림 가족 휴가 ················ 164
35. 도미노식 안전사고 ······························· 169
36. 홍천 알파카월드와 척야산 문화공원 ········ 174
37. 거가대교와 순천만 관광 ························ 179
38. 고돌이(고등어) 낚시의 행복 ··················· 182
39. 밤낚시와 텐트 ····································· 187
40. 설날맞이 산천어 낚시 ··························· 192
41. 첫돌잔치와 수원 화성(水原華城) 나들이 ···· 199
42. 친정엄마 생일잔치 뒤풀이 ····················· 204
43. 힐링(Healing)의 청송회(靑宋會) 모임 ······· 208
44. 보석 같은 친구들 ································· 213
45. 탁구대회 3위 입상 ······························· 217
46. 터키석 반지 ·· 221

Contents

제4부 아름다운 삶을 만들어요

47. 효자급 개망초 나물 ················· 226
48. 영화 「기생충」 감상 ················· 230
49. 새끼고양이와 십자매 사육 ················· 234
50. 아름다운 선율 크로마하프 ················· 238
51. 유기 선인장과의 만남 ················· 243
52. 윷놀이 상품과 산천어 ················· 246
53. 말레이시아 반딧불이 여행 ················· 251
54. 반가운 개구리 소리 ················· 257
55. 빈 우유팩의 변신 ················· 261
56. 동해안 봄나들이 ················· 265
57. 아마릴리와 민달팽이 ················· 269
58. 이사 ················· 272

제 1 부
아름다운 세상 걷기

> 코로나-19 감염병 예방으로 활동이 어려우나
> 정답인 마스크 쓰기와 손씻기를 잘 하며
> 아름다운 세상을 찾아 나서서
> 감사와 행복의 나날을 만들어 간다.

1. 꿈을 그리는 벽화(壁畫)

　벽화를 그리기 시작한 것은 1990년 사내초등학교 교장선생님께서 7월 초에 "선생님들은 테니스를 치면서 2명씩 짝을 지어 시멘트조립식 울타리 8면에 벽화를 한 편씩 그려야 여름방학을 합니다."라고 하셨다. 나는 커서 화가가 되겠다고 학생 때 자연환경과 사람들이 북적이는 거리 등을 자주 그렸었고, 선생님이 된 후에 화천교육청주관 교원실기대회 약화(略畫)부에서도 입상을 했었기에 내 솜씨를 표현할 기회가 와서 속으론 반가웠다. 그때 박부녀 선생님과 그린 바다 풍경과 해바라기가 멋지고 생동감이 있어 만족스러웠고 벽화에 관심을 갖게 되었다.
　1993년 금산초등학교로 발령이 났다. 이듬해 교장선생님께서 올해 어린이날 선물로 송 선생님과 교감선생님이 조립식 울타리 30면에 벽화를 그려 주시면 좋겠다고 하셨다. 소재를 물으니 화가 선생님이 다 알아서 하시라고 교장선생님이 일임을 하시니 그 인정감에 감동도 했었다. 판이 여럿이라 민속놀이와 자연보호의 모습을 선정하고 학기 초라 바쁘지만 벽화를 우선순위로 두었다. 밀짚모자를 쓰고 외부용 수성페인트와 빨강, 노랑, 파랑, 검정색 물감, 붓 시너(thinner)를 준비한 후 빗자루로 벽을 쓸고 먼지를 닦았다. 외부용 수성페인트에 물감과 시너를 섞어 큰 붓으로 색을 칠하니 어린이들은 도화지나 스케치북에만 그림을 그리는 줄 알았는데 벽에도 그리니까 신기하게 와서 본다.

"수고하십니다. 선생님께서는 미술이 전공이십니까? 벽화를 참 잘 그리시네요."

"고맙습니다. 미술이 전공은 아니지만 그림 그리기가 참 재미있습니다."

박사 마을로 소문난 고향을 찾아온 사람들이 모교를 찾아왔는데 휴일에도 벽화를 그리는 사람이 있으니 고마워하며 하던 말씀이다. 목과 허리와 팔이 아프고, 츄리닝 한 벌도 페인트가 묻어 입을 수 없게 되었지만, 벽화 30면을 완성했다는 뿌듯함에 '나는 참 괜찮은 사람이다'라고 스스로 칭찬하니 기쁨과 자신감이 생긴다. 어린이날 기념 체육대회에 오신 손님과 학부형님들에게 벽화가 공동선물이 된 듯한 분위기다. 벽화를 배경으로 독사진, 가족사진, 친구들과 사진 찍는 것을 보니 흐뭇하다. 노인회장님댁 담장에도 북한강을 끼고 경춘열차가 달리는 강촌 출렁다리에서 의암댐까지의 풍경을 그려 드리니 매우 기뻐하셨다.

이듬해 전국에서 아름다운 학교 선발에 금산초등학교가 선정 되어 일면을 담당했다는 생각에 보람을 느꼈다. 그때만 해도 벽화가 있는 곳이 거의 없었으므로 학교를 방문하는 분들께는 이색적인 풍경으로 각인된 것 같다. 이웃 학교에 소문이 퍼져 교육청 국정감사에 국회의원들이 오는데 방문하는 1개 학교 현관에 「방문 환영 입간판과 학교 현황판」을 봐달라는 연락을 받고 내 재능에 열정을 쏟음이 행복했다. 현충일에 우리 5형제 가족이 학교에 테니스를 치러 왔다가 내가 그린 벽화를 보고 '가문의 영광'이라고 큰 박수를 쳐 주어 감격스러웠다.

그 후 2000년 3월, 남산초등학교로 발령을 받았다. 교감선생님께서,

"송 선생님이 벽화를 잘 그리신다는 소문을 들었어요. 테니스 벽치기 하던 곳과 유치원 교실 옆 담장에다 벽화를 그려 주시겠어요?"

벽화 내용도 선생님이 알아서 하시라고 일임을 해서 유치원 선생님과 상의해서 정했다. 내용은 유치원과 1, 2학년 교실 부근이라 숲 속 마을에 색동옷을 입은 어린이 7명이 줄넘기도 하고 딱지치기도 하며, 코끼리와 당나귀 아저씨가 안경을 끼고, 솜사탕을 만들고, 나무 위에는 새들이 지저귀고 냇물에 통나무 다리 위를 동물 음악대들이 줄지어 간다. 구름 위로 어린이들이 타고 있는 비행기가 날아가고, 숲 둘레는 기차가 지나가는 숲 속 풍경이라고 하니 좋다고 하셨다. 벽면 폭이 가로 20m×세로 7m 되는 교실 벽만 한 큰 폭이라 사다리에 올라가 벽면을 쓸고, 닦고 그리기를 시작했다. 3일 후에 선생님 2명이 도와 주겠다고 왔기에 검정 물감으로 머리 부분을 칠해 달라고 부탁을 하며,

"붓이 잘 안 내려가면 제게 알려 주시고, 색칠을 멈추셔야 되요. 물을 붓거나 시너를 더 넣으면 묽어져서 비가 오면 번지기 때문에 절대로 안 됩니다." 하고 신신당부(申申當付)를 했다. 벽화가 완성되니 참 아름다운 숲 속에 행복이 가득한 곳으로 느껴졌다. 어린이들에게,

"이 벽화는 어린이날 선물입니다." 하고 말하니, 박수를 치며 좋아한다. 내가 지나가면 "그림선생님 지나간다. 고맙습니다." 하고 인사를 한다. 보람 있는 일을 또 한 가지 해냈다는 자부심과 재능의 발전에 감사했다. 그런데 며칠 후 밤에 비가 많이 왔다. 다음날 벽화를 가보니 머리에 검정물감이 흘러내려 귀신이 단체로 머리를 푼 듯 무서워 보이고 코끼리의 안경테 등 검정색이 흘러내려 벽화가 엉망이 되었다. 저학년 어린이들은 귀신이 나타났다고 무섭다고 교실로 가기도 하고 다른 곳으로 놀러 간다고 한다. 어이가 없기도 하고 화가 나기도 하면서 도와 준 선생님들이 야속했다.

도와 준 두 선생님도 보더니 정말 죄송하다며 이렇게 번질 줄은 몰랐다고 한다. 교실벽 만한 바탕부터 다시 물감을 칠하고 밑그림을 그려야 하니 설렘도 사라지고 몸과 마음이 쳐지고 두 선생님이 원망스럽다. 하지만 서너 시간 내 마음을 추스르고 어린이들이 좋아할 얼굴을 생각하며 다시 그리기를 시작했다. 지난번 도와 주었던 2명 선생님이 또 왔기에,

"가만히 계시는 게 도와 주는 것입니다." 했더니 이번에는 정말 약속을 잘 지키겠다며 도와 주어 교실 벽만 한 판이 5일 만에 완성되었다. 어린이들이 벽화 앞에서 줄넘기, 꼬리잡기, 공놀이, 소꿉놀이를 하는 것을 보니 마음이 즐겁고 후배 선생님들의 도움이 고마웠다.

"입술의 30초가 가슴에 30년 간다."는 말도 있는데, 나무랐던 게 상처가 되었으면 어쩌나! 남의 실수도 배려할 줄 아는 마음을 길러야겠다는 생각이 든다. 유치원 교실 옆 담장 벽화도 두 선생님의 실수가 전화위복이 되었는지 붓놀림이 익숙해져서 2일 만에 아름답게 벽을 완성했다. 재능을 주신 하나님과 부모님께 감사한 마음이 든다. "구르는 돌은 이끼가 끼지 않는다."는 속담이 실감난다.

한국의 라스베이거스라고 불리던 강촌에 MT 온 대학생들이 축구를 하러 운동장에 와서 벽화 앞에서 사진도 찍고 벽화를 칭찬할 때는 어깨가 으쓱해진다. 근무하던 세 학교에 벽화의 흔적을 남긴 것이 삶의 여정에 기쁨으로 자존감을 높여 주어 교직 생활이 보람찼다.

2. 정년퇴직기념 미국 여행

    2010년 12월 24일, 시아주버님 가족과 6촌 형님 내외와 우리 내외가 15박 16일 미국 여행길에 올랐다. 평소에 미국이란 나라가 얼마나 멋있고 살기 좋을가를 많이 동경했었다. 6·25전쟁 직후 처참하게 어려웠던 피난시기에 구호물자로 받은 옷, 학용품, 과자, 우유, 장난감, 밀가루 등 너무나 고마운 나라였기에 늘 감사하게 생각하고 있었다. 여행 예약을 한 다음부터 기분이 들떠 있었다. 12월이 시작되면서 우리나라 거리의 크리스마스 장식이며 크리스마스 캐롤 등이 흥겨운데 잘 사는 미국은 얼마나 멋있을까를 상상했다. 마침 학교가 12월 22일 겨울방학을 해서 20년 근속 10일 휴가와 연가를 얻어 16일 여행 기간을 얻는데 별 지장이 없었다.

    2011년 2월 28일이 교직 41년 정년퇴직기념으로 여행 경비가 8백만 원이 들지만 미국 여행을 하자고 제안했다. 인천공항을 이륙한지 2시간쯤에 일본 공항에 도착했다. 직항은 비싸서 비행기를 바꿔 타려고 2시간을 기다리며 공항에 앉아 기다렸다. 그런데 6촌 아주버님이 화장실에 가셨는데 20분이 되어도 안 돌아오셨다. 긴장한 시아주버님과 남편이 용감하게 찾아나서서 20분 만에 같이 오셨다. 시아주버님과 남편이 전직 경찰관이어서 역시나 잘 찾아오신 것 같았다. 마음을 가다듬고 기다렸다가 미국행 비행기에 올랐다. 외국인들이 많은데 특이한 점은 60세가 넘은 할머니 스튜어디스가 서비스를 하는데, 얼굴은 괜찮지만 팔뚝 살갖의 푸석함이 긴소매를 입어 가리었으면 하는 바램이 있었다. 그리고 3세쯤 되어 보이는 아기가 멀미를 하는지 계속 울어서 아이 엄마가 힘들어 하는 것을 보았다.

12시간 반 정도가 걸려 미국공항에 도착했다. 준비된 관광버스를 타고 호텔로 가는데 너무나 조용한 거리는 삭막하기까지 하다. 크리스마스 트리나 캐롤송은 아무 곳에도 없었다. 너무도 황당해서 가이드에게 물어 보니 미국은 12월 초부터 20일 정도 크리스마스 장식을 설치했다가 21일부터 다 제거하고 25일부터 한 달 동안 휴가가 시작되며, 주로 장기간 여행을 간다고 한다. 우리나라는 12월 24일 밤에 교회에서 크리스마스 축하 행사를 하고, 25일은 교회에서 낮예배를 드리고, 새해맞이는 가족 중심으로 한다. 미국은 반대로 크리스마스 날 가족이 모여 축하하니 거리가 조용하고, 새해맞이는 가족보다는 연인이나 친구들과 함께 한다고 한다. 그래서 식당이며, 마트 등이 영업을 중단하니 춘천의 명동보다도 설렁한 거리가 나타난 것 같다.

둘째 날은 뉴욕 시내로 갔다. 명동 한복판 높은 광고판에 한국의 현대 소나타 자동차 광고가 붙어 있어서 기분이 참 좋았다. 하루 광고료가 100만원 정도를 한다고 하니 놀랍기도 하지만 자랑스럽기도 하다. 인파에 떠밀리다시피 해서 석유의 왕 록펠러 거리에 가니까, 크리스마스 트리가 서 있고 정장을 입은 사람들 20여 명이 서성거리고 있는데 사업가들의 모임이라고 한다. 록펠러의 명언으로 "성공하려면 입은 닫고, 귀는 열어라."가 유명하다. 그는 55세 때 시한부 판정을 받은 적이 있었는데, 그때 병원 로

비에 써 있던 글귀는 "주는 자가 받는 자보다 복이 있다."는 성경말씀을 보았고, 그날 병원에서 돈이 없어서 딸을 입원시키지 못하는 한 어머니의 입원비를 대납하면서 나눔의 삶을 시작했고, 미국의 제1 갑부가 되어 록펠러 재단을 세우고 자선사업에 전념하다 97세로 세상을 떠났다고 한다.

오는 길에 그 부자나라 한복판인 뉴욕 길거리에도 노점상이 좌판을 펼치고 있기도 하고 노숙자인 듯한 사람들이 여러 곳에서 보이니 참 고르지도 못한 세상 같았다. 그리고 뉴욕 리버티 섬에 있는 자유의 여신상(自由의 女神像)을 멀리서 보았다. 뉴욕을 상징하는 대표적인 건축물이며, 미국의 독립 100주년을 축하하기 위하여 19세기말 프랑스가 미국과 프랑스 국민들 간의 친목을 기념하기 위해 프랑스 국민들의 모금 운동으로 증정되어 1886년에 완공되었고, 1984년 유네스코 세계문화유산에 등록되었다고 한다. 횃불은 등대의 역할을 했지만 햇빛에 반사 되어 선박 운항에 방해가 된다는 청원으로 등대의 기능은 없어지게 되었다고 한다.

그리고 밤에는 희망자에 한해서 연극을 보는 프로그램이 있다. 입장료가 15만원이라 비싸서 주춤하다가 선진국의 연극은 어떠한가를 본다고 형님과 나랑 둘이서만 보았다. 무대가 몇 겹이고 자동차, 연못, 새, 말 등이 영상이 아니라 상상도 못했던 실체가 나타났다가 없어지니 놀라울 수밖에 없었다.

셋째 날은 교과서에서 많이 배운 1931년에 지어진 울워스 고딕양식의 건물인 101층 엠파이어 스테이트 빌딩(Mpire State Building)에 갔다. 80층까지 엘리베이터를 타고 올라가서 뉴욕 시가지를 보고 사진도 찍었다. 81층부터는 방송국 안테나 등 일반인들의 출입이 금지된 정보매체 사무실인 듯 싶다. 이 건물의 계단은 1,860개, 창문은 6,500개, 그리고 940개의 회사와 2만 명의 사람들이 일하고 있다고 한다. 관람을 끝내고 1층 상가에 내려와서 손자에게 줄 유리로 된 체중계와 과자 선물을 샀다.

오후엔 100년 전에 만든 바다 속 터널로 금융의 도시 맨해튼(Manhattan distance)으로 갔다. 빌딩이 너무 높아서 곧 내 앞으로 무너질 것만 같이 보인다. 그런데 건물의 지반이 모두 바위로 되어 있어서 건축비도 덜 들고 매우 튼튼하게 설계가 되어 걱정이 없다고 한다. 맨하튼에는 유엔 본부가 있고 유명한 랜드마크, 박물관, 대학교가 많고, 뉴욕 증권거래소와 상업적, 재정적, 문화적으로 중요한 장소라고 한다. 뉴욕의 자치구 중에서 3번째로 인구가 많은 지역이나 면적은 제일 작다고 했다.

넷째 날은 그 유명한 금문교(金門橋)에 갔다. 1,300m의 길이로 세계에서 두 번째로 긴 주 경간을 가진 현수교라 한다. 다리 옆 양쪽에는 그물망을 쳐놓았는데 자살하는 사람이 많아서 방어막으로 설치한 것이라 한다. 최고의 부자나라 미국에도 자살하는 사람이 있는지 이해가 잘 안 간다. 밤에는 6명이 둘러앉아 윷놀이를 했다. 5판 3승으로 지는 팀원 1명이 10달러씩 지불하면 모두 30달러가 되는데, 모은 달러로 다음날 화장실 요금이나 음료수, 간식 등을 사는 공동경비로 썼다. 16일 동안 눈치를 봐야 하는 간식비 부담이 없어져서 떳떳하고 재미있었다. 윷놀이니까, 시아주머님 말도 잡고 형님 말도 잡으니 재미있다. 윷이나 모가 나올 땐 춤을 덩실덩실 추기도 해서 분위기가 좋아진다. 아랫사람인 나로서는 간식비 부담에서 자유로워지고 몇 번 모은 돈으로 여행 내내 떳떳하게 쓸 수 있어서 기분이 좋다.

다섯째 날은 시내에서 웅장한 빌딩들을 보고 매사추세츠주 케임브리지에 위치한 미국의 사립명문대 하버드대학교(Harvard University)에 갔다.

교문을 들어가자, 초대 창시자의 동상이 있다. 동상의 발부분이 닳아서 반질거리는데 한 번 만지면 입학시험에 합격을 할 수 있다는 전설이 있어서, 모두 한 번씩 만져 보기도 하며 사진도 찍고 웃었다. 도서관, 기숙사와 교정을 둘러보고 교실로 가서 칠판에 우리 가족들의 이름을 써 놓았다. 시아주버님의 일필휘지(一筆揮之)로 쓴 이름자가 멋있었다. 방문한 사람들 싸인을 보니 많이 다녀갔음을 알 수 있었다.

여섯째 날은 펜실베니아주에 있는 미합중국 대통령의 거처이자, 주요 업무지인 백악관(白堊館)으로 갔다. 넓은 공원에는 거목도 많고 다람쥐, 청설모, 비둘기, 토끼, 참새, 도토리가 있는데 풍토의 영향인지 한국의 동식물보다 1/3정도는 크다. 정원 한쪽에는 비닐하우스를 치고, 할머니 한 분이 30년 동안 평화를 외치며 그 뜰에 살고 있어 시선을 모으고 있었다. 백악관을 나와서 한국 6·25 전쟁 때 전사한 장병들의 넋을 기리는 묘역도 참배하고 이곳저곳을 다녀보았다.

일곱째 날은 모하비 사막에 갔다. 관광버스를 탔는데 한국 관광버스는 45석~50석인데 미국관광버스는 65석이라 무척 길어 보인다. 거기에다 맨 뒤칸에는 화장실도 있으니 운전기사가 기술이 좋아야 할 것 같다. 화장실 청소는 간단하지만 냄새가 환풍기를 통해 안으로 들어올까 봐 대부분은 화장실이 있는 주유소나 휴게소에 주차하곤 화장실을 다녀오라고 한다. 버스는 2시간을 시속 80km로 달려 구간단속 시간을 꼭 맞추곤 한다. 과속하면 벌금이 우리 돈 5백만 원에 해당하기 때문이란다. 새벽 3시에 떠나서 7시간이 걸려서 미국 캘리포니아주 남동부를 중심으로 네바다주, 애리조나주, 유타주에 걸쳐 있는 해발 1,000m~2,000m 고지대의 모하비 사막에 도착했다. 사막의 이름은 아메리카 토착민인 모하비족에서 유래하였다고 하며 넓이는 56,000km²에 이른다고 한다. 7~8월의 기온이 49℃까지 올라가는 북아메리카에서 가장 뜨거운 곳 중의 한 곳인데, 12월이라 그런지 후덥지근할 뿐이었다. 버스에서 내려 사방을 둘러보니 도로 양쪽 옆으로 회양목 비슷한 잎이, 작은 나무가 모내기를 한 듯 사방으로 줄을 맞춰 2m 높이 정도로 돔 모양을 하고 있다. 사막을 푸르게 하려고 나무를 심은 것이냐고 가이드에게 물으니 자연발생 식물이란다. 나무가 자랄 때 옆에 다른 식물이 나오면 향기나 진을 떨어뜨려 그 식물을 죽게 하여 같은 종류의 나무만 일정 간격을 두고 살아 있다고 했다. 키가 큰 선인장들이 가끔 보이고, 바위 사이로 사막 여우가 지나가는 것이 보인다. 미국 땅 여러 곳에 사막이 있다는 것은 이번 여행으로 처음 알게 되어 여행의 매력이 또 한 번 각인 되었다. 돌아오는 길에 시속 80km로 돌아간다는 풍력발전기가 여러 곳에서 눈에 띄었다. 오후에 네바다주 라스베이거스(Las Vegas, NV)에 도착했다. 도시 전체를 볼 수는 없지만 무척 화려한 것 같다. 어떤 큰 건물에 들어갔는데 상품, 식당, 게임장 등 복잡한 거리였고, 사람들도 북적인다. 그런데 밤인데도 아파트 40층 높이 천장에 파란 하늘에 흰구름이 떠 있다.

　새들이 날아가는 아름다운 풍경이 보이는데 잘 이해가 안 가서 가이드에게 물었더니 인공하늘을 만들고 유리로 된 천장에 그림을 그린 것이란다. 사람들의 기술이 참으로 놀라웠고 신비스러웠다. 카지노 게임장 앞에 사람들이 가장 많이 몰려 있다. 우리 일행은 진열된 여러 가지 상품을 보고 화려한 무대 쇼를 보고 호텔로 돌아왔다.

　2011년 1월초, 그랜드 캐니언(Grand Canyon) 국립공원을 갔다. 미국

애리조나주 북부에 있는 고원지대를 흐르는 콜로라도강에 의해서 깎인 거대한 계곡이다. 계곡의 깊이는 1,600m에 이르고 계곡의 폭은 넓은 곳이 약 30km에 이르며, 1979년 유네스코 세계자연유산으로 지정되었다고 한다. 눈앞의 계곡은 입이 안 다물어질 정도로 광활하고 거대하다. 이렇게 멋진 계곡이 한국에도 있어서 관광수입을 올리면 얼마나 좋을까를 말하며 감탄했다. 미국은 어려운 여러 나라들을 많이 도와 주어서 하나님의 축복을 받은 나라 같다는 생각이 들었다. 소나무와 잣나무 아래 사슴들이 무리지어 돌아다님도 평화로웠다.

현장에서 경비행기를 타고 계곡을 둘러보는 상품을 신청했다. 진눈깨비가 날려 11시에 비행을 할 수 있을지는 그 시간의 날씨를 봐야 한다고 한다. 초조하게 기다리는데 10시에 신청한 팀은 진눈개비가 계속 내려 경비행기를 못 타고 갔다. 11시가 되어 진눈깨비가 그치자, 우리 팀은 경비행기를 타고 계곡을 둘러보았다. 미국에 관광오기를 정말 잘했다고 입이 마르도록 감탄을 했다. 경비행기 조종사와 사진을 찍고 10분 후 사진을 찾았다. 2010년 그랜드 캐니언 관광자 수는 439만 명으로 미국의 서부지역에 있는 국립공원 중에서 가장 높은 숫자를 기록했다고 한다.

그리고 점심을 먹고 오다가 어느 공원에서 버스를 정차하고 화장실을 다녀오라며 30분간 자유로운 관광 시간이 있었다. 대부분 차에서 내려 화장실을 다녀오고, 맨손체조도 하고 공원을 보고 30분 후에 승차하니 미국 유학생이 1,000달러가 없어졌다고 버스가 출발을 못한다고 한다. 여학생은 외삼촌이 선물로 주신 유학비를 받아 넣은 가방을 운전석 뒤에 놓고 내려가 용변을 보고 온 후 가방이 열려 있어서 속을 보니 달러 봉투가 없어졌다는 것이다. 여학생이 내릴 때는 가이드와 운전기사만 차에 있었기에 두 분을 지목하여 한참 실랑이를 벌이다가 경찰서에 신고를 했다. 그런데 경찰에 신고하는 것을 보고 겁이 났는지, 한 시간이 지날 즈음 가이드가 운전기사를 학생에게 사과하도록 시켰다. 운전기사는 한국 이민자였는데 수입이 적어 생활비가 부족해 유학생의 돈을 훔쳤다고 했다. 가난은 상식도 체면도 안면몰수하고 행동을 시행하였다. 관광객 모두가 한국인이어서 참 다행이었다. 한국인 운전기사가 가난한 게 좀 안 되었다는 생각도 들지만 돈을 버는 방법이 엉터리 같아 씁쓸한 기분이 든다. 저녁을 먹고 어느 지역으로 갔다. 오후 7시가 되니, 지붕이 다 되어 있는 상점가의 돔으로 된 천장 여러 곳에서 영화도 비추고, 만화동영상도 비추고 뉴스도 보여 준다. 많은 사람들이 상점가로 몰려들며 식사를 하는 사람들, 춤을 추는 그룹, 노래를 하는 그룹, 게임을 하는 그룹 등 처음 보는 형태들이라 놀라웠다. 눈비가 와도 아무 영향을 받지 않을 상가가 멋있었고 그렇게 해서 매상을 올림이 멋스러웠다. 한국 시장에도 도입했으면 하는 생각이 든다.

　　미국에서 12일 동안 머무르며 도시와 자연환경을 잘 보고, 13일째 캐나다로 갔다. 캐나다에 있는 나이아가라 폭포는 이리호수(Lake Ene)에서 온타리오 호수(Lake Ontario)로 흐르는 나이아가라강에 있는 폭포다. 낙차 소리가 커서 옆에서도 말소리가 잘 안 들리고 물안개가 피어올라 신선이 사는 세상에 온 것 같았다. 그 폭포 사이를 날아다니는 낯선 새들도 보인다. 캐나다 쪽에서 보이는 폭포는 말굽형으로 생겨 미국 쪽에서 보는 폭포보다 훨씬 멋있다. 나이아가라 폭포에는 1961년부터 수력발전소가 건립되어 총 219만kw 용량의 13개 발전기가 있다고 한다. 캐나다에서 하루를 묵는데 밤에 비가 많이 와서 야경 보기를 생략하고, 푹 쉬고 14일 미국으로 다시 돌아왔다.

마지막 날인 15일, 한국으로 오는 중에 굉음 같은 비행기 소리가 나이아가라 폭포의 낙차 소리같이 들려서 비행기 안에서도 폭포를 회상하는 즐거움이 생겼다.
　우리 일행 7명이 건강하게 여행을 하고 인천공항에 안착하게 되어 감사하다. 그 후 비행기로 여행을 할 때에는 비행기 소리가 굉음이 아니라 나이아가라 폭포의 소리로 들려서 지루하지 않게 즐거운 여행을 할 수 있었다. 생각에 따라 행복과 불행이 결정된다.

3. 일가친척과 낚시 야영(夜影)

 2019년 8월 23일, 1박 2일로 속초항 국제크루즈터미널 부근에서 낚시를 하려고 일가친척 14명이 모였다. 올해 2월에 친정어머니까지 소천하시니 맏딸인 나는 동생가족과 일가친척의 소중함이 느껴진다. 여름의 끝자락에서 고등어 낚시를 하려고 바닷가 야영을 계획해 한 달 전에 송가네 밴드에 공지를 했다.

 작년 8월 12일에는 휴가 기간이라선지 밤 12시에야 겨우 낚시터를 잡았었는데, 올해는 첫째 남동생이 12시 반에 도착해 낚시터를 확보했다. 도착하는 대로 반가운 인사를 나누며 낚싯대를 설치해 놓고 텐트 5동을 설치했다. 일의 분담과 소속감을 위해 밴드에 부서를 정해 놓았었다. 시설팀, 홍보팀, 낚아팀, 밥상팀, 감독 부서로 나누었는데 효과가 있었는지 홍보팀은 미 참석자를 독려해 1명이 더 참석하게 했다.

 시설팀인 막내 동생 목사 내외는 식사테이블, 의자, 비치파라솔, 가스렌지, 가스난로(야간보온용), 식기, 식수, 텐트 등을 준비하고, 서비스로 유부초밥, 모리소바, 찐만두, 염소탕, 오징어장떡, 된장찌개 등 상상을 초월한 저녁식사를 제공해서 모두 행복한 밥상을 대했다. 경제적으로 넉넉지도 못한데 일가친척의 화목을 위해 정성을 다하니 하나님의 사랑이 느껴지는 감동이다. 팔십이 조금 넘은 감독부서인 사촌형부도 옛날에 임금님이 잡수시던 명품인 이천 쌀 10kg을 가져 오셨다며 즐거워하시고, 사촌언니는 병원에 다녀와서 조금 쉬었다가 왔는데 오랜만에 바닷바람을 쐬고 형제들을 만나니 매우 행복하다고 하신다. 밥상팀에선 달덩이 같은 양구 수박과 황태볶음, 멸치, 김치, 깻잎, 매운탕 재료들이 마련되었다. 농구공만한 수박은 물이 많고 잘 익어서 시원하고 달콤했다. 낚아팀은 전갱어와 고등어 30여 마리를 잡았다. 작년에는 고도리 104마리로 처음으로 친환경 젓갈도 담아서 4개월 후에 꺼내어 파, 마늘, 참기름, 깨, 설탕, 청량고추로 양념을 해서 3번이나 친척들과 나눠 먹어 흐뭇했었다.

저녁식사가 끝나고 낚시를 하는데 홍보팀이 설치한 비박용 14인용 비닐하우스가 해풍(海風)에 날려 펄럭이고 있다. 마치 이솝우화에 나오는 아기 돼지 삼형제가 지은 둘째네 집 같아서 한참을 웃다가 바람이 잦아들어 텐트를 원래 위치로 정리했다.

시원한 바닷바람을 반기며 돗자리와 담요를 펴고 앉아 한여름 밤에 윷놀이가 어울릴까를 생각하며 시작을 했다. 말판 중앙에 특별한 자리를(벌칙과 보너스 등) 만들어 놓고 말을 쓰게 되니 생각지도 않은 말이 잡히고 건너뛰기도 하여 엎치락뒤치락하다 승패가 순간 결정되니 정말로 재미있다. 한치 앞도 모르는 인생살이와 비슷하다는 느낌이 든다.

우리가 윷놀이를 하는 동안 고종사촌동생과 남편은 속초중앙시장에서 오징어 물회와 반건조 오징어를 많이 사 왔다. 윷놀이가 끝나고 이어서 식탁에 둘러앉아 오징어회가 맛있다고 먹는데 막내 올케가 "오늘 오징어회 먹고 싶은 소원이 풀렸다."고 해서 고마웠다. 밤 10시 반에 사촌언니와 화장실에서 용변을 다 봤는데 두 이모의 다리가 아플까 봐 조카가 화장실 바로 앞에 주차를 하면 타시라며 후진을 하다가 모래사장에 뒷바퀴가 빠졌다. 남자 9명이 힘을 합해 밀어도 꼼짝도 하지 않아 30분 정도 실랑이를 하다가 보험사 레커차를 불러 도로에 정상으로 올려놓았다. 사촌형부 가족과 낚아팀 동생은 텐트로 들어가고 여동생 가족은 내일 광주 거래처에 일이 있어 텐트는 그대로 놔두고 떠났다.

새벽 1시경 야식이 끝날 무렵, 남편이 무거운 의자를 들고 일어섰다가 휘청거리며 뒤로 몇 걸음 물러서다가 의자를 떨어뜨리며 유조선과 항구 시멘트벽 1m쯤 공간의 바닷물에 떨어지는 황당한 사고가 발생했다. 가로등이 밝게 비치지만 유조선 부근이라 바다 속은 캄캄해서 빠진 사람이 보이질 않는다. 둘째 남동생이 물에 들어가겠다고 하는 것을 말리고 '119에 신고를 해야 하나?' 했는데 7~8초쯤 후에 두 손을 휘저으며 머리가 떠올라 여럿이 손을 잡고 뭍으로 올렸다. 다행히 5월 7일부터 며느리의 안내로 석 달 반 동안 접영까지 수영 레슨을 받았기에 무의식 중이지만 순식간에 나온 것 같다. 평상시 2분 동안 잠수를 하고 헤엄을 칠 수 있다고는 하였었다. 시멘트벽 가까이라 손목과 무릎 주변이 쓸렸는지 피가 흐르나 골절은 없는 것 같아 다행이었다.

이런 일이 있을 줄 알고 하나님께서 우리 가족의 앞일을 알고 며느리를 통해 수개월 전에 수영 레슨을 받게 예비해 놓으셨다는 생각에 하나님께 감사하며 며느리가 고맙다. 젖은 옷을 갈아입고 아무렇지도 않은 듯 잠시 이야기 하다가 남편은 고종사촌동생과 비닐하우스로 들어가 잠이 들었다. 물에 빠졌던 본인은 생명을 연장해 준 하나님께 대해 자기의 행동을 어떻게 생각할지 궁금하기도 하다. 지금까지 못다 한 일을 하라는 전도 사역의 기회를 주신 것일까, 회개할 일을 찾으라는 기회를 주신 것일까 하는 만감이 교차한다.

낚시를 할 때는 구명조끼를 입었어야 하는데 '괜찮겠지' 하는 안전불감증에 중독 되어 속수무책(束手無策)사고를 당한 것이다. 몇 년 전 제주도 부창옥 수필작가의 『수재록(水載錄)』에서 단체로 바다낚시를 하다 조난을 당해 겨우 살아난 이야기며 수장(水葬)을 당한 사람들이 있는 「금성산 차귀도 조난기, 생사의 갈림길에서」를 읽었을 땐 스릴 있고 재미있었는데 내가 큰일을 당하고 보니, 그 작가님의 심정이 어떠했을 지가 이해가 된다. 즐거웠던 윷놀이의 희로애락(喜怒哀樂)이 겹치는 것과 똑같은 상황이 온 것 같다. 모두 놀란 가슴에 잠이 오지 않아 새벽 3시 50분까지 식탁에 둘러 앉아 사람들이 죽는 순간들의 심정들을 이야기했다. 새벽 4시가 되어 잠자리에 들었다가 아침 6시에 잠을 깨니 막내 올케가 된장찌개를 끓이며 밥상을 차리고 있다. 장로님인 이천 형부가족과 원주 단계교회 목사인 막내 동생은 내일이 주일이라 준비할 일들이 있어 아침식사 후 곧바로 속초를 출발했다. 사촌언니에게는 남은 황태볶음을 싸드렸다.

남편은 지난 밤의 일이 미안한지 아침에 수산시장에서 싱싱한 대구 5마리와 가자미 3마리를 사 왔다. 점심으로 대구매운탕을 끓이고 이천쌀로 밥을 했더니 밥맛이 좋다고 매운탕을 신나게들 먹는다. 밥상팀 둘은 설거지를 하고 남은 반찬과 가자미를 나눠 주고 뒷정리를 마쳤다. 고기가 잘 안 잡혀 오후 1시 반에 현지를 출발했다. 홍천휴게소에 들러 잠시 쉬고 운전하느라 고생한 남동생에게 홍천복숭아 한 상자를 사서 주었다. 집에 와서 짐 정리를 하고 나니 재미있던 모습들이 동영상과 사진으로 핸드폰에 문자와 사진으로 오고 갔다. 오랜만에 14명 친척이 모이니 즐거운 시간이었다고 감사하다는 인사가 오고 갔다. 작년과 올해 모였던 사진을 모아 사진첩을 만들자는 의견도 나왔다. 호사다마(好事多魔)라고 윷놀이로 재미있었는데 남편이 밤바다에 빠지는 사고가 있어 옥에 티가 낀 격이 되었지만 9월 추석에 만나면 대화거리가 되리라 생각된다.

일주일 후 동생들과 속초 낚시 뒤풀이로 춘천에 모여서 월남국수와 아이스크림을 먹으며 즐거웠던 일과 개선할 일을 짚어 보았다. 직장이나 이웃에서 만난 사람들의 모임은 즐거움이 열흘 정도면 잊혀지는데 일가친척의 모임은 한 달이 지나도 행복함이 느껴지곤 한다. 금주에 구명조끼를 구입하려 했는데 낚시의 명인 부창옥 수필작가께서 명품으로 갖고 있던 애착의 구명조끼를 선물로(우체국 택배) 보내셨다는 문자를 받아 마음이 더욱 기쁘다.

올 여름 8월 중순에는 남편의 생일을 맞아 자녀들과 주문진, 설악산, 대관령자연휴양림으로 3박 4일 피서를 다녀오고, 이번 일가친척 낚시 모임으로 탁구를 9일간이나 쉬었더니 오른쪽 팔꿈치에 엘보가 와서 아프던 것이 없어져 몸과 마음이 힐링(Healing)되는 시간들이 되어 더욱 감사하고 기쁘다.

4. 형부 생신을 꽃 피운 노래방

2018년 11월 4일(일)은 이천에 사시는 큰형부의 84회 생신이다. 이천 조카가 보낸 카톡에 「아버지 84회 생신을 맞이하여 일가친척을 모시고 이천 거상식당에서 11월 3일 12시에 점심 대접을 하겠습니다」하고 안내 문자가 왔다. 5월 22일 춘천에서 나의 칠순 및 출판기념 모임이 재미있었는데 이번에는 이천 형부 생신 초대 문자가 와서 박수를 쳤다.

계획은 점심식사를 하고 찜질방을 다녀와서 이른 저녁을 먹으며 담소를 나누면 좋겠다고 한다. 문자를 보니 뷔페와 찜질방 값도 비싸고 그 안에서 게임이나 부대시설을 이용할 경우에는 무한정 경비 지출이 예상되며, 찜질방 바닥이 미끄러워 넘어질 염려도 있어 생략하고, 공원이나 도자기 체험장에 가자고 의견을 보냈다. 그런데 원주 막내 동생 생각이 어른들은 공원 길 걷기와 도자기 체험도 어려우니 생략하고 모두 할 수 있고 지출을 줄일 수 있는 노래방을 가자고 한다. 의자에 앉아 흘러간 노래도 하며 듣기도 하고 그동안 지냈던 여러 가지 이야기를 하면 좋을 것 같다는 의견을 냈다. 모두들 공감이 가는 의견이기에 식사 후 노래방을 가기로 했다.

11월 4일 32명이 모였는데 첫돌이 안 된 의정부 큰댁 장조카의 아들 재성이도 오고, 4월에 첫돌이 지난 손녀 희수도 오고, 둘째 동생네 두 돌이 된 외손녀 수빈이네도 오는 등 초등학생, 중학생 꿈나무들이 많으니 건강한 모임이다.

점심시간에 생일 케이크를 자르고, 꽃다발을 드리고 맛있는 식사를 한 후 이천시 외곽으로 가서 노래방 2개를 빌려 한쪽 방은 젊은이, 한쪽 방은 경로방으로 정하니 유유상종(類類相從)이라 안성맞춤이다. 70~80세 경로자들이 모이니 처음에는 겸연쩍어하다가 한두 명이 노래를 하니까, 오랫동안 가슴에 담아 두었던 애창곡이 철철 넘치게 마이크를 통해 쏟아진다. 노란샤쓰 입은 사나이, 회전의자, 아빠의 청춘, 동백아가씨, 섬마을 선생님 등이다. 그런데 공통점은 너무 오래 노래를 안 불러봤는지 박자가 느려진다. 그러나 듣는 사람이나 노래하는 사람이나 박자가 틀린다고 빈정대는 사람도 없이 모두 웃음이 폭발한다. 열창을 하지만 자막에 다음 소절이 시작되어야 먼저 소절이 끝날 정도로 느린 돌림노래가 태어났다. 너무 웃어서 눈물이 나온다. 형부도 사촌언니도 어디서 새 힘이 솟는지 점점 열창을 해서 박수를 받으며 함박웃음을 만들어 낸다.

열정의 소유자 이천형부는 공무원 생활과 농사만 전념하신 줄 알았는데 흘러간 노래를 많이 알고 계신다. 지금도 기타학원, 영어교실 등을 다니시는 것을 보면 흐르는 물과 같이 새롭게 사시는 것 같아 기쁘다. 팔순이 넘었어도 교회에선 원로장로로 봉사하며, 각종 모임에 회장으로 활동하시고, 아파트 동장 등, 새 힘을 내어 힘차게 배우고 익히며 도전적으로 생활하시니 건강을 잘 유지하시는 것 같다.

1955년 서울대농대를 입학하고 졸업한 동창생들이 2017년 출간한 『농쌍팔 60년 세월』도서에서 형부가 쓴 글을 보았다. 이천제일고(이천농고)를 졸업하고, 자신의 실력을 확인할 겸 서울대학교 농과대학에 입학시험을 봤는데 합격의 영광을 받았다. 그러나 생활이 어려워서 대학 갈 형편이 안 되었는데 담임선생님과 친지들의 권유로 부모님이 장례쌀 2가마니를 입학금으로 한 번 대주신다고 하셨단다. 그 후 자신이 산토닌을 팔아 등록금도 스스로 마련했고, 산토닌 판매를 통제한 학교장에겐 편지를 써서 산토닌 판매를 극대화하여 본인의 목표대로 등록금을 마련하는 등 집중력과 성취의욕은 후대들에게도 귀감이 된다. 그 다음 학기는 학업성적을 올려 장학금을 받아 수업료 면제를 받아 학업을 계속하여 영광의 졸업을 하게 되어 가문을 빛내셨다. 그 후 공무원 생활을 하시며 돈의 중요함도 알고 쓸 줄도 아는 멋진 분으로 외국여행도 31회나 다녀오시는 등 견문을 넓이셨다.

정년퇴직 후엔 푹 쉬시지도 않고 2003년 홍천군 장남리 마을에 400평의 땅을 매입해 아내의 당뇨병 완치를 위해 좋은 공기도 마시고 운동도 하기 위해 이사를 가셨다. 소나무 300주, 사과 10주, 복숭아 20주, 배 5주, 자두, 매실 등 몇 주씩을 식재해 관리하며 뒷산을 개간하여, 머루, 다래, 오미자 등으로 수확을 도모해 농과대학에서 배운 실력으로 70대 농부의 보람으로 과학적인 복합영농의 현장을 만들어 놓으셨다. 팔순이 가까우면서 아내의 건강도 전적으로 돌봐야 하고, 매일 제초하기, 약 뿌리기, 과일 봉지 씌우기 등 일이 힘에 부쳐서 몇 년 전에 땅도 매각하고, 본인의 어려웠던 시절을 생각해 여러 손자들의 대학 입학금을 보내 주신다니 참으로 존경스럽다.

지금은 아파트 베란다에 분재 등 화분을 다듬으시며 아내의 건강을 돌보시고 있다. 언니도 학생 때는 동생들을 모아놓고 가곡을 이중창으로 가르쳐 주었는데 세월이 지나니 음정과 박자가 웃음을 만들어 낸다. 의정부 새언니도 피곤하다고 했는데 노래방에 가니 신나게 노래를 하며 어깨춤이 들썩들썩하고 생글생글 웃는 모습이 지금도 눈에 선하다. 노래방은 '부작용 없는 진통제' 같은 생각이 들 정도로 너나없이 웃음이 만면에 가득하다. 친정 막내 동생은 매형 아들에게 "부모님이랑 한 달에 한 번 꼭 효자용 노래방에 모시고 가라."고 부탁한다고 해서 모두 웃었다. 몇 곡씩 노래를 부르니 얼굴에 화기가 돌고 높은 음정이 나오면 따라하니 배에 힘이 생긴다고 한다. "고여 있는 물이 썩는다."고 노래도 안 하니 음색도 음정도 탁하고 박자도 느려지니 대책 없는 웃음만 나온다. 노래를 하면 심장의 안정도 생기고 걸음걸이도 씩씩해지며 스트레스가 소멸되는 듯한 시원한 느낌도 든다. 요즘 노래 교실이 곳곳에 생겨나 성업을 이룸도 감사하다.

오후 4에 이른 저녁을 먹으러 이천감리교회 건물 옆의 바지락칼국수 식당에 갔다. 형부 연세가 올해 84세인데 만수무강하시라며 축하금을 드렸다. 칼국수만큼이나 따끈따끈한 정이 오가는 시간이라 더욱 기쁘다. 형부께서는 두 아들이 준 축하금 100만원을 받아서 그걸로 쓰려고 초청했는데 이렇게 부담을 줘서 미안하다고 하신다.

다음엔 이렇게 아름답고 즐거운 자리를 어느 곳에 만들까 하고 차 안에서 곰곰이 생각해 보니 원주 단계교회 목사인 막내 동생집이 좋을 듯 했다. 집에 와 카톡을 보니 노래하는 모습의 사진은 많이 있는데 단체사진을 못 찍은 것이 아쉬웠다. 며칠간은 노래방 동영상을 보며 역시나 많이 웃고 또 웃었다.

5. 『행복을 품은 열정』 수필집 출간

  2018년 5월 1일, 33년을 모아온 원고로 자녀들의 권유를 받아 내 칠순 기념으로 『행복을 품은 열정』이란 304쪽의 수필집을 출간했다. 세상에 하나뿐인 내 수필집을 자랑하고 싶고, 형제자매와 친척들도 보고 싶어 송가모임 밴드에 5월 22일 공휴일에 초청 안내를 올렸다. 점심 장소는 춘천 퇴계동 CGV지하 뷔페에서 11:00~12:30분까지며, 식사 후에는 14:30~16:30까지 김유정역에서 레일바이크를 타고, 그 다음엔 춘천 무지개동산요양원에 계시는 우리 엄마를 병문안 가기로 계획을 세웠다.

  공휴일이라 식당에 예약 손님이 많을 것 같아 마음을 졸였는데 3일 전에 예약이 되었고, 레일바이크는 인증번호 오류로 하루 전에 예약이 되어 기뻤다. 만약에 레일바이크 예약이 안 되면 금쪽 같은 공휴일에 점심이나 먹으러 춘천까지 왔다 가야 하는 번거로움과 무계획적인 것 같은 오해를 받을까 봐 노심초사했다.

  당일 아침 9시에 인천 사는 고종사촌동생은 벌써 춘천휴게소에 왔다며 소양강댐을 둘러보고 식당으로 가겠다고 전화가 왔다. 곧이어 제천, 이천, 화천, 평창, 원주, 철원의 친척들 32명이 모두 도착했다. 오랜만에 만나서 웃는 얼굴로 악수를 하며 등을 두드리고 껴안는 등, 참으로 보기 좋은 모습들이었다. 식당 한쪽으로 칸막이가 된 곳에 예약석이 되어 행동이 자유로워 좋다. 인사가 끝나고 수필집을 한 권씩 드리니, 축하금과 선물을 주셔서 미안하면서도 감격스러웠다. 곧이어 각자 식성에 맞게 음식을 골라다 맛있게 먹으며 건강, 신앙, 자녀, 사업, 직장생활 등 여러 가지 이야기를 주고받았다.

1시간 남짓 식사가 끝나면서 나의 칠순과 수필집 출판을 위해 막내 동생이 순서지, 축가 악보, 태그도 준비해 와서 깜짝 행사로 즐거움이 더했다. 힘찬 축하의 박수 속에 영광의 꽃다발과 케이크를 받고 촛불도 껐다. 나는 마음 속으로 행사 순서지 등 태그를 만들 생각은 했었지만, 친척들께 경제적인 부담을 줄 것도 같아 생략했었다. 그런데 교회일로 바쁜 목사 동생이 이심전심(以心傳心)인지 밤잠을 줄이고 완벽하게 준비해 와서 참 고맙고 자랑스러웠다. 성장하는 아이들은 자주 못 봐서 낯이 설기도 했는데 태그에 가족이 명시 되어 있어 알아볼 수가 있어 참 좋았다.

태그를 목에 건 어린 조카들이 가운데에 모여 서고 동생 가족과 친척들이 나를 향해 「생일 축가」와 「당신은 사랑받기 위해 태어난 사람」이란 2곡을 불러주어 감격스러웠다. 이 노래는 2007년 8월 단양 고수동굴에 가족여행을 다녀와서 송가네 장남인 송치남의 화천쪽배축제 우정상 입상 축하와, 제부 생일을 맞아 고깔을 쓰고 입장할 때 제부를 향해 12명이 두 손을 받쳐 들고 3번씩이나 부르던 축하 노래여서 더욱 감회가 깊었다. 이어서 송가네 가족모임 청송회 회장이신 류승열 형부의 인사말씀과 총무의 인사말, 2년 전 인천에서 모임을 추진했던 고종사촌 동생의 유모어 섞인 인사 발언으로 행사장은 시끌벅적 웃음꽃이 활짝 피었다. 모두다 싱글벙글 웃는 얼굴로 기념사진도 찍었다.

12시 반에 식사가 끝나고 레일바이크를 타려고 김유정역으로 갔다. 2시간 정도 여유가 있어 테이블에 둘러앉아 이야기도 나누며 케이크를 잘랐다. 막내동생의 아이디어로 바가지 평 과자를 사 와서 개인 접시용으로 케이크를 한 조각씩 담고, 요지로 찍어 먹고 평과자도 흘림 없이 알뜰히 먹을 수 있어서 좋았다.
　김유정(1908년~1937년)은 강원도가 낳은 유명한 소설가로 30편의 소설을 쓰며, 이곳 실레마을에서 태어나고 자란 문학인으로 29세에 세상을 떠났다. 그를 기념하기 위해 2004년 12월 1일부터 행정구역 신남역을 우리나라에선 처음으로 인명인 김유정역으로 명칭을 바꾼 곳이다. 이곳에 김유정문학관이 건립되면서 문학인을 비롯한 관광객이 연간 40만 명 정도가 다녀간다고 한다. 2010년 12월에 새로 개통한 서울~춘천간 전동열차 선로가 예전 강촌역에서 1km쯤 옮겨감으로 폐철로를 레일바이크로 이용해 많은 관광객을 유치하여 주민들의 소득에 큰 도움을 준다고 한다.

　2시 반이 되어 레일바이크 6대에 4명씩 안고 싶은 사람끼리 나누어 탔다. 80세에 처음 타 보는 어른들이 있어 더욱 즐겁고 신나는 시간이다. 터널 앞에 자동카메라가 설치 되어 있음을 알려 주어 포즈를 잡고 사진도 찍고 동영상도 찍었다. 터널을 지나올 땐 노래도 부르고, 소리도 지르고, 말춤도 추고, 날리는 비누방울도 잡고, 레일 아래 꼬마전구를 켜놓아 별천지를 지나는 것 같아 즐거웠다. 중간쯤 되는 휴게소에 내려 자동카메라가 찍은 이천 형부 내외의 사진을 매점 컴퓨터에서 보고 찾아서 액자에 넣어 드리니 매우 즐거워하신다. 그리고 아이스크림과 떡볶이를 사 먹고 여러 가지 포즈를 취하며 독사진도 찍고 삼삼오오 즐겁게 사진을 찍었다. 20분쯤 지나 영화에서 보았던 빨간색의 '낭만열차'가 와서 바꿔 타고, 바위틈의 바위나리와 다람쥐를 보며 축복의 이슬비를 맞으며 10분쯤 가서 종점에 내렸다. 강촌에서 셔틀버스까지는 700m쯤 되는데 사촌언니가 고관절 수술 후 3개월 만에 처음 걷는 것이라 힘이 들었지만, 형부와 둘째 아들이 부축을 해서 안심이 되었다. 셔틀버스를 타고 4시 반경 김유정역 출발지에 모두 도착했다. 계획대로 시간 여유가 있는 가족 18명은 무지개동산요양원에 계신 우리 엄마의 병문안을 갔다. 고종사촌동생은 바빠서 김유정역에서 인천으로 곧바로 가겠다고 악수까지 하고 헤어졌는데, 벌써 요양원에 와 있어서 깜짝 쇼의 반가움은 배가 되었다. "외숙모가 뵙고 싶어 도저히 발길이 떨어지지 않아서 요양원으로 왔어요." 하며 효심을 드러낸다.

우리 엄마가 2017년 7월 13일에 무지개동산요양원에 온 지 10개월이다. 30여 분 동안 차례를 바꿔 가며 위문을 하고 날이 어둡고 갈 길이 멀어 무거운 발걸음으로 요양원을 나왔다. 요양원 부근에 있는 식당에서 춘천의 명물인 막국수를 먹으며 못다 한 이야기를 하고 다음에 모일 장소를 이천 형부댁으로 정했다. 하루 일정이 짜임새 있게 잘 진행된 것 같아 마음이 즐거웠다. 돌아가는 길에 주유비 5만원씩을 주머니에 넣어 주니 오는 정 가는 정의 흐뭇한 시간이 되었다. 계산상으로 100만원의 축하금을 받아 음식값, 레일바이크 비용, 주유비를 주고 나니 245,000원이 마이너스지만 기쁘고 즐거운 시간을 가진 것에 참 행복했다. 아쉬운 시간을 뒤로하고 승용차들이 주룩주룩 축복의 단비를 맞으며 식당을 빠져 나갔다. 집에 돌아와 송가네 밴드를 보니 '오늘 만남이 반가웠고, 모임 주선에 수고가 많았다.'는 위로 말씀과 내년 5월 이맘때에 이천에서 청송회 모임을 하겠다고 형부가 문자를 보내왔다. 1년을 기다림이 목마르다고 하니 '올해 11월 4일 형부 생신 때 모임을 갖겠다.'고 날짜가 앞당겨 답신이 와서 기뻤다.

다음날부터 며칠간 사진과 동영상을 서로 보내고 웃으며 만남의 즐거웠던 이야기와 내 수필집이 재미있다고 찬사를 덧붙여 기분이 더욱 좋았다. 나는 11월 3일 형부 생신에 축가와 만남의 즐거움을 위해 악기를 가진 사람은 연주하고 노래하도록 곡목을 정해 안내하니 막내 동생이 악보를 준비해서 밴드에 실었다. 그날은 「생신 축하」 플래카드도 준비하리라 생각했다. 형부 생신에 축하 공연을 곁들여 「행복을 품은 열정」 수필집을 5개월 동안에 완독한 분이나 읽은 소감을 발표하는 분 등 인기 발언을 한 분께는 선물을 드릴 행복한 생각을 하고 있다.

6. 독립운동가 신석구 목사님의 향기 (독후감)

  2019년 3·1절 100주년 기념으로 「출이독립(出以獨立)」 도서를 출판함을 매우 뜻 깊게 생각하며, 우리가 평화의 삶을 영위할 수 있게 해 준 신석구 목사님을 비롯한 많은 선열들에게 깊은 애정을 느낀다. 111년 만에 찾아온 더위에 아랑곳하지 않고 읽을수록 감동적이어서 3번을 정독했다. 특히, 도서 후기에 <신석구 연보·주>를 넣어 목사님의 출생부터 순교하기까지 삶의 행적을 연도별로 표기해서 이해에 많은 도움이 되었다. 설교자의 언행일치를 강조하시며 민족과 교회의 사표(師表)가 되시는 목사님은 신앙에 바탕을 두어 청빈한 삶을 사셨다.

  3·1절 독립운동 민족대표 33인 중의 한 사람으로 일제의 신사참배와 궁성요배, 창시계명을 거부해 투옥을 당했으나 출옥하면서도 다시 독립운동을 할 것이라고 당당하게 선언하므로 훗날 대한민국의 자립을 신앙의지로 확립하였다. 우리 교회(현, 춘천중앙교회) 11대 담임목사님(1926년~1927년)으로 목회하심도 처음 알게 되어 놀라움을 금치 못했다. 2016년 7월 대형 화재에도 피해간 우리 교회 3층 역사관에서 신석구 목사님의 발자취를 살펴보고 감사해야 하겠다.

  조선독립의 의지를 표명한 33인 중에 손병희, 이갑성, 최남선, 한용운 등 몇 분은 교과서에서 배워 알고 있었고, 2012년 광복절 특별기획드라마 KBS 2TV 각시탈 드라마에서 양백(김구 선생 역)등 수많은 사람들이 목숨을 건 숨 막히는 독립운동을 하는 모습을 보고 깊은 감명을 받았었다. 인터넷에서 33인을 검색해 보니 대부분이 목사님들이었기에 교과서에는 종교의 편중 인식 때문인지 간략했음을 알 수 있었다. 처음으로 3·1절 독립운동에 참여한 투사들의 이름을 써 보고 출생지, 직업 등을 표로 작성한 것을 보니 눈물이 앞을 가린다. 본인들은 물론 그 가족들과 교인들이 얼마나 가슴 조이며 숨 막히는 생활을 했을까를 생각하니 가슴이 먹먹하다.

신석구 목사님은 1907년(33세)에 기독교 국가들의 융성함을 직시하고 유교에서 기독교로 개종하여 불륜생활 등의 죄를 회개하였다. 그리고 어려운 목자의 길로 나간 의지는 "성령이 함께 하셨다."고 했다. 하나님의 뜻을 깨달은 목회자의 삶에서 평생을 가난과 궁핍함 속에서 교인들의 목자가 되어 순교하기 전에 15년간을 매일 한 줌의 쌀가루로 생식을 하였고, 가난한 이웃과 더불어 거지와 나환자를 성자(聖者)처럼 대접하며 사랑에 모범을 보이셨다. 하나님의 마음을 품었기에 보다 완전한 목사가 되기 위해 금처럼 연단 받는 나날들이 가능했고, '섬김과 사랑'으로 무장된 목회 신학은 감동적인 설교와 설득력 있는 문장으로 부흥회와 특별 예배 설교 등으로 일반인들에게도 '명강연'으로 인식되었다. 1939년 천안지방 감리사직이 끝날 때는 전년보다 58명이 전도되는 부흥을 이루었으며, 한국 교계에서 '글 잘 쓰는 목회자'로 알려졌고, 선택된 52명 중의 1인으로『희년기념 설교집』에 기고한「희생과 봉사」라는 제목의 설교문에서 교회는「천국 건설과 확장의 사명」을 갖고 있다고 하였다.

또한 중국 상해에서 발간된 한문 주석을 우리말로 옮겨 1912년 5월「빌립보 주석」을 출판하였다. 그가 감옥에서 받은 신앙 훈련은 혹독하였기에 감격스러웠고, 기쁨과 감사 속에 감옥 생활을 마칠 수 있었던 것은 고비마다 "인도하시는 손길과 깨우치시는 하늘의 음성"이 함께 했다고 하였다. 신석구 목사님은 독서조차 할 수 없는 감옥에서도 일본인들을 미워하거나 저주하지 않고 기도와 묵상으로 일관했고, 하나님을 모시는 생활터로 삼아 하나님을 모르는 이들을 전도하는 '감옥 목회'의 기회로 삼았다. 더욱이 본인의 목회가 훈계조에서 섬김이 있는 사랑의 목회로 눈을 뜨며, 그리스도의 겸비와 사랑을 갖추게 되어 확고한 신앙과 강력한 민족정신으로 무장되어 갔다. 감옥 생활이 끝난 후 파송을 받을 때는 교회 정치를 하거나 불순종하는 때가 없이, 최선을 다해 하나님의 말씀 안에서 부임하여 목회에만 전념하는 모범을 후배들에게 보였다.

반면에 신석구를 전도한 정춘수 목사는 1939년 감독이 되자, 대표적인 친일파 목사가 되어 전국 39개 교회를 폐쇄하고 교회를 팔아서 일본 국방헌금으로 내는 등 조국을 등지고 배신, 배족 행위를 하며 천주교로 개종하여 마음을 아프게 했다. 그러나 신석구는 변절한 그를 배반하지 않고 "생각날 때마다 기도한다."고 했다. 1995년부터 '역사 바로 세우기'의 열풍 속에 정춘수의 기념 동상은 철거당하는 수치를 남겼다. 일제강점기에 민족의 양심과 신앙의 지조를 지켜온 신석구 목사님은 해방 후에도 여전히 '십자가의 길'을 걸으며 월남할 기회가 있어도 양을 위하여 북한에 머물렀다.

1946년 김일성 암살 미수 사건으로 어수선한 때에도 평양중앙방송의 3·1절 기념 방송에서 공산당 정책을 공개적으로 비난하였고, 구금 중인 송정근 목사를 석방키 위해 대신 감옥에 들어가 그리스도의 남은 고난을 자신의 육체에 채웠다. 그는 북한 정권에 굴하지 않고 기독교 구국론을 펼쳐 '인민 대중을 위한 정치'를 편다는 북한 당국의 허구성을 비판하고 「감상문」제출을 통해서 인민위원회에 뼈아픈 충고를 하였다. 참으로 장하고 위대하신 목사님이다. 자서전과 조각글들은 감리교 창시자 웨슬리의 후예답게 그리스도의 완전(perfectio christi)을 지향하며 살아가신 그분의 삶에 고개가 숙여진다. 훌륭한 목회자의 생활을 영위토록 내조한 아내는 목회 뒷바라지와 수차례에 걸친 감옥 수감 생활을 뒷바라지 하면서도 용기를 북돋아 주었다. 끝내는 순교한 남편의 시체를 못 찾았기에 북한 땅을 떠날 수가 없어 홀로 남아 조선 여인의 정절을 간직함 또한 존경스럽다.

　정부는 목사님에게 1963년 3·1절에 건국 공로훈장 복장(複章)을 추서하고, 1968년 애국선열 묘역에 묘를 조성하며 구성서 목사 집례로 처음으로 의관장(衣冠葬)을 거행했다. 감리교신학대학교는 1978년 흉상을 제작하여 본관 현관에 부착하고, 1985년 기독교대한감리회 인천에서 열린 선교 100주년 기념대회에서 공로포장을 수여했다. 아브라함처럼, 베드로처럼 시신도 무덤도 남김없이 76세를 일기로 '죽을 각오'로 양들을 먹이다 순교한 신석구 목사님이 남긴 십자가 사랑은 시공간을 초월하여 오늘 우리에게 십자가 사랑을 전하고 있다.

　목사님의 후손들에게 하나님의 놀라운 축복이 늘 함께 하시어 영·육간에 강건하게 하시고, 하나님을 잘 섬기다가 하늘나라에서 모두 만나 이 땅에서 모질었던 삶들이 천국 가는 노정(路程)이었음을 축복으로 생각하길 바란다. 목사님의 죽음은 '예수 사랑' 그 이상도 그 이하도 아니며 십자가에서 피 흘리신 그리스도를 체험하는 것으로 천국으로 통하는 마지막 좁은 문을 날개를 달고 통과하여 하나님 품에 안겼으리라 믿는다. '찬송과 기도의 사람답게 살다' 간 그가 남긴 기쁠 때나 슬플 때나 지은 기도시를 음미해 본다.

　36년간 일본에게 나라를 빼앗겼던 시대에 조선의 언어를 못 쓰게 하고 일본어를 생활화하게 하는 등 교육을 차단하고, 운동장엔 농작물을 심어 한국 사람의 체력을 약화시키고 추수케 하여 여러 가지 명목으로 공출해서 생활을 피폐(疲弊)하게 했다고 한다. 민족말살 정책을 위한 우리 국민에 대한 일본정부의 횡포와 무모함에 하나님의 도우심이 있어 미국의 도움으로 1945년 8월 15일 광복을 맞았다. 그동안 저지른 위안부 문제도 독일처럼 뉘우치며 용서를 빌고, 양심적으로 떳떳한 국가로 살아갔으면 한다. 또한 512년부터 독도는 한국의 영토였고, 1900년에도 국제적으로 한국 영토로 공표되었는데도 자기네 땅이라고 억지를 부리니 신라장군 이사부가 지하에서 웃을 어이가 없는 일이다. 전쟁을 일삼던 일본에 지진이 일어나서 일본강토를 초토화 시켰으면 하는 저주의 생각이 불 일 듯 일어나고, 올림픽 등 각종 세계대회에서도 일본이 꼴지를 했으면 하는 마음도 숨길 수 없는 심정이다.

우리 집은 1950년 6·25전쟁이 끝나면서 북한에 학도병으로 끌려갔던 아버지가 거제도 포로수용소에서 남한으로 가기를 선택해 거제도에 남아 있다는 소식을 피난 생활하던 안성에서 들었다. 아버지는 포로수용소에서 미군들과 근무하면서 근면, 성실하며 영어도 잘 배워서 특별채용 장교시험에 합격해 기초군사 훈련을 받으러 논산훈련소로 갔다고 했다. 엄마와 고모랑 같이 면회를 가서 철조망 밖에서 내가 "아버지" 하고 불렀던 생각이 난다. 농촌 일을 하면서도 새벽기도까지 열심히 하시는 할머니의 기도로 아버지를 만났다는 생각이 든다. 철원이 수복되면서 이사를 가는 그 해부터 동네에서 장리(長利)쌀을 꾸어다 먹었다. 그러면서도 집에서 맛난 음식을 하면 목사님댁에 꼭 갖다 드렸기에 목사님이 세상에서 제일 높은 분이라 생각했다. 학생 때 장래희망을 물으면 감히 목사님과 선생님은 될 생각도 못 했기에 화가가 되겠다고 열심히 그림을 그렸다.

　1949년에 태어나서 6·25 남침 전쟁 후의 폐허와 가난의 후유증을 체험했다. 초등학교 때는 부서진 학교 건물 시멘트 그루터기 안에 움푹 패인 땅에 가마니를 깔고 칠판을 걸고 공부를 했다. 전쟁으로 헐벗고 굶주렸을 때에 미국에서 보낸 우유 가루, 옷, 장난감, 옥수수 가루, 약, 학용품 등으로 생활을 연명했던 기억이 난다. 나는 고등학교 졸업 후에 교사양성소를 거쳐 춘천교육대학교 교육행정대학원을 졸업해 석사학위도 받고 41년간 교직에 봉직하다 정년퇴직을 하고 안정된 생활을 하고 있다. 하나님의 인도하심이 위대함을 믿는다. 늘 우리 가족을 인도하시는 하나님은 목사님을 대접한 몫으로 여교사로 존경받으며 정년도 길고 안정된 가정생활을 할 수 있게 교사로 축복해 주신 것으로 믿는다. 교직에 근무하게 됨을 늘 감사하면서 건강하게 40여 년을 근무했다.

　그런데 그동안 33인에 대한 업적을 충분히 가르치지 못한 것이 죄송스럽다. 기미독립선언서와 공약삼장, 3·1절 노래, 반공그림그리기, 글짓기, 웅변, 주장발표, 체력 단련 등은 열심히 가르쳤지만 학습 현장에서 하나님의 말씀을 틈틈이 못 가르친 것이 후회가 된다. 성경(살전 5장 15, 16, 17절)말씀에 '항상 기뻐하라, 쉬지 말고 기도하라, 범사에 감사하라.'는 말씀을 늘 삶의 지표로 삼고 생활하고 있다. 감사와 더불어 55년간 교회 생활을 하는 동안 교회학교 교사(10년), 찬양대(50년), 해외선교헌금관리(17년), 성경쓰기 완타(7회), 샘터(속회)예배, 여선교회 봉사 등, 잘 한다고 칭찬을 받기도 하지만 기도 생활과 전도를 잘 못하는 것이 하나님과 교회와 자신에게 늘 부끄러움으로 남는다.

　내가 출석하는 춘천중앙교회는 1년 중, 주일이 5번 있는 달은 5번째 주일 헌금을 미자립 교회나 건강이 염려되는 목회자의 위로금으로 보내는데 참 바람직한 사랑의 표현 같다. 2016년 7월 춘천중앙교회에 원인 모를 화재가 발생해 16년 전 100주년 기념으로 건축한 예배당 3층 예배실을 전소시켰다. 하나님의 뜻을 알 수는 없었지만 담임 목사님을 중심으로 교인들의 회개와 릴레이 기도로 1년 만에 완전 복구되었고, 계획에 없었던 교회학교 선교교육관 리모델링까지도 완성 되어 어린이들이 쾌적한 환경에서 예배드릴 수 있어 감사하다. 하나님의 축복은 예측할 수 없는 부분이 참 많다. 그리고 춘천중앙감리교회는 기도와 설교와 전도에 전념하는 목사님들을 위해 교역자 보건주일을 지켜 잠시나마 위로할 수 있는 기회가 있다. 그러나 재정이 빈약한 교회에서는 감사주일을 지킬 수도 없다고 한다.

목사님들 파송제도가 없어진 요즘 단독목회를 하는 목사님들이 생활고에 찌들어 힘든 목회를 하는 모습을 볼 때가 많은데, 기한을 정하여 구역이나 지방회에서 최소한의 생활비를 지원하여 목회에 전념토록 했으면 좋겠다. 그러면 나태해지는 목사님들이 생길 수도 있으나 하나님께서 인도하실 것이니 실천해 보았으면 하는 생각이 든다. 우리는 후세들을 위해 이 좋은 세상이 하나님의 마음으로 가득차서 정의롭고 자유로운 나라가 되기를 위해 항상 전도하고 기도해야 하겠으며, 지금을 믿음으로 가꾸고 지키지 않으면 언제든 마귀가 역사한다는 불안을 깨달아야 할 때다. 더불어 나만이 아닌 이웃과 위정자들을 위해 늘 기도에 힘써야겠다.

요즘 사회적으로 반공교육이 등한시 되고 보안법을 폐지하고 국사 시간의 단축 등은 주의 깊게 살펴볼 필요가 있으며 인식을 새롭게 가져야 하겠다. 2000년대 이후 출생한 사람들은 3·1절, 현충일, 광복절, 6·25전쟁 등에 대해 대부분 노는 날로 인식이 되어 있기에 공산주의가 얼마나 무서운가를 학교나, 교회나 가정에서 국가의 존립이 중요함을 가르쳐야 한다.

옛날 이야기로만 기억될 수도 있기에 매스컴이나 영화, 연극, 드라마를 통해서라도 독립을 위해 목숨을 바친 선열들의 존엄함을 일깨우고, 자유가 얼마나 소중한지를 알리는 기회가 자주 있기를 바란다.

2018년 8월 21일 시작한 금강산 이산가족 상봉 같은 행사가 발전해서 남북한이 통일 되어 조국을 위해 목숨을 바친 영령들이 뿌린 믿음의 씨앗이 열매 맺기를 기도한다. 요즘 북한이 핵을 포기하겠다는 과정에서 9월 18일 남북한의 정상들이 2박 3일간 만나는 일에도 하나님이 개입하셔서, 하나님 나라가 북한에도 정착되는 역사가 나타나 대한민국이 자유민주주의 국가로 거듭나서, 평양에 교회가 세워지고 우렁찬 찬송가가 울려 퍼지는 날이 오기를 기도한다.

7. 5남매 기동력의 후유증

"언니, 오늘 형부랑 작은 오빠랑 속초에 밤낚시 하러 가시는데, 큰오빠 10시까지 연장 근무 끝나고 언니한테 가도 괜찮아?"

"그런데 속초에 오면 밤 12시쯤 되고, 회 먹고 돌아가서 다음 날 출근하려면 피곤할 텐데, 오지 않는 게 좋을 것 같잖아?"

"그래도 큰오빠가 좋다고 해서 원주 막내도 9시쯤 간다고 하니 같이 갈게."

옆에서 전화를 듣고 있던 남편이,

"오늘 처갓집에 무슨 행사가 있어서 속초에 다 모이는 거야?"

"없어요. 내가 속초에 낚시 간다니까, 어떻게 알고 시간이 되니 온다는 거지요."

속초에 도착하니 오후 5시 40분이다. 낚시 바늘이랑 미끼를 챙겨서 자주 가는 속초항 국제크루즈터미널 부근에 자리를 잡았다. 저녁식사 시간을 절약하려고 남편과 둘째 남동생은 차 안에서 김밥과 과일을 먹었기에 곧바로 낚시를 시작했다. 바람이 잔잔해 파고도 낮고 네온사인이 물속을 들여다보는 조용한 밤이다. 그런데 주변에 10명의 낚시꾼과 남편도 동생도 9시가 되도록 한 마리도 못 낚았다. 9시쯤 막내가 온다기에 저녁을 안 먹고 기다리다가 막내 내외와 식사를 했다. 쉰 살이 넘은 동생이

지만 누나가 옛날처럼 밥상을 차려 주니 맛있다고 잘 먹어서 기분이 참 좋다.

밤 하늘에 빛나는 별을 보며 여유 있게 동생들과 어울려 옛날 이야기며 지금 사는 이야기를 하는 것이 참 행복하다. 밤 11시 50분에 환갑이 넘은 첫째와 서울 사는 여동생이 도착하니 장대 같은 5남매가 모두 모였다. 깜짝 놀랄만큼 건강과 기동력이 기가 막히게 좋다며 번갯불에 콩이라도 구워 먹을 자세들이었다. 그런데 그때까지 고기를 한 마리도 못 잡아서 구워 먹을 고기가 없어 대책 없는 너털웃음만 쏟아냈다. 최고의 신나는 밤이 될 줄 알았는데 최고의 썰렁한 밤이 웃음을 뿌리며 지나간다. 물고기가 예전처럼 잘 잡힐 줄 알고 횟감도 사놓지 않았었다. 남편은 처남들을 대접해야 한다고 어디든 가자고 하나 상황이 맞지 않아 할 수가 없었다. 12시가 넘었으니 속초 중앙시장 회센터와 음식점도 모두 마감한 상태라서 뾰족한 수가 없다. 5남매가 번개같이 비상대책위원으로 돌변하여 이 밤으로 화천에 가서 내일 산천어와 빙어를 잡기로 의견을 모았다.

기동력의 피치를 올려 화천행을 결정했는데 엎친 데 덮친 격으로 속초를 출발하자, 내가 탄 승용차가 한계령 부근에서 주유등에 빨간 불이 켜졌다. 114에 물어 봐도 속초엔 24시간 영업을 하는 주유소가 없다고 한다. 할 수 없이 남은 연료로 속초 시내로 되돌아가겠다고 먼저 떠난 여동생에게 전화를 하니 "자동차 보험회사에 전화하면 응급으로 3ℓ정도 연료를 넣어 준다."고 한다. 전화를 받고 곧바로 신청해 주유를 했는데 '인제까지 갈 수 있을지!' 조마조마한 마음은 여전했다. 운전을 하는 남동생도 긴장감에 입을 다문 채 주행 속도를 조절하면서 한계령을 넘어갈 즈음에, 앞서 출발한 막내한테서 한계령 터널을 나오면 곧바로 24시간 운영하는 한계주유소가 있다는 전화를 받고 안심이 되었다. 무슨 중대한 첩보

작전이라도 하는 듯이 주유 때문에 여러 통의 전화가 오고 숨죽이는 긴장감이 감돌다가 안도의 한숨이 나왔다. 양구 광치령을 지나와 오음리 졸음 쉼터에서 20분 정도를 자고 화천 동생 집에 도착하니 새벽 4시 30분이다. 모두 다 옷을 입은 채로 조기를 엮어 놓은 듯 방바닥에 한 줄로 늘어져 잠을 잤다. 엄마가 있으면 첫새벽이지만 장대 같은 자식들이 다 모여 잠을 자고 있으니 참 대견해 하실 것 같은데 요양원에 계셔서 허전했다.

아침 9시에 엄마 대신 쌀을 씻어 전기밥솥에 넣고 시장에 가서 무, 시금치, 고등어와 둘째가 좋아하는 달래도 사다가 식초, 고춧가루, 설탕, 소금을 넣고 버무리다 구운 김을 썰어 넣어 상큼한 아침상을 차렸다. 지난 밤의 긴장감은 다 사라지고 동생들은 밥이 맛있다고 잘 먹으니 또 행복하다. 뒤늦게 생각하니 어제 저녁 9시에 막내와 밥을 먹은 후에 만약을 대비해 횟감을 사 왔어야 하는데 때를 놓친 것이 후회가 된다.

10시가 되어 화천초등학교 뒤 강으로 남편과 남동생은 산천어를 잡으러 가고 나는 여동생과 빙어 잡기를 시작했다. 빙어가 산란철이라 그런지 구름 떼같이 몰려다녀 많이 잡을 것 같아 신이 났다. 출근한 첫째가 낚시보다 뜰채로 잡으라기에 2만원을 주고 뜰채를 사서 잡기를 시작했는데 수압 때문에 뜰채를 들 때 가득 찼던 빙어가 빨리 도망가곤 한다. 여동생이 동영상을 찍은 것을 보니 어벙벙한 7살짜리 아이들의 동작 같아 한참을 웃었다. 잠시 후 어떤 아저씨가 내 동작이 어설퍼 보였는지 잡아 주겠다며 폼을 잡기에 뜰채를 주니 내 모습과 다름없이 어벙벙한 동작에 웃음이 나왔다. 본인도 느꼈는지 2번을 떠서 2마리를 잡아 주곤 뜰채를 주기에 받았다. 3시간 동안 힘겹지만 100마리를 잡았다.

집에 들어와 빙어튀김과 비빔밥을 먹고 남편과 동생에게 비빔밥, 오뎅국, 커피를 가져가려고 박스에 넣었는데 산천어 3마리를 잡았다며 동생 집으로 와서 같이 점심을 먹었다. 오후에 또 갈까 하다가 낼모레 3월 29일부터 31일까지 3일간 중학교 동창 8명과 제주도 여행을 하기로 되어 있어서 조금 쉬다가 춘천집으로 왔다. 제주도를 3일간 갔다 오면 냉이가 다 쉘 것 같아 오후에 남편과 같이 발산리에서 냉이를 한 양동이 정도 캐 왔다. 집안 청소도 하며 이틀 동안 냉이를 다듬어 반찬을 해 먹고 나머지는 냉장고에 넣었다. 몸이 정말 피곤하지만 '자고 나면 괜찮아지겠지?' 했다.

그런데 3월 29일 오전 7시 인천공항버스를 탔는데 편도가 붓고 몸이 으슬으슬 춥기 시작한다. 김포공항에서 수속을 끝내고 10시 50분 비행기로 출발해 11시 40분에 제주공항에서 가이드를 만났다. 점심으로 제주 특산물 갈치조림을 먹는데 평소에 밥 한 공기는 기본이었는데 도무지 맛이 없어서 반 공기도 못 먹었다. 계속 몸이 움츠러들곤 해서 한라 수목원은 겨우 갔는데 절물휴양림은 못 갔다. 할 수 없이 친구들이 예비로 가져온 종합감기약을 얻어먹고 차 안에서 1시간을 자고 나니 몸이 좀 가벼워지는 것 같았다. 여행 하루 전쯤은 푹 쉬고 떠나야 하는데 미련하게도 전날까지 몸을 혹사해 진짜 값비싼 여행을 하는 날에 녹초가 되어 여행 분위기를 떨어뜨려 친구들에게 미안했다.

제주도는 3월 30일에 '벚꽃축제'를 시작으로 온 천지가 황홀했다. 관광지인 러브랜드, 유리의 성, 서커스월드, 마라도 유람선, 주상절리, 에코랜드, 일출랜드 등 다섯 번째 갔지만 처음으로 해안 도로를 달려 보니 제주도가 아름답고 넓은 땅이란 것과 제주의 4·3사건의 역사도 잘 알게 되었다. 몸이 개운치 않아 제주도에 사시는 수재 수필작가님도 못 뵈어 죄송하다는 문자를 드리고 떠났다. 지금도 내 눈엔 '제주도' 하면 황홀한 분홍색 오로라가 피어나며, 열정을 품은 듯한 빨간 동백꽃이 가슴에 안기는 듯하다.

그러나 5남매에게는 생선회 한 점도 못 먹고 그 썰렁했던 속초의 밤낚시 이야기와 제주도 3일간의 내 피곤했던 여행 이야기가 추억의 한 몫을 단단히 한다. 장대같이 튼튼한 5남매의 번개 같은 기동력과 배려가 깊은 동창생들의 여행 열정이 앞으로도 꾸준히 지속되기를 희망한다.

8. 대금굴(大金窟)과 정선 레일바이크

 2019년 10월 7일~8일, 성원초등학교 5학년 손자가 재량 휴업일을 맞아 12시 30분 삼척으로 가족여행을 떠났다. 도로 교통도 원활하고 날씨도 좋다. 오후 4시 30분에 삼척군 신기면 대이리 덕항산에 위치한 삼척대금굴 매표소에 도착했다. 인터넷으로 예약된 입장표를 받고 박쥐가 날개를 편 모양같이 꾸민 아취 출입구를 통해 230m 숲 속 길을 걸었다.
 2년 전에 왔을 때보다 나무가 자라 숲이 깊고 초가을에 찾아온 태풍 링링과 타파, 미탁의 영향으로 엄청나게 계곡물이 불어나 물보라가 치고 메아리로 장엄하다. 29개월 어린 손녀는 어두운 숲 속이 무섭다고 아빠 품안에서 내려서지를 않는다. 자연을 사랑하는 한 사람의 꾸준한 관찰로 대금굴을 발견해 많은 사람들이 자연의 신비한 세계를 느낄 수 있는 선물을 받음에 그동안의 수고에 찬사를 보낸다.
 동굴 입구에 도착해 5시에 모노레일을 타고 군데군데 산골짜기의 우렁찬 폭포 소리 등 수려한 경관을 보며 50m쯤 인공터널로 들어가서 내렸다. 밝고 넓은 광장 위에는 호수가 나타났다. 대금굴의 발견은 한국동굴학회 부회장이자 1984년부터 물골에서 송어와 산천어 양식을 하던 대이수산 대표가 홍수나 장마가 지나간 후에는 항상 계곡 상류에서 용천수가 많이 흘러나오는 것을 보았다고 한다. 또한 계곡 중턱에 올라 땅에 귀를 대고 들으면 쿵쾅쿵쾅하는 천둥 같은 소리도 자주 들리고, 혹한(酷寒)에도 항상 12도를 유지하는 계곡물의 흐름을 보며 물골 계곡 상류 어딘가에 동굴이 있을 것이라는 믿음을 갖게 됐다고 한다. 마침내 그 관찰 상황을 당시에 삼척시장 김일동에게 동굴 발굴을 건의하여 2000년부터 동굴 찾는 작업이 시작되었다. 10년이 넘는 경력을 가진 다이버들이 한 가닥의 생명줄에 목숨을 맡기며 깊고 밀폐된 어두운 수중 동굴로 들어가는 도전 끝에, 2003년 2월 25일 지하 광장을 발견했고 마침내 2004년 11월 1일 문화재청의 동굴 개방 허가를 받았다고 한다.

그리고 지하 광장을 연결하기 위해 9개월에 걸친 발굴 작업으로 수평으로 된 인공 터널을 뚫어 거센 급류가 흐르는 동굴도 발견해서 긴 공사 끝에 2006년에 완공해 2007년 6월 5일 일반에게 개방 되어 대금굴(大金窟)이라 이름을 지었고, 천연기념물 178호로 지정되었다고 한다. 거대한 급류가 흐르는 대금굴은 희귀한 동굴 생물 15종과 8m의 거대한 지하 폭포 등 깊이를 알 수 없는 호수도 있고, 5억 3천만 년 동안 외부와 단절된 곳임을 찾았다고 한다.

단양의 고수동굴과 온달동굴, 영월의 고씨동굴, 동해의 천곡동굴, 정선의 화엄동굴, 삼척의 환선동굴에서도 곳곳에 작은 연못 같은 곳은 있었지만 대금굴 같이 폭포가 길고, 넓고, 깊고 굽이쳐 흐르는 물은 없었다. 대금굴은 지하 깊은 곳에 황금궁전에 도착한 느낌이다. 태풍이 3개나 지나간 지금의 수량과 유속은 구조대원도 빠지면 생명을 부지하기가 어려운 급류다. 높이가 3m가 넘는 막대기형 석순은 마치 엄나무 도깨비 방망이 같이 보이고, 수천 개의 동굴진주, 백색유석, 곡석 등 대금굴은 동굴의 진화 과정을 한눈에 살필 수 있는 동굴 전시장과 같다. 종유석은 커튼을 열어 놓은 듯

구불구불 주름이 생겨 있고 레이스 같이 생긴 석순도 달려 있다. 참 아름다운 지하세상이라 감탄이 절로 나온다. 그런데 이 모든 정경을 사진으로 찍지 못하고 눈으로 보고 기억으로만 남기자니 아쉬운 생각이 든다. 그런데 사진을 찍으면 동굴에 있는 바위나 돌에 빛이 들어가 풀이나 이끼가 돋아나고 날 것들이 덤벼들고 동굴생물이 사라지기 때문에 금지한다고 안내자가 설명을 해 주어서 알았다.

땅거미가 내리는 6시 30분경 대금굴을 떠나 숙소인 정선 아라리 교직원 연수원을 향해 가다가 태백 시내에서 저녁식사를 했다. 길가에 차려진 식당인데 대구탕과 알탕을 맛있게 먹고 출발하니 창 밖이 어두워 어느 곳을 지나는지 짐작이 안 된다. 정선에 아라리 교직원연수원은 작년에 생겼는데 대로변에서 너무 멀리 떨어져 숙박비 1만원이 저렴한 것이 아니라, 차량의 휘발유값이나 간식값이 일반 숙소를 가는 비용와 같다는 생각이 든다. 푹 쉬며 잠만 자고 가는 숙소라 다시 가고픈 생각이 없다. 그렇다고 카지노 시설에 갈 수준도 아니니 연수원내의 매점이나 노래방 정도는 있어야 가족단위의 여행으로는 보탬이 될 것 같다. 10시에 도착해 1박을 했다.

다음날 9시 반에 퇴소해서 정선 레일바이크가 있는 곳에 11시 30분에 도착했다. 명품식당에서 정선 곤드레 나물정식을 먹고 레일바이크를 타러 갔다. 건물 중에 카페는 메뚜기가 서 있는 모습으로 지어졌고, 화장실 밖은 나비의 모양으로 지어서 참 아름다웠다.

1시가 되어 2인용과 4인용 바이크에 각각 나눠 타고 출발했다. 도로보다 1m쯤 높은 곳에서 바이크를 탈 수 있어서 옛날 도로와 동강 냇물을 한눈에 볼 수 있어서 좋았다. 5년 전쯤 교회의 재무팀 일행들과 왔을 때는 인터넷 예약이 필수였고, 현장 매표는 오전 7시쯤 와야 해서 구할 수가 없어서 포기하고 안흥 찐방 고장으로 갔던 생각이 난다. 남편은 감기가 들었지만 마스크를 쓰고 두꺼운 잠바를 입고는 산야와 논밭 가운데를 지나며 열심히 페달을 밟는데 몸이 더 아플까 봐 겁이 나기도 하다. 7.82km를 달려가 정차했다. 역 가까이에 물고기 모양의 건물을 지었는데 카페로 운영하다 폐쇄 되어서 안을 볼 수가 없다. 영업을 하고 있었으면 차값이 비싸도 들어가 보고 싶었다. 철로 옆에 한 뼘쯤 자란 달래가 A4용지만큼 시퍼렇게 무더기로 있어서 과자봉지 한가득 뽑아서 담았다. 가족사진을 찍고 기다렸다가 풍경열차를 타고 출발점으로 왔다. 원주 레일바이크의 풍경열차는 의자가 없이 서서 20여 분을 갈 때 다리가 아프고 키가 작아 창 밖을 보기가 불편했는데, 정선 풍경열차는 의자가 있는 칸과 없는 칸이 있어서 흥미대로 골라 탈 수가 있어서 좋았다.

정선의 석탄 이야기며 옥수수, 논밭 이야기를 하고 예전에 번성했던 시가지 모습도 여러 가지 자료에서 볼 수 있었다. 춘천으로 돌아오는 도로변에는 정말 큰 산들이 마주 보고 있다. 초등학교 손자의 재량휴업일에 명소를 다니며 맛있는 것 먹고, 멋진 것 보고, 체험할 수 있는 건강과 경비를 부담할 수 있는 여유가 있어서 감사한 생각이 든다.

9. 생선구이와 하슬라아트

 2018년 8월 15일, 남편의 74회 생일을 맞아 아들 내외가 주문진 교직원 수련원에 8월 13일~15일까지 콘도 대여 신청을 해서 당첨되었다. 작년에는 교직에 근무하는 아들, 딸, 며느리가 모두 낙방을 했는데 올해는 아들과 며느리가 모두 당첨돼 휴가의 기쁨을 더했다. 8월 12일 여행준비를 했는데 막상 주인공인 남편은 피곤하다며 본인은 집에서 쉬겠다고 잘 다녀오란다. 며느리가 8월 10일 송암체육관 빙상장에서 어린이 스케이트 타기 체험활동이 끝난 후 기념촬영을 하고 돌아서다 넘어져 꼬리뼈가 깨져 입원해 있는데 무슨 여행을 가냐고 한다. 아들과 초등학교 4학년 손자, 15개월 된 손녀랑 승용차를 타고 출발했다.
 손자는 할아버지와 엄마가 없어 무척 서운해 하는 것 같지만 손녀는 아랑곳하지 않고 차 안에서도 잘 먹고 잘 놀아서 다행이다. 12시경 바닷바람이 시원한 주문진 교직원수련원 부근에 도착해서 점심을 먹으려고 인터넷을 검색해서 자매식당에 생선구이를 주문해 놓고 갔다. 갓 구운 고등어, 열갱이, 꽁치가 기름이 자글자글 끓으며 맛있게 보인다. 밥상 앞에 앉은 두 아이들은 생선구이로 밥을 맛있게 잘 먹었다. 여행 때 영양이 부족해 피곤하거나 병이 날까 봐 좋은 것을 먹이고 세세히 보살피고 있다.

오후 3시에 교직원수련원에 도착하니 방 2개와 화장실, 주방이 있어서 편리하다. 여장을 풀고 잠깐 쉬고 있는데 강릉에서 강원도 교원 미전에 출품을 끝냈다면서 고모가 도착하니 희준이가 무척 반가워한다. 오후 3시 30분에 바닷물도 차지 않고 적당해서 해수욕을 하려고 바다로 갔다. 많은 관광객이 있는데 교직원수련원 옆이라 그런지 선생님 가족이 많았다. 아빠와 아들과 고모가 신나게 수영복을 입고 모자와 물안경도 쓰고 튜브를 돌리면서 신나게 논다. 할머니 품에 안긴 15개월 희수는 물이 무서워 발끝도 안 대고 움츠리곤 해서 모래에 앉아서 오빠가 갖다 주는 조개껍데기와 물병, 모종삽을 갖고 놀았다. 모래사장에 50cm쯤 구덩이를 파놓고 그 안에 앉아서 다리와 배를 모래에 묻으며 놀았다. 아빠를 좋아하는 희수는 별 투정 없이 우유, 밥, 과자, 음료 등을 잘 먹고 낮잠도 잘 자서 다행이다. 저녁은 수련원에서 자장면과 탕수육을 주문해 맛있게 먹었다. 고모는 2일 후 미국에 한 달 동안 영어 연수를 가야 해서 여행 갈 준비를 해야 한다고 밤 11시에 춘천으로 갔다. 틈이 나면 낚시를 하려고 준비해 갔는데 낚시터가 마땅치 않아 할 수가 없다.

다음날 아침은 7시에 일어나 햇반과 컵라면으로 아침을 먹고 오전 8시에 설악산 권금성 케이블카를 타러 갔다. 공휴일 전후라선지 노인들이 단체로 관광을 온 것 같다. 마침 9시에 상행선 표를 사서 금방 탔다. 그런데 밀폐된 곳이라 그런지, 머리 하얀 할아버지, 할머니가 많아선지 손녀가 케이블카를 타면서부터 끝까지 큰 소리로 울어서 손님들께 미안하다. 할아버지들이 요즘 보기 드문 어린 아이를 보니 귀여워서 한 말씀씩 하시는데 손녀는 까만 머리가 아닌 하얀 머리에 주름진 할아버지 얼굴과 둔탁한 목소리가 무서워서 우는 것 같다. 정상에 올라가 케이블카에서 내려 노인들과 헤어지니 울음이 딱 그친다. 손녀가 힘들어 할까 봐 권금성 여러 곳을 둘러볼 여유가 없다. 매점에서 시원한 팥빙수와 호떡을 주니 잘 먹는다. 내려올 때는 젊은이들이 많아선지 울지 않고 편하게 내려왔다. 희준이는 엄마가 없어 서운한지 엄마 선물을 사자고 올 때부터 이야기하더니 팔찌와 냄비 받침을 샀다. 손녀가 돌에 앉았다가 일어서는데 땅벌 한 마리가 손녀와 내 발목을 계속 빙빙 돈다.

  작년 추석 전날 발산리 산에서 알밤을 줍다가 장수말벌에 3번 쏘이고, 땅벌에 7번을 쏘여 치료받던 일이 생각나니 겁이 난다. 벌을 잘못 건드렸다가 쏘일까 봐 조심을 하다가 가방에 앉은 벌을 핸드폰으로 쳐서 떨어뜨려 날려서 안심이 되었다. 벌에겐 미안하지만 "자라 보고 놀란 가슴 솥뚜껑 보고도 놀란다."는 속담이 딱 맞다. 어제 점심을 먹었던 주문진 생선구이 집으로 가서 저녁밥을 맛있게 먹고 아이스크림을 사서 주문진 항구로 나갔다. 방파제 옆에 테트라포트(Tetrapod)가 많이 놓여 있는데 무게가 5~100톤까지 있다고 한다. 테트라포트의 뜻은 네 발 동물이나 탁자의 4개 다리를 뜻하는 것으로 쓰임은 큰 파도가 방파제를 지나쳐 사람들이 사는 집이나 길을 덮치는 파도를 막으려고 설치한 것이다. 손자에게 테트라포트의 쓰임새를 알려 주고 기억하는 방법으로는 테트라포트의 영어 첫 글자 TTP를 일러 주었다. 수시로 물어 보니 잘 기억해 대답을 해서 신통하다.

  마지막 날은 '하슬라아트월드(Haslla Art World)'라는 복합 문화 예술 공간을 표방하는 곳에 갔다. 정동진 가까이에 있는 건물인데 '하슬라'는 강릉의 옛 이름이란다. 미술관은 고전과 현대 작품이 잘 어우러져 있고, 특히 비닐을 이용한 작품은 특이함을 느꼈다. 여러 층을 다니며 감상하는데 움직이는 인형도 있고 철심으로 만든 동물 모양도 있어 다양한 솜씨에 새삼 놀라움을 금치 못했다.

　동해 바다가 내려다보이는 야외조각공원과 동화 속 작품이 전시된 미술관 관람이 끝나고 레스토랑에서 함박스텍과 맛있는 음식을 손자, 손녀가 잘 먹어서 참 좋았다. 15개월 된 손녀는 첫돌이 되기 전부터 전동열차, 버스, 택시, 승용차를 타고 외부로 잘 다녀서 그런지 주저함이 없이 만져 보고 흔들어 보는 등 적극적인 행동을 한다. 선물코너에서 원숭이 팔을 손잡이로 한 컵과 노래가 나오는 박스 선물을 사가지고 나왔다. 시원한 동해바다 바람이 다 몰려오는 것같이 시원하다.

　111년 만에 찾아온 더운 여름이지만 우리는 시원한 바닷가에서 피서를 잘 하고 있다. 하얀 파도가 밀려오면 녹색 바닷물이 잡으러 오기를 반복하는데 참 재미있다. 하슬라 아트를 출발해 고속도로로 오면서 여러 가지 이야기를 했다. 큰손자의 즐거운 방학이 끝나고 개학을 하면 친구들에게 말해 줄 여러 가지 이야기 자료들이 마련 되어 좋다. 백문불여일견(百聞不如一見)이라고 초등학교 때 여행을 해서 지리와 환경 공부에 견문을 넓혀 주려고 노력하고 있다.

　손자가 학교 공부와 방과 후 활동, 영어 학원, 검도 학원 등 쉴 틈 없이 하루를 보냄이 안쓰러워서 4학년의 노고를 여행으로 풀어 주려고 내년 1월에 아들 내외가 연가를 얻어 홍콩에 가족여행을 가자고 의견을 냈다.

10. 홍콩과 마카오 가족여행

2019년 1월 9일~1월 12일까지 3박 5일 홍콩 가족여행을 계획했다. 출발 당일 오전 6시에 여행사 가이드와 인천 공항에서 미팅이라 20개월 어린 손녀도 있어서 전날 인천 호텔에 숙박을 정했다. 호텔 주차와 인천공항 주차료를 비교해도 별 차이가 없어 마음이 편하다.

당일 아침에 어린 손녀도 달라진 환경에 잘 적응한다. 며칠 전부터 자연스럽게 "다섯 밤 자고 나서 9일부터 비행기 타고 홍콩에 여행 가서 차도 보고, 사람도 보고, 맛있는 것도 많이 먹을 건데 감기에 걸려 코가 나오고 열이 나면 홍콩을 못 갈 수도 있으니 내복이랑 옷을 잘 입고 놀아야 한다."고 말하면 옷을 잘 입곤 했었다.

인천공항에 도착해서 안으로 들어가니 웅장한 건물과 많은 사람들이 분주하게 오고 가니 손녀의 시선이 집중된다. 할아버지가 안고 있다가 내려놓으니 여기저기를 잘 걸어 다니며 뛰기도 하고, 무엇인가를 가리키기도 하고 계속 잘 웃는다. 3년 동안 해외여행 후에 적립된 아시아나 항공 마일리지를 계산하니 제주도를 왕복할 수 있다고 한다. 3월 말일쯤 벚꽃이 만개할 때 제주도에 가족여행을 가자는 이야기들이 오고 갔다. 작년 3월에 중학교 동창들이랑 제주도 벚꽃축제를 보았는데 지금도 제주도 하면 '분홍색 공작이 꼬리를 편 것 같은 아름다운 오로라가 떠오르기 때문'이다. 아들 내외의 직장 분위기를 봐서 연가를 쓰기로 했다.

　공항 8번 게이트로 들어가서 자리를 잡고 앉은 후 간식을 사다 먹기도 하고 진열된 면세점 상품들을 보다가 8시 30분이 되어 비행기 안으로 들어갔다. 유아와 노약자 보호로 출국심사를 할 때 별도의 통로로 쉽게 들어갔다. 비행기 고도가 높아지면 어린이나 노약자는 귀가 멍하게 울리거나 아플 때는 음료나 물을 마시든지, 껌을 씹거나 침을 삼키라고 스튜디스가 일러 준다. 마침 손녀가 우유를 먹고 비행기 이륙 1분 전쯤 잠이 들어 다행이었다. 10시 반에 기내식으로 치킨을 택해 점심을 맛있게 먹었다. 콜라, 레몬, 커피 등 음료도 다양하다. 대한항공이나 아시아나 항공은 기내식이 있고 TV가 있어서 5학년 손자가 좋아한다.

　12시 25분에 홍콩 비행장에 도착했는데 시차가 홍콩 시간이 한국시간보다 1시간 늦게 간다. 대절된 버스에 26명이 타고 한국인 가이드의 안내로 홍콩의 명동이라 부르는 곳에 가는데 홍콩은 중국령으로 된 곳이며, 140년 동안 영국의 식민지를 받았는데 한국의 일본강점기 같이 약탈과 주권을 빼앗는 것이 아니라 잘 하는 사람은 더 잘 할 수 있는 자료를 제공해 주고 사업을 번창시켜 주는 등 자유민주주의로 발달했다고 하여 고마운 나라로 생각하는 현지인들이 많다고 한다. 영토는 제주도 땅의 1/3에 해당되는 넓이로 1차 산업이 없고 주로 서비스업이 주종을 이룬다고 한다. 중국의 부자들이 이곳에 몰려들며 가까운 곳에서 도박이 성행한다고 한다. 이곳의 최고 부자인 사람이 1년에 한 번씩 주민으로 등록된 사람에게 우리나라 6백만 원에 상당하는 돈을 아무 조건 없이 준다고 하는데, 그 주인공이 일주일 전에 별세하여 많은 시민들이 애도를 표한다고 한다.
　거리의 간판은 한문이나 영어로 되어 있어 크게 낯설지 않아서 좋았다.

1950년대 초등학교와 중학교 국어교과서에서 배운 것과 고등학교 3학년 때 담임선생님께서 매일 칠판 한쪽에 한자를 써 놓으시고 익히게 하여 일주일에 한 번씩 시험을 본 것으로 웬만한 한문은 읽고 쓸 수가 있다. 홍콩 중심가에서 20분 동안 시가지를 살펴보는 시간에 음료를 사 먹고 비둘기가 먹이 먹는 것을 보며 시간을 보냈다. 홍콩의 건물은 70~80층으로 산이 많고 땅이 좁아 건물을 높이 지었고, 1년 중 220일이 비가 와서 건물 도색이 소홀이 되어 지저분한 느낌이 들며 도로 폭도 좁아 걷기에 대단히 신경이 쓰인다. 20분이 지난 후 대절 버스를 타고 부자들이 산다는 산동네로 가서 저녁 야경을 보는데 땅은 하나도 안 보이고 건물만 우뚝우뚝 솟았다. 내려올 때는 100여 년 전에 만들어져 지금까지 쓰고 있는 뒤로 가는 빨간 기차를 타고 시내로 내려와 호텔로 갔다. 호텔 3방이 모두 16층이라 강에 비친 야경을 참 아름답게 볼 수 있어서 좋았다. 손자 희준이가 호텔이 대박이라고 흐뭇해 한다. 여행사 측에서 2세 아기까지 성인으로 방 배정을 해서 편하게 쉴 수 있어서 좋았다. 다음날 푸짐한 호텔식사가 아침을 편하고 즐겁게 했다.

2일째는 마카오로 가는 여권 심사가 쉽게 통과 되어 아침에 배를 타고 1시간 동안 갔다. 마카오에서 한국인 이창훈 가이드를 만났는데 외모는 핸섬하며 파마머리에 감색 반코트와 바지 차림이 하얀 얼굴과 참 잘 어울려 정갈하고 품위 있는 사람으로 보였다. 유모가 초등학생 개구쟁이 같이 구체적인데 열정적으로 안내를 하는 모습이 참 인상적이다. 밤에 마카오에서 유명한 워터쇼를 우리에게 보게 하려고 분과 초, 시간을 재어 가며 케이블카 타는 시간을 조정하고, 케이블카 안에서의 행동까지 소상하게 안내해 주어 멋진 워터쇼를 모두 보게 되어 감사하다. 얼마나 익살스럽고 재치 있게 안내하는지 초등학교 5학년 손자가 "저 가이드와 같이 있으면 3일은 더 있을 수 있다."고 칭찬을 한다. 그 직업을 만끽하는 모습이 좋아 관광이 끝날 무렵 고마운 마음으로 5만원을 주니 사양하다가 받는다. 작별 인사를 할 때에 우리 가족 앞으로 와서 "이렇게 돈을 많이 주셔서 감사합니다." 하며 지름이 4cm쯤 되는 원형 기념 시계를 주기에 받아왔다. 삶이 투명하고 열정적인 듯해서 매우 인상적이다. 여러 나라의 관광객들이 한국인을 대표하는 가이드로 본이 될 것 같아 기분이 참 좋다.

　3일째는 자유 여행일이라 남편이 1년여 동안 배운 영어로 무사히 디즈니랜드의 택시 왕복 대절 약속을 끝냈다. 사자쇼를 관람하는데 원형과 똑같은 크기의 인형이다. 20개월 희수가 졸지도 않고 노래를 들으며 몸을 흔들흔들 리듬에 맞춰 춤추는 것을 보면서 박수를 치며 30분 동안 끝까지 봐서 모두 칭찬의 박수를 쳐 주었다. 점심시간이 되어 야외 식탁에 앉았는데, 건너 테이블 그릇에 남은 음식들을 참새 50여 마리가 내려와 앉아 먹는다. 모두 포동포동 살이 찐 참새와 박새들이 건강해 보인다. 농토가 없다 보니 1차 산업이 없어 동물들의 먹이가 부족할 것 같은 느낌이 든다. 그래서 새들도 산과 들로 가지 않고 사람들이 사는 곳에서 먹이를 구하며 살아가는 것 같았다. 식사가 끝나고 배를 타며 열대 지방의 자연을 감상할 수 있었다. 특이한 것은 바닷물 위에서 불이 일어나는 것이 신기하다. 강물에 기름을 뿌리고 불을 붙여 놓으면 타다가 꺼진다. 강가에는 해적들의 해골, 코끼리, 악어떼, 고깃배들이 실물같이 전시 되어 있다.
　다음은 디즈니랜드 안을 골고루 볼 수 있는 기차를 탔다. 한 바퀴를 도는 데 5분 정도가 소요되는데 열대 동식물들의 조각이 전시 되어 있어 멋있었다. 두 바퀴 반을 도니 방향감각이 확실해졌다. 관람을 끝내고 6시에 약속된 택시가 와서 호텔로 와서 짐을 내려놓고 호텔 주변의 상가와 가로변의 장식물들을 구경하고 방으로 들어왔다. 그리고 내일 홍콩을 출발해야 하므로 각자가 가방을 잘 챙겼다.

11. 사이판 가족여행

  2020년 1월 21일, 적도 부근의 사이판(미국령)여행을 하려고 전날 인천공항 부근 호텔에서 숙박을 하고 21일 새벽 5시에 가이드와 미팅을 하고 7시에 탑승을 했다. 푸른 창공을 날며 바다 위에 쌓인 여러 가지 모양의 구름을 보면서 현지 시각 12시 10분에 사이판 공항에 도착했다. 입국 수속을 하는데 열 손가락의 지문을 찍는 등 3시간이 걸렸다.

  숙소에 도착해 여장을 풀고 휴식을 취했다. 제주도 넓이의 1/10에 해당하는 사이판은 세계 2차 대전이 1945년 종전되면서 일본인들이 철수하고 미국령으로 되어 있다. 인구는 6만 2천 명으로 한국인도 2천 명 정도가 살고 있다고 한다. 원주민은 특별한 직업 없이도 미국이 제공하는 생활비, 장학금 등을 이용하여 편한 생활을 하며 자녀들은 미국 본토에 유학을 보낸다. 현지에는 전문대학 1개교가 전부이고, 주요 관청에는 원주민들이 공무를 집행한다고 한다. 현지는 환경을 보전하느라 아스팔트도 주행도로 외에는 거의 비포장이 많았고, 신호등이 있지만 양보 운전도 생활화 된 듯 여유가 있다. 공장도 없고 원주민들은 산중턱 숲 속에 집이 있어 잘 보이지 않는다. 시내 한복판이라고 하나 춘천의 명동만큼도 안 되는 시설들이 여유 있게 늘어서 있다. 저녁은 자유식이라 호텔 부근의 중국 식당을 갔는데 한류 열풍 탓인지 메뉴판에 영어, 한문, 한글이 써 있어서 주문을 쉽게 할 수 있었다. 국위를 선양한 체육선수, 영화인, 비빔밥, 방탄그룹, 문화예술인 등 우리 민족의 우월성이 느껴진다. 식사가 끝나고 호텔수영장에서 수영을 하고 나와서 5학년 손자와 3살(2년 8개월) 된 손녀가 기분이 좋은지 여기저기를 기웃대며 돌아본다. 우리 내외는 2월 7일 이사를 앞두고 짐을 싸다가 멈추고 여행길에 올랐기에 피로가 겹쳐선지 호텔에 와서 곧바로 잠자리에 들었다.

2일째 아침엔 바닷가 산호절벽의 물보라가 일품이라는 만세절벽을 갔다. 적도 부근이라 햇볕이 강하게 내리쬐는데 파도도 잔잔하고 청잣빛 바닷물은 보기만 해도 내 마음까지 시원하게 씻기는 것 같아 상쾌하다. 만세절벽은 1945년 일본 군인들이 미국과의 전쟁에 져서 후퇴하면서 자존심이 강한 군인들이 바위에서 뛰어내려 이름이 붙여졌고, 맞은편 산등성이에 있는 절벽은 일본 여인네들이 뛰어내려 자살절벽이라고 한다.

사이판 전체가 산호섬인데다가 지진이 일어나 산호가 솟아났던 곳이라 깎아지른 절벽 아래 물빛은 수정같이 맑다. 여러 나라의 바다를 보았지만 사이판같이 아름다운 바다는 처음 보았다. 기념사진을 찍고 북섬으로 향했다. 북섬은 해변에 산호섬으로 산호 사이에 구멍난 곳에 새들이 집을 짓고 사는데 원주민들이 새집을 따다가 끓여 먹으므로 새들이 어디론가 사라져 구멍만 덩그러니 보이는 산 모양이다. 새들은 미역을 따다가 침과 이겨서 집을 짓기 때문에 새집을 따서 끓이면 '새집탕'이 된다고 한다. 새섬 옆으로 악어의 입 모양으로 산호가 길게 늘어져 굳은 것이 마치 악어모양과 비슷하다. 악어 입모양 같은 산호는 동굴 같이 느껴지는데 악어 머리 위쪽에 구멍이 나 있어 '구루터'라고 하며 그 속에서 사람들이 구명조끼를 입고 물

안경을 끼고 수영하는 것을 동영상으로 보았다.

그리고 점심식사 후에는 정글 투어를 했다. 길가엔 환경 보존을 위하는 원통 모양의 나무 전선주가 있는데 전선주가 수명을 다하여 쓰러질 때는 나무라서 자연으로 돌아간다는 것이다. 산닭과 들염소도 곳곳에 유유히 노닐고 있고, 특히 염증과 항암 예방에 명약인 노니나무가 도로변 곳곳에 잡목처럼 우거져 있는데도 따가는 사람도 없고 따가도 아무 간섭도 없다고 한다. 원주민들이 만든 품질이 가장 우수한 노니액도 많이 판다고 한다. 산봉우리에 있는 높은 만세절벽은 포탄에 맞은 듯 부서져 있는데 미국이 일본의 방호 구축을 타격하다 오발 되어 나타난 흔적이라고 한다.

사이판에서 가장 높다는 타포차우산(474m)에 올라 보니 사이판 섬 전체가 보인다. 바다 속에 잠긴 산까지 해발로 환산하면 세계에서 가장 높은 산이라 한다. 바람이 세서 모자를 벗어 손에 들고 다녔다. 동쪽엔 물이 깊어 주택이 없고 넓은 들판에 골프장이 가끔 보일 정도며 바람이 세서 큰 나무가 길가나 산중턱에 쓰러져 새순이 나온 것들이 많이 보인다. 기독교 국가인 미국의 땅이라 가장 높은 곳에 예수님의 동상이 있다. 세계적으로 볼 때 불교, 힌두교, 이슬람, 사회주의, 공산주의 국가보다 기독교 국가가 문화나 물질이나 훌륭한 인물들이 많고 잘 살고 있음이 느껴진다. 산등성이에서 내려와 정말 정글탐험 같이 나무가 우거진 산골길을 차를 타고 가다가 내려 도보로 나무를 헤치며 걸어갔다. 산골짜기 물에 올챙이들이 꼬물대고 있는데 개구리가 아니라 두꺼비가 될 것이라고 한다. 바닷가에서 사진을 찍고 골짜기 상점에 가니 야자수를 따서 잘라 주어 물을 마시고 야자수 바가지 안에 붙은 하얀 살을 깎아 주기에 초고추장에 찍어 먹으니 마치 오징어를 데쳐서 먹는 고소한 느낌이 든다. 간식을 끝내고 현지인들이 즐겨 입는 복장에 꽃관과 목걸이를 하고 사진과 동영상을 찍었다.

이삿짐을 싸다 여행을 한다고 못마땅해 하던 남편도 손녀를 안고 춤을 덩실덩실 추니 보기가 좋다. 현지인들의 옷은 긴 사각천의 반을 접어 반 부분을 5cm 넓이로 두 번 접은 다음 허리에 매고 한 겹을 윗몸에 올려 팔에 걸쳐 매면 훌륭한 옷이 되곤 했다. 오랜만에 좋은 것을 배웠다. 6시경에 호텔에 도착해 저녁을 먹고 마트에 가서 하드, 과일, 내일 바다에서 신을 아쿠아 슈즈를 사고 걸었다. 야경을 보는데 적도 부근이라 별이 쏟아질 듯 보일 것 같았는데 변덕스런 날씨 때문에 몇 개 정도만 보았다.

3일째는 오전 8시 30분에 가이드를 만나 배를 타고 20분을 들어갔다. 일본인이 운영하는 마하나마섬이다. 푸른 바다가운데 하얀 파도가 가로질러 8km 이상의 띠를 만들어 부서지고 있어 아름답다. 파도 띠가 생기는 곳은 바다 가운데 지진으로 생겨난 절벽이 있는데 큰 파도가 오다가 절벽에 부딪쳐 소멸되므로 사이판 해안선까지 오지 못해 해안은 파도가 잔잔하다. 산호도 보이고 바닷물은 온갖 푸른색으로 엷고 진함을 아름답게 뽐내고 있다. 하나님이 자연을 참 아름답게 창조하셨음이 감동이다. 마하나마섬에서 '낙하산과 씨워크' 체험을 했다. 시워크는 2002년 태국에서 본 바닷속이 가장 아름다운 것 같다.

작년에 말레이시아에서 본 시워크보다 이곳 사이판의 시워크는 바닷속 물이 맑고 손바닥만 한 많은 열대어들이 아름답다. 낙하산은 태국에서 해 보았기에 경비도 절약할 겸 생략하고 4살 손녀와 바닷물에서 놀았다. 작년에 손녀와 나는 주문진 해수욕장에서 바닷물이 무서워 물에 못 들어갔는데 손녀는 몇 달을 더 살았다고 모래에서도 놀고 바닷물에도 들어가고 잘 논다. 놀면서 여행지의 지명을 가끔 반복해서 가르쳐 주니 곧잘 기억해 대답해 대견하다. 바다에는 처음 보는 제비갈매기가 하늘을 비행하고 있다. 3

시 30분에 섬을 출발해 4시경 호텔에 도착했다. 저녁은 한국 식당인 '장군'으로 갔다. 된장찌개, 비빔밥, 냉면으로 저녁을 마치고 마트에서 하드를 사서 먹으며 호텔로 가는데 이슬비가 뿌린다. 낮에도 5번 정도, 5분 정도씩 이슬비가 바람에 날리곤 한다. 사이판의 초목은 천국에서 사는 것 같고 한국에 사는 열대 식물은 유배를 온 것 같다. 7시 반에 손녀와 나는 호텔에 있고 다른 가족은 전신 맛사지를 받으러 갔다. 밤이 되니 손녀가 엄마를 자꾸 찾아 업고서 바닷가와 호텔 곳곳을 돌아보고 10시에 엄마를 만났다.

　4일째 마지막 날은 동굴 수영을 하러 가는 날인데 환경오염을 방지하느라 화장도 하지 말고 선크림도 바르면 안 된다고 한다. 미국이 이렇게 환경을 보호하고 있음에 놀랍다. 가이드의 안내에 따라 맨얼굴로 수영복을 입고 동굴 수영 체험을 갔다. 나는 개헤엄과 배영은 할 수 있으나 다른 수영을 할 수 없어 가이드의 도움을 많이 받았다. 가이드는 친절하게 수경을 쓰는 것부터 자세히 알려 주어 곧바로 할 수 있었는데 40여 분을 물에 떠서 발을 휘저으니 허벅지와 종아리와 몸 여기저기가 힘이 들어 남들보다 빨리 나왔다. 동굴 안이지만 천장이 뚫려 있어서 무서움은 덜했다. 수경을 쓰고 물 속을 보니 10m쯤 보이는데 발 디딜 곳은 없고 열대어들이 떼를 지어 다니는 것이 보인다. 자연을 이용하는 인간들의 지혜가 또한 놀랍다. 11시 20분에 밖으로 나와 호텔로 와서 몸을 가다듬고 식사를 하고 가이드를 만나 공항으로 이동해 배웅을 받으며 3시 비행기에 탑승했다. 인천공항에 도착하니 신종코로나 - 19 검사가 한창이다. 자연을 훼손한 대가가 틀림없다는 생각이 든다.
　다음날 3살 손녀가 어린이집을 가니 해외여행을 다녀왔다고 코로나 바이러스를 염려하기에 곧바로 데려와 할머니와 놀다가 8일 만에 어린이집에서 연락이 와서 등원하였다. 신종코로나 - 19의 피해는 인간들이 자연을 학대한 대가가 부메랑이 되어 온 것 같은 느낌이 든다. 눈에 보이지 않는 바이러스가 모든 사람들의 행동을 제재하는 사회적 거리두기를 실행하게 하였다. 하도 원망이 들끓는 세상이라 코로나 - 19가 사람들의 입을 마스크로 막게 한 느낌이 든다. 2020년 3월 세계보건기구는 코로나 - 19 발병에 대해 팬데믹(감염병 세계 유행)을 선언했고, 일본 도쿄올림픽이 1년 연기되며 상상도 못 했던 관중 없는 운동경기가 이뤄지고, 국제, 국내 행사가 많이 취소되고 있다. 초, 중, 고, 대학교도 휴교되며 학생들의 등교 날짜가 수시로 변경 되어 예전의 일상이 그리워지는 날이다. 축하받을 졸업식도 입학식도 못 하는 생전 처음 보는 놀라운 일이 생겨났다.

12. 故 부창옥 작가님을 기리며

 2020년 2월, 코로나-19 바이러스로 온 세상이 사회적 거리두기로 살기도 서글픈데 작가님의 비보를 받게 되어 정말 송구스럽다. 제주대학병원에 계신다며 63병동이라는 문자도 받았는데 매일 손녀를 돌봐야 해서 찾아뵙지를 못 했다. 소천하신 故 부창옥 작가님의 명복을 빕니다.

 작가님을 알게 된 것은 2016년 12월 서울 문예사조 사화집에 실린 「바다낚시의 두 얼굴」이란 수필을 읽고 감명을 받아 치하의 글을 문자로 보내면서 소통이 시작되었다. 글 속에 나오는 사건의 내용이나 지식을 간단명료하고도 진솔하게 기술하는 방법과 사후의 생각이나 방향 등의 형식이 내 소신과 딱 맞기 때문이다.
 작가님은 1933년 제주에서 태어나 초등학교를 입학한 1941년에 일본군의 진주만공습으로 태평양전쟁이 발발하였고, 초등학교 4, 5학년 유년 시절엔 일본의 식민지하에서 군수물자 하역 작업을 하는 근로 봉사로 해가 저물었고, 1945년 해방 후 일 년 남짓 한글과 역사를 배웠다. 중학교에 진학하였을 때, 제주 4·3 사건은 대립이라는 허울 아래 휘말려 일류 파괴와 학살이 자행됨을 보게 되었다. 잠시 안정이 되는 듯 싶었는데 6·25 전쟁이 일어났다. 제주 교사양성소 수료를 며칠 앞두고 1950년 6·25전쟁이 발발한 후 8월 30일 17세의 학도병으로 해병대에 입대해 일주일의 군사훈련을 받고 곧 바로 6·25 전쟁터로 들어갔다. 15일 만에 인천상륙작전에 투입 되면서부터 경인지구작전, 북진작전, 삼팔선을 넘어 어천리에서의 첫 교전과 가리산지구작전, 도솔산지구작전, 월령산지구작전, 춘천 월곡리, 화천 봉우리, 홍천 가리산, 인제까지 중요한 전투에 모두 참여했다. 몇 번을 죽을 뻔 하면서도 북한 인민군과 중공군을 물리치고 우리 남한을 되찾아 오늘날 우리가 편히 살 수 있는 터를 만들어 주신 고마운 분이다. 그 전란 속에서도 통신 연락병이라 매일의 전황을 알 수 있고, 일기로 수첩에 기록할 수 있었다고 했다. 그런 수고가 있었기에 진실한 역사의 한 페이지인 『한국전쟁수첩』수필집을 남길 수 있었다. 하늘이 내신 수필 작가임이 틀림없다. 전쟁이 끝날 무렵, 발목 부상으로 제대를 한 후 1952년 경인지구작전 공적에 대한 화랑무공훈장, 월산령지구작전 공적에 대한 충무무공훈장, 도솔산지구작전 공적에 대한 충무무공훈장 등 3개의 훈장을 받았다고 했다.

제대 후 천호동 해군병원에서 행정요원으로 근무한 후 고향인 제주도로 귀향하여 부씨 종친회 간부와 낚시클럽관계 일을 하는 중에 결혼 후 7자녀를 두었다. 인구절벽인 한국 사회에 봉사한 격이 되었지만 자녀 학자금을 비롯한 전쟁 참가자로서의 혜택을 거의 못 받고 부부의 노력으로 자녀를 대학교육까지 시키면서 어려운 살림을 꾸려 갔다.

전쟁에 참가해서 훈장을 받은 분에게는 매월 얼마씩 생활비 수당을 지급했으면 좋겠다는 생각이 든다. 귀향 초기에 전선에서 입은 전상의 후유증으로 자리에 눕게 되자, 승용차가 없는 시기라 20대였던 부인이 인력거에 싣고 다니면서 한의사의 치료를 받았다. 그때부터 바닷가에 나가 낚시를 하면서 차츰 건강을 되찾게 된 것이 낚시에 몰두하게 된 계기가 되었다며 <제주일보>와 <월간 낚시춘추>, <조선일보 월간낚시>, <월간 일요낚시>등에 10여 년간 많은 기고를 했다고 한다. 고인의 저서 5권을 다 읽었는데 바다와 관련해 낚시 분야에는 전공을 불허하는 지식이 쌓여 전문서적과 같은 책을 펴내시며 지역 사회에 공헌하는 느낌을 받는다. 故 부창옥 작가께서는 부족한 저를 귀히 여기시며 제주도 명물인 제주 은갈치, 오매기떡, 천리향 등을 자주 보내 주셨다.

2019년 8월 25일 속초에 가족낚시를 간다하니 전통을 자랑하며 입으시던 구명조끼와 튼튼한 릴도 택배로 보내 주시는 등 지난날 낚시에 미친 듯한 자기를 보는 듯해 대리만족의 즐거움이 있다고 도움을 많이 주셨다. 아끼시던 2호 명품 낚싯대는 길어서 택배에서 안 받아 준다고 제주도 오는 길이 있으면 연락을 하고 와서 가져가라고 하셨다. 그 무렵에 마침 아들이 시간이 있다고 해서 제주도로 2박 3일 가족여행을 가게 되었다고 연락을 드렸다. 작가께서는 "당일 점심에 우리 가족을 점심에 초대하신다 하면서 식사가 끝나면 아들 가족은 관광을 하고 송 작가와 본인은 제주항에서 낚시를 하자."고 제주여행 가기 전날에 통화를 했다.

다음날 아침, 김포공항으로 가는 중에 故 부창옥 작가께서 '아침에 갑자기 몸이 좋지 않아 응급으로 제대병원에 갑니다.' 하고 문자가 왔다. 제주공항에 내려서 호텔로 가는 중에 어떤 아저씨께 "여기 제대병원이 어디 있나요?" 하니 모른다고 한다. 그래서 내 생각이 수필집에서 읽은 대로 6·25가 끝나고 근무했던 천호동 해군병원에 근무하다 제대를 했다고 했었기에 본인이 근무했던 병원으로 간 줄 알고 2박 3일을 관광하고 집에 왔다. 나중에 안 일이지만 '제대병원'은 제주대학교부설병원을 줄여서 쓰는 말이라고 했는데 전혀 몰랐다.

그리고 또 한 번은 2018년 3월 29일부터 3월 31일까지 중학교 동창들과 제주도 여행을 가게 되었다. 3월 26일 친정동생들과 속초에서 1박 2일 낚시를 하기로 해서 속초를 갔는데 고기를 한 마리도 못 잡아 다음날 새벽 4시에 화천에 도착해 잠깐 쉬고, 오전 10시부터 산천어와 빙어를 잡고, 오후엔 냉이도 캐고 청소를 하고 나니까 감기 몸살이 났다. 3월 29일에 제주도를 갔지만 관광하기가 힘들고 작가님을 찾아뵙기가 힘겨워 문자만 드리고 못 만나고 돌아왔다. 그렇게 두 번의 기회가 있었는데 만나지를 못 해 아쉬웠다.

그러다 작가님은 "부인의 뇌졸증 병수발로 10여 년을 보살피다 보니 본인이 많이 힘들다."는 말씀을 하시며 부인을 요양원으로 보내고, 2018년 11월부터 본인도 요양보호사의 도움을 받으며 병원 출입이 잦으시다고 하시더니, 2019년 9월 8일 병원에 입원을 하셨다고 했다. 입원과 퇴원을 반복하시다 2020년 2월 22일과 4월 3일에 문자 드림이 끝이 되었다. 故 부창옥 작가님의 친구인 정 작가께서 "친구 부창옥 수필 작가가 87세로 소천했다."고 6월 16에 전화를 주셔서 알게 되었다. 참 다정하시고 진솔하시며 열정적이신 작가님이셨는데 작고하시니 몇 달이 지났는데도 의욕적인 맑은 목소리와 다정하셨음이 마음에서 떠나지를 않는다.

13. 안전사고는 순간의 선택

 2006년 11월 30일, 교회 이 장로님 모친께서 소천하셨다는 전화를 받고 퇴근길에 영안실에 들러 가려고 조의금 3만원을 봉투에 넣고 홍천을 출발했다. 평소에 입은 은혜에 비해 조의금이 적은 듯해서 춘천 원창고개 중간쯤에 있는 제설용 모래 야적장 주변에 주차를 하고 2만원을 더 넣었다.
 18 : 00시에 강원대학교병원 장례식장에 도착하려고 17 : 40분에 출발을 했는데 차가 이상하게 내리막길을 미끄러지듯 빠르게 내려간다. 놀란 마음에 브레이크를 밟아도 클러치를 조정해도 멈추지 않고 점점 가속도가 붙어 내려간다. 순간, 당황하여 앞을 보니 80m쯤에 고급 승용차 한 대가 내려가고 있고, 왼쪽에 올라오는 차가 6~7대쯤 보인다. 이대로 내려가다가 앞차를 들이받으면 연쇄반응으로 앞차와 내 차가 올라오는 차량들을 번갈아 들이 받을 것 같아 겁이 났다. 만약에 충돌사고가 나면 차량에 대한 엄청난 비용과 부상자가 발생하고 사망자가 있을 수도 있다는 생각이 든다. '나 하나 다치면 치료를 하면 되고 차는 고치면 되니까, 앞차를 추월해 보자.' 그 순간, 실수를 하면 어쩌나 하는 걱정도 생겼다. 천천히 내려가는 앞차와 거리가 점점 가까워지니 마음이 조급해진다.
 '빨리 해야 돼! 빨리, 빨리! 앞차를 우회전으로 추월해 도시가스 건물 정문 왼쪽의 언덕으로 올라가야 돼! 잔디밭을 넘어 울타리를 치면 안 되니까 신중하게 속도 조절을 해야 돼' 순간 클러치를 세게 밟아 빠르게 내려가서 앞차를 추월해 오른쪽으로 핸들을 돌려 도시가스 건물 정문 옆 울타리 잔디밭 언덕으로 올라가 중간쯤에 내 차가 멈췄다. 계획적인 행동을 해서인지 몸에 큰 충격은 없는 것 같은데 팔다리와 가슴이 후들후들 떨린다. 하지만 교통사고가 안 났으니 다행이라 안도의 한숨이 나온다. 내 앞에 가던 차가 놀랐는지 길가에 차를 세우고 50대의 젊은 남자가 차에서 나와 성큼성큼 나에게로 온다. 야단맞기 전에 겁먹은 얼굴로,

"저 좀 도와 주세요. 저 좀 도와 주세요! 차에 시동이 안 걸려요." 하며 손을 흔드니까, 놀랬지만 어이가 없는지 중얼중얼하며 내 차 쪽으로 왔다. 열쇠를 달라고 하더니 신기하게도 내 차에 시동을 다시 걸어 도로변에 주차를 해 주며,

"우리 차에는 와이프가 5개월 임신 중이고, 고령의 아버지가 타고 계시는데 이렇게 하면 됩니까? 큰일 날 뻔 했잖아요. 난폭 운전은 조심하세요."

"브레이크가 작동 안 되어서 그랬어요. 그냥 내려가다가는 사장님 차와 건너편에서 올라오는 차들과 연쇄 충돌할 것 같아서 언덕으로 몰아 세웠어요. 놀라게 해서 죄송합니다."

내 차는 타이어 3개가 펑크 났는데 경계석을 보니 내 주먹만큼 돌이 떨어져 나갔다. 할 수 없이 아들에게 전화를 했다. 마음을 추스르고 조의금을 전해달라고 친구에게 전화를 하고, 인사사고 없음의 감사기도를 하고 20분 정도 앉아 있으니 아들이 도착했다. 애니카센터에 전화를 걸어 지점을 말하니 8km 이내라 견인비가 없이 무료라며 잠시 후 곧 도착한다고 했다. 애니카가 도착해 내 차 상태를 보더니 펑크 난 타이어 3개만 바꿔 끼면 된다고 내일 아침 출근길에 찾아가라고 한다. 집에 와서 자녀들에게 오늘 있었

던 이야기를 하니 딸이 엄마에게 상장을 주어야겠다고 한다. '내가 한 일이 하도 어이가 없으니 빈정대는 말로 생각이 되지만 잘못했으니 무슨 말이든 참고 듣고자 했다' 이야기 내용은,

"엄마가 순간에 상황 판단을 잘해서 남에게 피해를 안 주었으니 잘 했어요."라고 했다. 수년 전에 미국에서 여객기가 바다에 추락했을 때 기장이 판단을 잘해 승객 모두가 구조 되어 인명 피해가 없어 연말에 표창장을 받았다는 것이라며 엄마도 참 잘 했다고 칭찬을 한다.

"어떻게 언덕으로 돌진할 생각을 했어요?" 하고 묻는다. 평소 출퇴근할 때 길가에 잘 지은 건물이 있고, 울타리 아래 경사진 곳에 잔디가 잘 자란 것을 보았기에 울타리를 부수지는 않을 정도로 돌진할 생각이 났다고 했다. 자녀들의 말이 위로가 되었기에 마음이 안정되었다.

얼마 후에 TV방송에서 상식으로 나왔는데 엔진오일이 부족할 때 브레이크가 안 듣는 경우가 있다고 한다. 자동차 판매원에게도 물으니 시동이 완전히 켜지지 않고 ON상태에 있을 때에도 내리막길은 저절로 갈 수 있으며, 브레이크는 안 듣지만 핸들은 원하는 방향대로 갈 수 있다고 한다. 먼 곳을 갈 때는 늘 점검을 받고 가는데 매일 20분 가까운 거리에 있는 홍천 읍내 출퇴근길이니 안전점검 받을 생각을 못 했기 때문이란 생각이 든다. 앞차에 탔던 임산부와 고령의 시부에게 별 이상이 없기를 간절히 바라며 친절을 베풀어 준 운전자에게도 감사의 마음을 갖고 행복하기를 바랬다. 장로님네 장사가 끝난 후 장례식에 참석 못하게 된 이유를 말씀드렸더니 감사하다며 큰 사고가 안 나서 다행이라고 위로해 주셔서 흐뭇했다.

14. 아들의 박사학위 취득

"당신은 교육학박사 아버지가 되고, 나는 교육학박사 엄마가 되었네요. 아들 망신 안 시키게 말과 행동을 조심해야겠어요."

몇 년 전 교육학박사의 꿈을 꾸며 열심히 공부하던 아들이 강원대학교 2015학년도 전기 학위수여식(2016년 2월 22일)에 박사모를 쓰고 교육학박사 학위증을 받는 것을 보니 참으로 대견하고 자랑스럽다. 공휴일도 없이 밤늦게까지 도서관에서 공부하는 것을 여러 번 보았었다. 논문을 준비할 때는 체중이 주는 것이 눈에 보일 만큼 핼쑥한 모습이었다. 2014년 학습연구년제를 이용한 공부도 큰 효과를 본 것 같다. 혹시 체해서 공부에 지장이 있을까 봐 소식을 하며 음식 관리를 해서 3년을 건강히 지내 영광의 졸업을 하게 된 아들의 소신이 훌륭하다. 김씨 가문에 첫 박사로 기록되었으니 영광이요, 강원도와 춘천 교육계에 또한 영광이다.

내가 2011년 교원 정년퇴직을 할 때 강원도 춘천시에 초등 교원 중 박사가 10명이 안 되었는데 2015년까지 몇 명이 되었을지 궁금하기도 하다.

학위를 받기 전 2015년 12월 초등학교 1학년 손자에게 12월 8일 아빠 생일에 선물을 무얼 드렸냐니까, 아무것도 못 드렸다고 해서 만원을 주었다. 아빠 선물은 네가 준비해라 했다.

"아빠가 1차 논문을 통과하면 만원을 줄 거야." 해서 '어린아이도 아빠의 박사 공부에 관심이 쏠려 있구나'를 생각했다.

"내가 보기에는 1차 논문 통과를 못 한 것 같아서 돈을 안 줬는데 3일 동안 고쳐서 다음 주 월요일에 다시 내면 될 거 같다고 그랬어요."

일주일 후에 물으니까,

"아빠가 1차 논문을 통과해서 만원을 드렸어요." 하며 색종이에다 「아빠 논문 통과 상금 만원」이라고 쓴 쪽지를 보여 준다. 계속해서 3차 논문이 통과 될 때까지 세 번을 그렇게 상금으로 주었다고 한다. 1학년 손자가 그런 생각을 한 것이 대견하고 아빠의 의욕을 상승시켜 목표를 달성한 것 같아 손자 또한 높은 평가를 받았다. 논문이 통과한 후 보상으로 머리도 식힐 겸 작년에 못 간 해외 여행지를 「대만」으로 택해 1월 19일부터 22일까지 다녀왔다.

대만은 3모작을 할 수 있는 나라로 우리나라 면적의 1/3 지역으로 인구는 2천 3백만 명이며, GNP는 4만 달러로 잘 사는 나라였다. 태풍과 지진의 관문이 되는 화련 지방도 가보았고, 대리석 매장량이 세계 최고인 지역도 가보았다. 그러나 한국이 제일 아름답고 살기 좋은 나라임을 새삼 느끼게 되었다. 손자는,

"할머니, 대만은 우리나라보다 못 사는 나라 같지?"

두 번을 내게 귓속말로 하고 있다. 손자에게 대만이 못 사는 모습으로 보이는 것은 1년 중 270여 일이 비가 와서인지 건물 벽에 곰팡이가 많이 보이기 때문인 것 같다. 도색이나 아름다운 타일들을 붙이지도 못 하고, 땅도 좁고, 태풍과 지진이 많으니 큰 집을 짓기도 어려운 세상이라고 설명을 해 주었다. 2014년에 갔던 중국의 하이난은 따뜻한 곳으로, 나무와 숲이 우거지고 땅이 넓으니 호텔도 크고 시가지도 넓고 화려했던 것이 대만과 비

교 되어진다. 손자가 집에 가고 싶다고 몇 번을 되뇌어서 이해를 시켰었다. 대만에서 기억에 남는 것은 바닷가 예류지질공원의 왕비 바위를 비롯한 많은 바위가 버섯 모양을 하고 있다. 그리고 삼성에서 지은 101층 타워와 끝없이 넓은 태평양 바다의 파란 물과 처음 먹어 보던 '파인애플석가'란 과일이다. TV에 탤런트 이순재 씨가 「꽃보다 할배」라는 프로그램에 대만이 소개되면서부터 파인애플석가란 과일이 많이 팔려 대박이 났다고 가게 주인이 고맙다고 한다. 가족 모두는 3년 동안 박사 공부를 하느라 힘들었던 업적을 치하하며 즐거운 여행을 다녀왔다.

항상 근면, 성실한 복이 많은 아들은 유치원을 가야 할 때엔 엄마가 근무하는 화천초등학교에 병설유치원이 생겨 무사히 취원을 할 수 있었고, 강원도에 살면서 희망하는 고등학교 입학도 마지막 추첨으로 입학해서 기뻤었다. 춘천교대를 가고, ROTC 임관식에서도 우수상을 받았다. 군복무에서는 중위가 되어야 교관으로 임명되는데 교육대학을 졸업했다고 소위 때 원주 37사단 신병교육대 교관으로 임명 되어 명예롭게 군복무를 마치었다. 아버지는 아들이 군복무 중에 교회를 갈 수 있는 곳으로 배치되도록 기도를 했는데 사단장이 출석하는 교회에 나갈 수 있었고, 엄마는 아들이 견딜 힘이 있는 곳이면 보직도 관계없이 어떤 곳이든 복무를 할 수 있게 해 달라는 기도를 했는데 안전한 원주시에서 군복무를 무사히 끝내게 되어 하나님께 늘 감사한다.

2000년 9월에 홍천관내 좌운초등학교로 교사 발령을 받았고, 1급 정교사 교육에서도 상장을 받아왔다. 아들이 참 훌륭하고 자랑스럽고 존경스럽기까지 하다. 아들의 교육학 박사학위 취득이 자랑스러워 너무도 기쁜 마음에 몇 달 동안 모은 금일봉을 주어 그간의 노고를 치하했다. 내가 다니는 탁구 동호회와 동창 모임에도 아들 책거리라고 멥쌀과 찹쌀을 섞어 빨간

팥을 고명으로 하는 시루떡을 해서 간식으로 가져가 축하를 받으며 맛있게 먹었다. 이구동성으로 축하한다는 말에 기분이 좋았다.

  2016년에는 강원도 장학사 시험에 합격해 강원도교육연구원에서 교육연구사의 책임을 갖고 근무하고 있다. 늘 하나님이 함께 하심에 감사하며 훌륭한 교육자가 되기를 소망한다.

15. 청풍명월 문학기행

  2015년 10월 14일부터 15일까지 기다리던 1박 2일의 관광도시 제천의 청풍문화재단지와 단양 8경의 문학기행날이 왔다. 일상을 뒤로하고 9명이 상기된 얼굴로 승용차 2대에 나누어 타고 춘천을 출발했다. 멋진 단풍만큼이나 복장도 산뜻하고 웃음이 가득한 아름다운 표정들이다. 계획한 대로 점심 두 끼니는 사 먹고 콘도에서 저녁과 아침식사를 직접 지어먹어 비용도 줄이고 체험의 글감도 만들자는 의견에 일치했다. 각자 준비한 쌀, 김치, 야채, 간식 등이 승용차 짐칸을 가득 채웠다. 충청도 태안이 고향인 박 회장과 과수원댁 심 시인이 운전을 맡았다. 박 회장은 고향을 떠난 지가 오래 되고 시가지가 달라져 새로 구입한 네비게이션을 켜고도 물어물어 찾아갔다.
  도로변에는 수십 년이 된 듯한 아름드리 벚나무 잎이 붉게 물들기 시작해서 단풍철의 운치를 더해 주고 있다. 내년에 벚꽃이 필 때 꼭 오자고 이구동성으로 희망을 전했다. 청풍호수를 끼고 돌고 돌아 청풍문화재단지에 11시 30분에 도착해서 해설사를 만나 일정을 논의했다. "금강산도 식후경"이라고 정선의 명품 곤드레나물밥과 청국장으로 점심식사를 했다. 나는 평소 즐겨먹지 않던 청국장이지만 떠나기 한 달 전부터 소화에 장애가 있어

발효식품을 먹으라는 의사의 안내에 따라 곤드레나물밥이 먹고 싶었지만 청국장을 먹어선지 속이 편한 것 같았다. 식사를 끝내고 특산물 코너로 가니 제천에서 개발했다는 까만 콩알만 한 '개량 까마중'이 한 팩에 만원이라며, 암 예방에 좋다고 해서 한 송이씩 들고 맛을 보며 1시 반에 떠나는 청풍호유람선을 타러 비탈길을 걸어 힘들게 선착장에 갔다. 평일이라 예약을 안 했는데 전북대학교 의사, 교수와 간호학과생들 300여 명이 예약 되어 승선할 수가 없다 하여 다시 문화재단으로 가파른 언덕을 올라갔다. 걸어가다가 쉬는 길에 송이느타리버섯 장사를 만나 맛을 보니 송이버섯 냄새가 향기롭다. 제천에서만 볼 수 있는 특산물인 것 같아서 한 봉투씩 샀다. 모든 버섯은 독성이 있으므로 꼭 데쳐서 먹어야 한다고 한다. 버섯을 먹으면 위 속에서 구름같이 피어나서 변비 예방에 아주 좋다고 한다. 때마침 심상숙 시인이 차량을 갖고 와서 4명이 타고 올라와 오후 2시 반에 해설사의 해설을 들으며 단풍이 아름다운 문화재단지를 관람했다.

 1950년대에 농촌에서 보았던 민속자료들이 잘 보관 되어 있어서 고향 동네에 온 것 같았다. 석물군은 수몰 이전 청풍, 수산, 덕산 등에 산재된 고대사회의 장례의 풍속 무덤인 지석묘 5점, 문인석 6점, 그리고 도호부시대 군수와 부사의 송덕비, 공덕비, 선정비 32점과 제천 향교 경내에 보존하던 역대 관찰사, 현감, 군수의 치적, 공적비 10점 등 총 42점을 이곳에 배치하여 남한강변의 거석문화에 대한 변천과 당시 인물의 공적을 한눈에 알아 볼 수 있도록 하였다. 그 옆에는 서로 다른 나무의 가지가 이어져 한 몸이 된 사랑나무 연리지가 있다.

 그리고 한참 공사 중인 한벽루(보물 528호)도 있고, 금병헌, 거북바위, 악어바위 등 여러 가지를 볼 수 있었다. 날씨가 맑아 잘 보이는 청풍명월의 영원한 연인인 월악산은 제2의 금강산으로 우리나라 5대 악산에 속하는 명산이며, 동양의 알프스산이라고도 한다. 2시간의 관람이 끝난 후 숙소가 예약된 단양으로 향했다. 처음 가보는 산골길이라 시골 정취가 물씬 났다. 계곡에는 콘도가 여러 채 있고 밭에는 고추대가 빨간 열매를 달고 서 있는데 모두 말라 있었다. 짐작으로 고춧대 아래에 뿌리를 뽑아 놓았거나 줄기를 잘라 놓아 희나리가 안 생기게 고추를 익히는 것 같다. 네비게이션을 따라서 신단양에 있는 대명콘도에 도착했다.

이곳은 충주호댐 건설 공사로 인해 호수 주변에 살던 수몰지구 지역 주민이 이주한 곳으로 신단양으로 행정구역에 표시되었다 한다. 대명콘도에 예약된 14층에 올라가보니 주변이 야산이며 나무도 많고, 조용하고 정원과 주차장의 단풍이 무척이나 아름답게 보인다. 13호실에는 남자 시인 3명이, 14호실에는 여자 시인 6명이 쉬기로 했다. 여시인들이 취사를 할 때 남 시인들은 돼지고기를 사서 13호실에서 굽는다고 오라고 한다. 나는 콘도에서 잡채를 할 계획으로 준비해 간 당면을 삶고, 시금치, 브로콜리를 데치고, 당근, 양파, 버섯에 당면을 넣고 참기름과 소금을 넣고 볶았다. 이런 방법으론 처음 해봤는데 잡채가 부드러워 인기가 좋았다. 13호실에서 구워서 가져온 돼지고기도 맛있다. 1실의 집기는 4인 기준으로 되었기 때문에 탁자와 의자를 옆방에서 가져오니 멋진 식탁이 되어 9명이 둘러앉았다.

나는 낮에 먹은 신종 까마중 열매가 복통을 일으키는지 배가 아팠다. 식탁에 가득한 반찬과 하얀 쌀밥이 그야말로 '그림의 떡' 같았다. 할 수 없이 밥 3스푼에 쌈장을 세 번 찍어 먹고 아쉽지만 식사를 끝냈다. 모두들 맛있게 식사를 해서 기분들이 좋다. 식사가 끝난 후 막내인 홍 시인이 여시인님들 고생 많으셨다며 오늘 설거지와 내일 아침 찌개도 본인이 만들어 대접하겠다고 선포를 해서 박수갈채를 받았다.

평소에는 말을 잘 안 하는 수줍은 사람으로 인식되었는데 분위기가 바꾀니 인격이 드러나는 언행이 무척이나 재미있었다. 설거지가 끝나는 동안 나는 방으로 들어가 뜨거운 물수건을 비닐봉투 속에 넣어 배 위에 올려놓고 찜질을 하니 배 아픔이 가셨다. '내가 아파 보니 환자들이 얼마나 아플까.' 하고 동정이 가고 기도가 나온다. 설거지가 끝나고 과일을 한상 차렸는데 나는 얼마 전 사과를 먹고 탈이 난 것이 습관처럼 되어 사과를 바라만 보고 있었다. 그때 변 시인이 큐란 소화제도 가져왔으니 걱정 말고 연시감을 먹어 보시라고 자신 있게 말을 해서 걱정을 하면서도 경험자의 말이라, 감 한 개를 천천히 잘 씹어 먹었는데 10분이 지나도 배에 부담이 없고 편안해져서 '감은 먹었지만 양약인 큐란 소화제는 안 먹어야지.' 하고 생각을 했었는데 변 시인이 큐란 한 알과 물 한 컵을 들고 와서 빨리 잡수시라고 성화를 해서 성의가 고마워 할 수 없이 약을 먹었다.

그런데 변 시인의 간절한 마음이 내게 와 닿았는지 배가 아프지 않고 편해져서 다같이 앉아 홍 시인의 "우주의 기가 통하는 경험담"을 듣기로 했다. 경험 내용은 어렸을 때 구슬을 갖고 싶어서 '친구들이 땅바닥에 흘린 구슬이라도 있나' 하고 주변을 여러 번 살펴보았을 때는 없었는데 간절한 마음으로 구하다 보니 조금 전에는 안 보였던 유리구슬이 자기 눈앞에 있어서 주웠던 것의 의아함을 평생 기억에 두고 있었는데, 올 1월에 미국의 최고 재벌이 쓴 책에 유사한 글이 있어 신기했다며, 우주의 기가 긍정적인 사람에게는 성공적으로 채워진다는 내용이었다.

그 이야기를 듣고 보니 나도 어떤 도전 의식을 갖고 노력과 더불어 끈기를 가졌던 일들은 잘 이루어지고 있어, 누군가 날 위해 기도하며 돌봐 주는 것으로 생각한 때가 여러 번 있었다. 대학원 졸업, 1급 워드자격 획득, 그리고 '내가 어떤 일을 해서 서울정부종합청사와 문화의 전당인 서울 세종문화회관에 가볼 수 있나?'를 생각했었는데, 1985년도 전국경찰가족수기를 써서 정부종합청사 13층에서 수상을 했고 TV에도 나왔다. 1986년엔 전국여성독후감을 써서 세종문화회관에서 수상을 했다. 2002년에는 스승의 날에 교육부장관상을 받으니, 마음에 그리던 KBS1 라디오 인터뷰도 하게 되었다. 그리고 사내초등학교에서 춘성군학교로 전근할 때 송별 선물로 김영옥 선생님께서 주신 유안진 수필가의 「우리를 영원케 하는 것은」이란 수필집을 읽으며 '나도 수필가가 될 수 있나'를 생각했는데 2010년 수필에 등단했고, 2014년 시에 등단했다. 교원정년퇴직 후엔 탁구대회에서 3등을 목표로 열심히 해서 3등 상장을 퇴계동탁구동호회 알림판에 게시할 수 있었다. 나의 말을 들은 홍 시인은 나의 기가 공중에 퍼져 우주의 기가 합쳐져 큰 성과를 냈음을 인정한다고 한다.

  나는 기독교인으로서 하나님이 도우셨다고 생각하고 있다니까, 종교를 가진 사람들은 다 종교의 힘을 믿지만 실제로는 우주의 기가 도왔다는 것이다. "하늘은 스스로 돕는 자를 돕는다."라는 선조들의 말씀이 딱 맞다. 자정까지 서로의 경험과 견해를 이야기하며 보약과 같은 웰빙토론의 시간을 가졌다.

  다음날 아침 8시에 홍 시인이 만든 천하일미 부대찌개로 웰빙 아침식사를 했다. 숭늉도 만들고, 설거지까지 끝내고 이어서 80세의 윤 시인이 「가을」이란 시낭송을 했다. 오늘을 위해 며칠 동안 좋은 시를 외워 오신 것이 자리를 더욱 빛냈다. 이어서 몇 분의 시낭송이 있었다. 화기애애한 시간이 끝나고 10시가 되어 콘도를 나와서 단양 8경의 하나인 「도담삼봉」으로 갔다. 강물 안에 3개의 커다란 바위가 있고 광장에는 '삼봉'이란 호를 가진 안동 출신의 정도전 선생의 동상이 있다. 정도전의 소년 시절의 일화로 단양군에서는 강원도 정선에서 떠내려 온 도담삼봉의 세를 몇 년간 보냈는데, 정도전 소년이 "강원도를 향해 도담삼봉이 떠내려 와서 물길을 막아 농사

일에 지장이 있으니 도로 가져가라"는 재치 있는 말에, 그 해부터 바위 세금을 보내지 않아 군살림에 보탬을 주었다고 한다. 후에 정도전의 경국대전은 완성하지 못했으나 나라를 사랑하는 사람임에는 틀림없다. 사진을 몇 장 찍고 서둘러서 장회나루에 가서 11시에 청풍호로 떠나는 유람선을 탔다. 곳곳마다 해설사가 역사와 특징을 잘 해설해 주었다. 물은 짙푸르고 울긋불긋 단풍이 들기 시작한 옥순봉은(해발 286m) 석벽으로 희고 푸른 바위들이 옥빛의 대나무순 모양으로 쭉쭉 뻗어 있어서 그 어우러짐과 굴곡이 신비하다. 건설교통부가 선정한 한국의 아름다운 길 100선에 선정되었다 한다. 유람선을 타고 가다 보이는 금수산은 제천 10경 중에 5경에 있으며, 산세가 수려하고 골이 깊으며 기암절벽이 절경을 이루고 있다.

단양 8경은 도담삼봉, 석문, 구담봉, 김홍도의 그림으로 유명한 사인암, 상선암, 하선암, 옥순봉(장회나루), 중선암 등이 있다. 그 외에도 고수동굴과 온달장군이 수양하던(수직 700m) 온달동굴(천연기념물 제261호) 등이 있어 사시사철 관광객이 끊이질 않는다고 한다. 김 시인이 사 온 과자를 먹으며 이곳저곳의 인상 깊은 문학기행을 잘 끝내고 돌아오는 길에 단양역 부근에서 청국장으로 점심식사를 했다. 식사 후 출발하려고 보니, 회장님 자동차 가스 계기판의 바닥이 드러나 충전소를 찾느라 시간이 좀 걸렸지만 아슬아슬하게 가스충전소를 찾아 웃음이 묻어나는 추억의 한 페이지로 남겨졌다. 한솥밥을 해 먹으며 글감을 마련하는 뜻 깊은 문학기행이 된 것 같다.

홍천휴게소에 들러서 김 시인이 사 온 시원한 사만코 아이스크림을 먹으며 저녁식사는 생략하자는 의견을 모았다. 동행하지 못하고 후원금을 주신 박 시인께 감사하다는 전화를 드리고, 11월 모임의 공지사항을 의논한 후 동행과 배려에 감사하며 집으로 향했다.

16. 반가운 모과나무 모과청

    2017년 11월 11일, 맑은 하늘과 포근한 날씨가 좋아서 초등학교 3학년 손자와 6개월 된 손녀를 유모차에 태우고 아침 산책을 나갔다. 204동 아파트 출입구 경사로를 내려가는데, 코너의 가드레인 안에 물이 든 노란 풍선 같은 것이 떨어져 있다. 손자가 들어가 줍더니 "이게 뭐야, 옆에 또 하나 있네." 하며 두 개를 주워서 보이는데 참외만 한 노란 모과였다. 하나를 발견 했을 때는 누가 흘렸나 했는데, 두 개라서 혹시 앞에 있는 나무가 모과나무인가 하고 위를 쳐다보니 5m쯤 위에 노란 모과와 익지 않은 녹색 모과가 달린 것이 보인다. 지난 밤 비바람이 몹시 불더니, 모과 2개가 떨어지고 4개는 달려 있다. 이래서 세찬 비바람도 불어야 하나 보다 생각하니 참 감사한 마음이 들며 옛날 일이 생각난다.

    1995년 10월 중순, 금산초등학교에 근무할 때 밤에 비바람이 몹시 불었는데 다음날 아침 학교의 뜰에 잣송이 17송이가 떨어져서 주웠고, 이듬해엔 알밤을 한 되쯤 주웠던 기억이 난다. 자연은 조급하지 않게 기다림이 있어야 됨을 생각한다. 이번에도 비바람 덕분으로 모과나무를 만나게 되어 기쁘다. 저녁에 손자와 모과를 따러 장대를 만들어서 2개를 따고 덜 익은 것은 남겨 놓았다. 손자 가족들도 휴먼시아아파트에 7년을 살았어도 모과나무를 모르니 모과에 대한 기대는 한 번도 없다. 모과나무는 원산지가 중국이고, 우리나라 남부 지방에 많이 심어 가꾼다고 한다. 모과는 향기가 좋고 감기 예방에 좋다고만 알고 있다. 손자가 식초물을 만들어 진이 나와서 껍질이 끈적끈적한 모과 4개를 씻어 물기를 닦고 채로 썰어서 1:1로 설탕과 섞어 4병에 담았다.

2007년도에 401가지의 초목 이름을 적어 보았을 때 모과나무란 이름은 적어보았지만 줄기, 잎, 꽃 생김새는 몰랐었다. 속담에 "과일전 망신은 모과가 다 시킨다."면서 꼴뚜기 취급을 받는다고도 했고, "탱자는 매끈해도 거지의 손에서 놀고, 모과는 얽었어도 선비의 방에서 겨울을 난다."고 했다. 그리고 모과는 세 번 놀라는 과일이라고도 했다. "꽃은 아름다운데 열매가 못 생겨서 한 번 놀라고, 열매는 못 생겼는데 향기가 매우 좋아서 두 번 놀라고, 열매 향은 좋은데 맛이 없어서 세 번 놀란다."고 했다.

그런데 요즘은 자연식품에 관심이 많아지면서 마트 매장에도 자주 나와 귀한 대접을 받는 것 같다. 모과는 기침과 기관지염 예방과 치료로도 쓰이고, 특히 연세가 있으신 분에게는 관절통 완화와 관절염에 특효가 있으며 조혈작용, 혈당조절, 소화작용, 피로회복, 미용효과, 신진대사에 효능이 있다고 한다. 2개 남은 모과가 더 익기를 며칠 동안 기다리는데 일기예보에 11월 20일이 영하의 날씨가 된다고 해서 모과가 얼까 봐 저녁에 2개를 다 따자고 했다. 이럴 때 할머니와 손자는 환상의 복식조가 되어 일사분란하고 신나게 움직인다.

저녁에 손자와 모과를 따러 커튼 파이프 3개를 이어놓고 테이프로 붙여서 장대를 만들어 모과를 툭툭 쳐서 2개를 땄다. 그리고 핸드폰의 후레쉬와 미니 렌턴을 비추며 아파트 울타리 안의 나무 수십 그루를 살펴보며 손자에게 이름을 알려 주었다. 소나무, 참나무, 단풍나무, 산수유, 벚나무, 산

딸나무, 사철나무, 매화나무, 철쭉, 명자화, 전나무, 산사나무, 목련, 화살나무, 주목나무, 회양목, 모감주나무, 느티나무, 게쉬땅땅, 노루오줌풀 등이 있고 출입구 경사로 코너에 모과나무가 규칙적으로 심어져 있음도 알았다. 모과나무 줄기는 간유리무늬와 비슷하고 잎은 가래크기 만하며 추운데도 누런 단풍잎이 많이 붙어 있어서 사진을 찍고 집에 들어왔다. 손자가 식초물을 만들어 진이 나와서 껍질이 끈적끈적한 모과 2개를 씻어 물기를 닦고 채로 썰어서 1:1로 설탕과 섞어 3병에 담았다.

  9시가 되어 손자 집을 나와 우리 집 202동 아파트 출입구 경사로를 올라가는 데 이게 웬일인가? 나뭇잎은 거의 다 떨어지고 노랗게 익은 모과 1개가 나뭇가지에 달님처럼 달려 있었다. 늘 땅만 보고 걸었는지 7년을 살았는데 이제야 발견했다니, 관찰력이 둔한 것 같아 좀 민망한 생각이 드는데 다행히 내 눈에 띄어서 기분이 정말 좋다. 곧바로 손자 집으로 되돌아가서 손자와 장대를 만들어 탐스런 모과 1개를 마저 땄다. 손자는 식초물에 모과를 씻어서 5mm 두께로 썰어서 설탕과 모과채를 섞어 유리병에 넣어서 신이나서 2병의 모과청을 만들었다. 며칠이 지나면서부터 9개의 유리병 속 아래에 연갈색의 모과물이 고이는 것을 보니 대견하고 기쁘다. 한 달간 숙성시키려고 차례대로 놓았다.

  올 겨울 우리 가족의 감기 예방에 특효약이 준비된 것 같고 가족들이 모과나무 줄기, 잎사귀, 열매에 대해 알게 되어 기쁘다. 그리고 인터넷에서 모과꽃 모양이 사과꽃과 비슷하게 피어 있음을 보았다. 내년 봄이 되면 예쁜 모과꽃 모양과 색깔을 살펴보며, 가을엔 노란 모과도 수확할 것을 생각하니 정말 기쁘다.

제 2 부
신나는 오늘 만들기

> 조용하고 행복한 발걸음을 옮겨
> 감사와 기쁨으로
> 건강한 생활을 영위한다.

17. 용평 발왕산 케이블카

 2019년 10월 31일 10시, 제23회 평창동계올림픽이 열려 세계를 떠들썩하게 했던 강원도 용평 스키장이 있는 발왕산에 케이블카를 타러 춘천을 출발했다. 2018년 2월 9일 대한민국 평창올림픽 개막식에서 전통적인 한국의 아름다움을 강조하면서도 IT강국으로서의 면모를 보여 주며, 1,218대의 드론으로 스노우보드와 올림픽 오륜기의 모습이 컴퓨터 하나의 조작으로 조정되어 놀라움을 금치 못했다는 외신들의 찬사가 대단했었다. 결과는 금메달 5, 은메달 8, 동메달 4개로 종합 7위가 되었고, 아시아에선 1위였다. 특히, 불모지 여자 컬링이 은메달을 확보함에 따라 "영미" 열풍이 불고 우리나라에도 컬링 경기장을 설치하고 대회를 개최해 컬링 강국의 자리에 설 것을 준비한다고 했었는데 얼마큼 진행되었는지도 궁금하다.
 평창 휴게소에 들러 간식을 사고, 12시 30분에 케이블카 매표소에 도착했다. 발왕산은 해발 1,458m로 한국에서 12번째로 높은 산으로 어머니의 품과 같은 터라고 전해지며, 드라마「겨울연가」와「도깨비」촬영지로 곳곳에 주인공과 작품 장면의 사진이 소개 되어 있다. 용평 리조트 안에는 워터파크, 스키장, 골프장, 키즈 레저, 보트장, 알파카롤드팜, 매점, 레스토랑, 커피숍 등 다양한 시설들이 모여 있고, 케이블카로 산 정상까지 가서 사방을 전망할 수 있는 매력 때문인지 연중 인기가 높은 여행지라 한다. 케이블카는 안정감과 속도감이 좋으며 8인승용으로 100대가 운행되는데, 케이블카마다 일련번호가 쓰여 있다. 케이블카 아래 부분은 수목이 제거된 상태라 아래와 윗부분이 막힘없이 사방이 잘 보인다. 우리는 21번에 탔는데 빈 케이블카가 29대다. 왕복 7.4km를 쉼 없이 이용 가능한 국내 최대 길이로 왕복 40분이 소요된다니 실컷 타 볼 것 같아 기분이 좋다.

올라가는 중에 나뭇가지에 걸친 '겨우살이' 잎이 보인다. 물오리나무, 밤나무, 팽나무, 자작나무, 동백나무에도 기생하는데 가장 좋은 것은 '참나무 겨우살이'라고 한다. 겨우살이는 2월말까지 채취한 것이 약효가 있으며, 2월이 지나면 녹색이 독으로 변한다고 하며 물 2ℓ에 말린 겨우살이 40g을 약한 불에 끓여 마시는 것이 좋다고 한다. 과다 복용할 경우 복통, 설사, 호흡곤란이 올 수 있다니 조심해야겠다. 겨우살이는 스스로 광합성을 해서 엽록소를 만드는 반 기생식물로 사계절 푸른 잎으로 지내며 한국, 일본, 타이완, 중국, 유럽 아프리카 등에서 볼 수 있다고 한다.

케이블카에서 내려 발왕산 정상을 향해 가는 중에 헬기장도 있다. 푯말에 쓰인 '마유목'이란 연리지 같은 나무로 마가목과 애광나무가 뿌리, 줄기, 잎까지 서로 칭칭 감고 7m 정도로 자라고 있다. 서로가 살기 위해 품어 주고 보호하고 있어 진정한 상생과 공존, 남녀의 사랑, 부모의 희생, 자녀의 효성을 느끼게 하는 효정의 나무로 불린다고 한다. 군데군데 납작한 검은 돌들을 모아 돌탑을 만들어 놓은 것이 보이고, 철쭉나무 가지들이 군데군데 군락을 이루고 있어 꽃이 피면 매우 아름다울 것 같다.

산 정상에 있는 나무들은 아래 부분만 잎을 달고 있고 윗부분은 죽은 가지로 남은 것이 많다. "죽어서 천 년, 살아서 천년, 썩어서 천년을 산다."는 주목나무가 무척 많다. 상록수인 소나무와 전나무, 가문비나무들이 푸른색을 띄고 있고, 다른 나무들은 거의 단풍이 져가는 갈색 상태였다. 정상에서 보니 높은 산자락 중턱엔 밭도 있고 평창 올림픽 때 새로 지은 현대식 집들이 많이 있다. 얼마나 일반인에게 매각이 되었는지 유지비가 많이 든다고 TV방송에서 뉴스를 들었던 생각이 난다. 사용 전과 후의 대책을 내놓고 건축을 했어야 했는데 조금 부족했음이 못내 아쉽다. 모든 유지비가 우리의 세금으로 충당된다고 하니 아까운 생각이 들며, 언제까지 이렇게 갈 것인지 아쉬운 마음이 든다.

오후 2시에 발왕산 정상에서 내려와 매점에서 간식과 기념품들을 사고 골프장과 호수 주변을 둘러보고 전통식당인 강정원으로 향했다. 30분이 지나 도착하니 건물에서 풍기는 모양이 전통음식점으로 인정이 간다. 장독이 300여 개쯤 되고 항아리, 뚝배기, 독 등 상품도 많이 있다. 밥상에 차려진 반찬 중 까무스름하고 윤기가 나며 고춧가루가 묻어 있는 고들빼기 무침이 장아찌처럼 맛있고 메밀부침개도 맛있다. 주방 사람들은 TV에서 본 옛날 궁중 수라간의 대장금처럼 복장을 하고 있어서 멋이 있었다. 울타리 아래 있는 넓은 강가에는 갈대들이 바람에 흔들거리며 가는 가을을 배웅하는 듯 인사를 하는 것 같다.

전통음식 박물관도 보고, 현재 사용하고 있는 석빙고도 둘러보니 조상들의 지혜가 돋보인다. 기념사진을 찍고 홍정계곡에 있는 허브나라로 차를 돌렸다. 도로변 산에는 낙엽송과 참나무의 노란색과 단풍나무의 빨간색으로 8km 정도가 아름답게 물들고 있어 환호성이 나온다. 밭에는 올 가을 3번이나 왔던 태풍 링링, 타파, 미탁의 영향으로 바람이 사방에서 불어와 배추 포기가 뿌리 채 흔들려 뿌리가 썩어 가는 병이 들었다는 것이다. 지구의 온난화로 기온이 상승한다더니 예상치 못한 자연재해로 농가의 피해가 막심하며, 그로 인한 물가 상승이 소비자에게도 부담이 된다. 농사꾼의 심정을 생각하며 평창 홍정계곡에 있는 허브나라 농원으로 향했다.

 허브나라 농원은 단풍으로 둘러싸여 있고 돔으로 된 화원 안에는 열대식물인 부겐베리아 꽃이 흐드러지게 피어서 식물원을 황홀하게 장식하고 있다. 허브로 만든 향수, 비누 등 여러 가지 상품들이 눈에 띄었다. 천장에 매달은 분홍색 마른 국화는 커튼의 주름을 연상케 해서 매우 아름답다. 돔을 지나 밖으로 나오니 단풍나무가 터널을 이루며 곳곳에 조각품들과 잘 어울려 매우 아름답다. 나뭇가지에 매달린 단풍잎이나, 땅에 떨어진 단풍잎이나 모두가 아름다워 사진을 찍었다. 먼 길을 달려왔지만 정말 잘 왔다고 이구동성 감탄이 절로 나왔다. 5년 전에 왔을 때보다 양적으로나 질적으로 풍성해져 있어 평창의 명소로 충분하다.
 오후 6시가 폐장이라 아이스크림을 사가지고 차에 올랐다. 8시경 춘천에 도착해 보리비빔밥, 감자옹심이, 막국수를 5명이 나눠 먹고 서로의 배려에 감사하며 힐링(Healing)의 하루를 마감했다.

18. 썬크루즈여객선 일본 여행

　2011년 교직을 퇴직하던 해 11월 4일에 친구의 주선으로 10명이 강원도의 자매도시 일본의 돗토리현을 여행하게 되었다. 동해에서 오후 6시에 떠나는 썬크루즈여객선을 타려고 춘천에서 오전 9시에 떠나 동해 선착장에 도착해 점심을 먹으려고 식당에 갔다. 안에 들어서면서 나올 때 캐리어를 빨리 찾으려고 캐리어 위에 내 이름표를 올려놓았다.
　잠시 후 식당 아줌마가 우리 앞에 오더니 여기 "송일순 선생님 계세요?" 깜짝 놀라서 "예, 접니다." 하고 손을 들어 표시를 했다. 동해 쪽엔 먼 친척도 없고 연락하는 사람도 없기에 어리둥절하게 아주머니를 쳐다보는 순간 1970년도 화천군 논미초등학교에 다니던 1학년 제자 얼굴이 떠올랐다. 40여 년이 지났지만 눈가에 상처 아문 자리가 상기되었다. "호랑이는 죽어서 가죽을 남기고 사람은 이름을 남긴다"더니 이래서 이름이 중요한 것이라고 새삼 느꼈다. 캐리어에 있는 이름표를 보고 선생님인 줄 알았다고 한다.
　이 제자는 1970년경 화천군 하남면 논미리 눌언동에서 연로하신 부모님과 같이 사는 무남독녀로 착한 어린이였다. 그간의 생활과 자녀와 남편 이야기를 나누며 식사를 했다. 선생은 퇴직 전·후 어디 가나 옷매무새와 품위를 잃으면 절대로 안 되겠다는 생각을 다시 하게 되었다. 식당을 나와서 바닷가를 거닐며 쉬다가 오후 6시에 처음으로 일본행 썬크루즈여객선을 탔다. 5층으로 되어 있는 배는 좌석, 파티석, 수영장, 화장실, 식당, 노래방 등을 호화스럽게 갖추고 있어 내가 선진을 달리고 있다는 착각도 가져졌다. 잠시 후 배에서 제공하는 저녁식사를 잘 하고 10명이 둘러앉아 전쟁터에서 짧은 시간에도 할 수 있도록 만들어진 '월남뽕'이라는 순발력이 생명인 화투놀이를 했다. 이 화투놀이 중 전투명령이 나면 곧바로 전투에 참여해야 하기 때문에 우리나라 민화투나 고스톱 같이 긴 것은 할 수 없기에 만들어졌고, 순간에 스트레스를 풀기도 한다고 한다.

30여 분쯤 지나더니 비바람이 세차게 불고 파도가 점점 높아 평소 2m쯤 일던 파도가 4m까지 올라가 배가 심하게 흔들린다고 한다. 일행 10명 중 7명은 배 멀미로 토하고 벌벌 기어서 화장실에 가는 등 심한 고통을 겪고 있으며, 나를 포함한 3명은 가만히 누워 멀미의 고통을 미력하게 느끼는 것 같다. 심한 파도로 15시간이 지나서 다음날 오전 9시에 일본항에 도착했다. 모두 초죽음이 된 상태로 피로해졌다. 한 친구는 당장 한국으로 가고 싶다고 고통스러움을 표현하며 공항에 비행기표를 알아 보니 편도 80만원이란다. 항공료가 비싸서 참기로 하고 안내자를 따라 호텔에 가서 샤워를 하고 곧바로 쉬고 오후에 관광을 했다.

다음날 아침 모두 다 괜찮은 컨디션을 유지해 관광지를 잘 다닐 수 있었는데 목기로 만든 솥의 밥, 두세 젓가락 정도의 작은 반찬, 허기진 양들에 불만이 생기기도 했다. 먹은 것 같지 않지만 영양가가 계산된 음식이라 다음 식사 시간까지 배가 고프진 않다. 점심엔 뷔페에서 먹으니 각자 골라 먹어 만족스럽고 즐거운 식사를 했다. 식당 규모가 크지는 않은데 음식도 정리가 잘 되어 있어서 불편하리만큼 손이 가질 않고, 그림의 떡처럼 바라

보기만 할 때도 있었다. 점심이 끝나고 휴식 시간에 70세가 되어 보이는 노인이 계신 작은 동네 가게를 들어갔는데 작은 상품이 많지만 잘 정리 되어 있었다. 특이한 점은 그 가게는 찾아오는 손님에게 무조건 한국 돈 5천 원을 준다고 한다. 물건을 사도 좋고 그냥 가져가도 좋다고 한다. 보통사람들은 이왕 공짜 돈이니 아무 거라도 사자는 심사로 물건들을 만지작거리다 보면 '견물생심'이라고 몇 배로 물건을 구매하게 된다고 한다. 나도 5천 원을 받고 보니 인형 중에 춤추며 노래하는 고양이와 그 옆에 하얀 강아지는 센서 작동으로 동작을 한다. 사람이나 물체가 지나가면 멍멍하고 짖는 강아지가 보기만 해도 신이 나고, 고양이도 노래에 맞춰 춤을 추는 것이 신기해서 손자 선물로 6만원의 돈을 쓰게 되었다. 일행들 손에는 모두 선물들이 한가방씩 들려 있다. "가는 정 오는 정"이 딱 맞는 기분 좋은 계산 같다.

　이어서 이곳저곳을 관광하는데 바닷가 옆에 해마다 넓게 사막이 만들어지고 있다고 한다. 낙타 등같이 생긴 사막이 축구장 2개 정도로 생성되었는데, 이 사막을 이용해 낙타를 타는 손님들도 있다. 관광지는 비온 뒤 까만 아스팔트같이 깨끗하고 쓰레기가 하나도 없는데 관광객은 서너 명 뿐이다. 여기저기 경로가 넘으신 분들이 관광지 입장 요금을 받고, 안내도 하고 주차장 관리 및 정리정돈을 한다. 넓이가 7~8m가 되는 듯한 마을 도랑에도 똑딱선 같은 작은 배를 만들어 포장을 씌우고 노를 저어 관광객을 안내하며, 마을을 구경시키고, 역사를 설명해 주고 있다.

　농촌 마을이라 그런지 가는 곳마다 노인 인구가 참으로 많음을 느꼈다. 한국도 머지않아 노인 천국이 될 거라는 이야기를 많이 듣는데, 노인 부양책도 가정이나 국가적으로 복지정책을 잘 추진해야겠다는 생각이 든다. 질병 백세가 아니라, 건강 백세로 살아갈 계획을 세우고 잘 실천해야겠다. 음주와 흡연을 사랑하는 사람들은 필수적으로 단절해야 할 텐데, 그렇게 못하니 안타까운 마음도 든다. 2박 3일의 여행을 끝내고 선창으로 왔다. 면세점이 있어서 가족에게 줄 선물을 사려고 보니 공기가 든 가벼운 2중 스텐컵에 뚜껑도 있어서 2천원을 주고 6개를 샀다. 집에 와서 며칠을 써 보니 좋아서 일본의 어느 회사 제품인가 하고 상표를 보니, Made in Korea라고 써 있어서 너무나 기분이 좋았다. 탁구장에도 갖고 다니며 쓰니 가볍고 뚜껑도 있어서 먼지도 안 들어가고 냉·온도 잘 되어서 참 좋았다. 한국 상품이 일본 면세점까지 들어가 있는 것이 자랑스러웠다. 며칠 후 여행 뒤풀이로 식사를 같이 하며 경비 지출과 힘들고 신났던 일들을 마무리하며 다음의 여행지를 동양의 그랜드캐년이라고 하는 중국의 태항산을 가자고 이야기를 나누었다.

19. 호기심의 후유증

사람은 누구에게나 호기심이 있는데 남이 하는 것을 보고 호기심을 유발시키기도 하고 만족시키기도 하고 직접해 보는데 흥미를 갖기도 한다.

처음 호기심은 철원에 장흥초등학교를 다닐 때 할머니가 "세규(석유)는 불똥만 튀어도 불이 붙는다."는 말을 우연한 기회에 참 많이 들었다. 그때는 석유가 귀한 때라 손님이 와야 밤에 등잔불이나 촛불을 켰고 보통날은 달빛에 나와 앉아 이야기를 한다. 여름밤엔 쑥대를 잘라다 모깃불을 놓고 멍석에 앉아 이야기를 하며 감자나 옥수수를 쪄서 먹고, 가을 밤이면 재를 만들어 거름으로 쓰려고 북대기(볏집 부스러기)를 쌓아 놓고 서서히 불을 붙이며 모기도 날리고 벼이삭이나 옥수수를 튀겨 먹으며 이야기를 하다 감자나 옥수수를 구워 먹기도 한다.

어느 날 이웃집에 사는 장흥주일학교 김 선생님이 "수요일 밤에 교회에 어른 예배를 보러 갔다 올 테니 너희들이 우리 집 좀 봐 줄래?" 해서 초등학교 3학년 때인데 사촌언니와 사돈 친구와 셋이서 집을 봐 주러 갔다. 이런저런 이야기를 하고 놀다가 그만 잘못해서 등잔을 쳐서 석유가 방바닥에 쏟아졌다. 할머니가 늘 말씀하시던 대로 화로에서 죽은 재를 퍼서 석유

위에 덮으니 석유가 재에 스며들며 젖은 표시가 되었다. 그때 "석유 위에는 불똥만 뛰어도 불이 난다."는 할머니 말씀이 생각나서 진짜인가 생각하다 그렇게 해 봤다. 성냥불을 켜서 끈 다음 생긴 불똥을 석유가 젖은 재 위에 꽂았다. 순간 "퍽" 하며 재가 위로 20cm쯤 솟으며 불이 확 일어났다.

"어머나, 어머나!" 하다 얼른 방 걸레로 문지르니 불이 꺼졌다. 기둥이 조금 검게 그을려서 닦고 재는 쓸어서 마당가에다 뿌려서 버렸다. 석유 냄새가 나서 방문을 활짝 열어 놓고 한참을 있다가 닫아 아무런 일도 없던 것 같이 해 놓았다.

김승건 선생님은 알고서도 그냥 지나치시는지, 농사일로 늘 바쁘시니 모르셨는지 나무람이 없었고 무사히 지나갔다. 그 후로 절대로 불장난을 하지 않았다.

두 번째 호기심은 초등학교 4학년 겨울방학 때, 며칠 전에 비가 왔는데 수요일 밤에 예배가 끝나고 나와 보니 교회 마당에 있는 아름드리 버드나무 맨 아래 부스러진 뿌리 쪽에 반딧불 같은 형광색 불이 켜진 것을 보고, 아이들이랑 "도깨비불인가?" 하며 7m쯤에서 보다가 도망가다시피 해서 집에 왔다. 다음날 아침 어떻게 되었나 하고 궁금해서 일찍 교회에 가봤다. 나무뿌리 밑에 부스러진 조각들이 그대로 있고 아무렇지도 않아 이상하다고만 생각했다. 어른들은 버드나무는 사람에게 좋은 나무라고 했다. 그래서 살펴보니 봄에 제일 먼저 잎사귀가 나고 가을에 제일 늦게 잎이 떨어져 가로수로 심었던 것 같다.

6·25 동란 후 경기도 안성에서 피난살이할 때 사촌오빠가 버드나무 가지에 올라가 벌레같이 생긴 꽃자루를 따서 던지면, 치마를 벌려 받아서 들척지근한 꽃송이를 간식삼아 먹기도 하고, 연필 같은 굵기의 버드나무를

5cm쯤 꺾어 줄기를 빼내고 껍데기로 피리를 만들어 불던 생각을 하며 교회에 들어갔다 나오다가 문득,

'추울 때 세수하고 물 묻은 손으로 방문 쇠고리를 잡으면 손이 쩍쩍 붙는데 혀는 따뜻하니까, 쇠에 붙을까 안 붙을까?' 하고 교회 출입문에 붙은 80cm쯤인 대각선 스텐 손잡이에 혀를 댔다. 그런데 쩍 달라붙었다. 주변에 사람은 없는데 누가 올까 봐 창피하기도 하고 얼른 떼어야 하는데 도무지 움직이면 더 달라붙는 것 같다. 손으로 떼려니 너무 아파서 안 되고 손가락도 달라붙을 것 같아서 할 수 없이 잘 나오지도 않는 입김을 수십 번 부니 조금씩 떼어지는 것 같았다. 열심히 입김을 불어 겨우 떼었는데 혀가 얼마나 얼얼하고 아픈지 창피해서 누구에게 말도 못 하고 3일 정도를 혼자 끙끙 앓았다. 매서운 겨울이 오면 자주 생각나서 혼자 웃곤 한다. 버드나무 뿌리의 부스러기는 인이 물과 합하면 형광빛을 낸다는 것을 나중에 알았다. 그런데 봄에 가로수로 심던 버드나무꽃이 바람에 날려 알레르기를 일으키는 사람이 많아 가로수를 자르고 은행나무, 화훼나무, 이팝나무를 많이 심는다.

세 번째 호기심의 발동은 2005년 3월 아들 결혼식에 온 하객들의 간식으로 햄버거를 드리고 남은 것을 두었는데, 일주일이 지난 후에 햄버거 2개가 든 봉투를 발견했다. 꺼내서 잘라 보니 진이 생겨 양상추가 녹아 있는 느낌이었다. '나는 뭘 먹으나 소화가 잘 되니 한 번 먹어 보자, 면역이 약하면 설사가 나올 것이고 아니면 괜찮겠지!' 하는 맘으로 햄버거 한 개를 다 먹었는데 30분이 지나도 하루가 지나도 아무런 아픔이 없이 잘 지나갔다. 중학교 동창에게 이야기를 하니 자기도 살이 쪄서 설사를 좀 해 보려고 찐지 이틀이 지나 진이 나는 옥수수를 먹었는데도 아무 이상이 없었다고 했

다. 1960년대에 보릿고개 배고픈 생활에 익숙해서 무엇이든 먹기만 하면 된다는 아집에 병균도 항복을 했나 보다며 생긴 대로 살자고 해서 웃었다.

　네 번째 호기심의 발동은 2018년 12월, 20개월 되는 손녀가 감기가 걸려 맑은 콧물이 나오는데 입맛이 없는지 김밥을 먹다가 입에서 꺼내 놓았다. '작년 69세 때 12월 면역력 검사에서(500~2,000)기준치에서 최고로 좋은 상태였는데 올해는 어떨까?' 하며 손녀 입에서 꺼낸 1cm쯤 되는 김밥 2토막을 먹었다. 그런데 어쩐 일인지 저녁 6시경이 되자 내 코가 간질간질하며 코와 귀가 맹해진다. 과신한 탓이라 누굴 원망할 수도 없는 감기가 걸려 일주일 정도 생활이 번거로웠다. 콧물이 나와서 아마도 휴지 1롤쯤은 쓴 것 같다. 다행히 열도 없고 머리가 아프지 않으니 가벼운 것 같아 잠을 푹 자며 육식을 적당히 하니 드러눕지 않고 가볍게 지나간 것 같아 다행이다. 나이 70이 되니 호기심도 조절을 해야겠다는 생각이 든다. 며칠 후 손녀가 호두, 브라질너트 등을 깨물었다 뱉아 놓았는데 아깝지만 억지로 먹지 않았다. 혼자 웃음이 절로 난다.

20. 홍천 수타사 산소길 소풍

  2020년 5월 6일 10시, 홍천군 관광지 8경 중에 한 곳인 제6경 수타사 산소길에 3명이 소풍을 나섰다. 며칠을 설레며 기다렸는데 날씨가 매우 좋다. 배낭에 김밥 3줄, 쑥떡, 음료, 토마토, 과자를 넣고 승용차를 탔다. 홍천 국도를 이용해 동면의 오룡터널을 지나 10시 50분에 수타사 주차장에 도착했다. 5년 전보다 도로가 넓어졌고 가로수 벚나무도 높이가 7~8m로 자라 그늘을 만들고 있다. 길가에는 전원주택도 많이 생겨났고, 홍천하면 떠오르는 명품한우, 홍천 인삼, 홍천 사과, 홍천 찰옥수수 등 특용작물 단지도 깔끔하게 단장 되어서 관광지로 손색이 없어 보인다. 하천의 제방도 완성 단계에 있고, 강 건너편 교육체험 생태숲 땅을 잇는 교량도 튼튼하고 아름답게 세 곳이나 설치 되어 있다. 예전 주차장은 확장 공사 중이고, 새 주차장은 현대식으로 관광버스 20여 대가 주차할 수 있도록 마련 되어 비좁던 옛날이 생각난다.

  2007년도 주봉초등학교에 근무할 때 공작산을 가려고 학생들과 가서 일정을 소개하던 주차장 주변에 소나무가 아름드리로 자라 깊은 숲 속을 이루고 있다. 그때 다이어트를 해 보려고 무식하게 아침을 안 먹고 등산을 하다가 20분 후 어지럼증과 메스꺼움이 심해서 도중하차로 창피스러웠던 생각에 웃음이 난다. 피톤치드를 뿜어낸다는 소나무 향기가 맑고 푸른 하늘과 솔바람에 실려와 감탄이 절로 나온다. 경로가 되어서 다시 와서 새로워진 풍경을 볼 수 있는 건강과 시간, 동료와 경제적 여유가 있음에 감사가 나온다.

수타사의 역사는 708년(신라 성덕왕 7년) 공작산(887m) 자락에 원효스님이 창건해 올해로 1222년이 된 고찰이다. 임진왜란 때 소실되었으나 1636년 인조 14년 중장을 시작하여 지속적으로 전각들을 지어 현재에 이르렀다 한다. 현재 수타사 주변의 넓은 산림(163ha)에는 재생 식물, 향토 수종을 식재하고 역사, 문화, 생태숲, 탐구할 수 있는 교육체험의 숲과 유전자보전숲으로 구성되었다. 수타교 아래에는 맑은 물이 흐르고 다리 위 공원에는 한 뼘도 안 되는 하얀 봄맞이꽃이 바람에 살랑살랑 춤추며 우리들을 반긴다. 수타교를 지나 안내판을 보고 연못가로 갔는데 수련의 잎은 100원짜리 동전 넓이만큼 자라 있고, 주변에 조팝나무 하얀 꽃이 향기를 발하며 관광객을 반긴다.

1985년 5월 화천군 산양초등학교에 근무할 때 조팝나무와 엔젤카네이션을 섞어 꽃꽂이를 하면 선생님들이 참 예쁘다고 했고, 일직 근무할 때 1학년 딸을 데려와 조팝나무꽃 긴 가지를 꺾어 이마와 허리에 둘러 주어 5월의 여왕이라고 놀아 주던 생각도 난다. 주변에 흰색, 분홍색, 진분홍색 철쭉이 가득 피어 있고 황매화도 곁들여 매우 아름답다. 푹신한 잔디밭엔 잡초도 없고 도랑에는 미나리와 노랑범부채가 맑은 물의 지키미인 양 꽂꽂이 서 있다. 곳곳에 정자도 있고 나무그늘도 있어 쉼터로 매우 훌륭하다.

정원을 지나 산소길로 올라서니 울창한 숲이 그늘을 만들어 주어 시원하다. 7년 전 가족소풍을 왔을 때는 흙길에 돌출된 돌이 많아 발부리에 걸리곤 했었는데, 지금은 흙과 돌이 평행을 이뤄 편히 걸을 수 있게 다져지고 도로 폭도 1m정도로 넓어졌다. 계곡에 넓은 바위와 돌이 섞인 틈을 보니 2014년 손자가 유치원 방학 때 와서 바위틈에서 닭백숙과 닭죽을 먹은 생각이 난다. 또 견지대로 낚시를 해서 피라미(갈겨니)와 부러지(불거지)를 잡아 집에 와서 졸여 먹었던 생각이 난다. 그때 취사도구를 캐리어에 넣어 끌고 다녔던 이런저런 즐거웠던 생각을 하며 30분 정도를 가니 신봉마을 입구가 나왔다. 예전에 그 마을에는 분교가 있어 학생과 학부형들이 다니던 산골길이 분교가 폐교 되면서 산소길로 다듬어진 것이라고 한다. 신봉마을 걷기는 포기하고, 그 앞에서 출렁다리를 건너 좌회전해서 수타사 입구인 수타교 가는 길로 들어섰다.

소여물통 같이 생겨 붙여진 '궝'이란 소(沼)는 깊어서 짙푸른색을 보이며 많은 물이 있다. 소(沼)를 지나서 펼쳐진 너른 바위를 보니, 어릴 적 멱감다 나와 앉아서 햇볕에 물기를 말리며 "해야 해야 나오너라. 김칫국에 밥 말아 먹고, 장구 치고 나오라." 노래하던 초등학교 때 생각이 난다. 20분 정도를 걸어 물가로 내려와 암반같이 생긴 너른 바위 위에 음식을 차렸다. 맛있는 김밥, 부추전, 쑥절편, 커피, 토마토와 과자를 놓으니 웰빙 밥상으로 정겹다. 엊그제 뜯어온 쑥으로 만들었던 쑥떡은 잘 녹지 않아 비닐봉투 채로 바위 위에 놓으니 햇볕에 녹아서 20분 후 졸깃졸깃한 식감이 되살아나서 맛있다. 냇물에는 살이 오른 통통한 갈겨니, 불거지, 돌고기들이 떼를 지어 노닌다.

지난 해 10월 속초항에서 동생과 낚시를 하며 라면을 끓일 때 고도리(고등어 새끼)를 넣어 끓이니 깊은 맛이 나던 생각도 났다. 다음엔 관광지가 아닌 냇가로 가서 낚시로 잡은 고기를 라면에 넣어 끓여 먹어 보는 천렵(川獵)을 가자는 이야기도 했다. 점심식사를 끝내고 수타교 쪽으로 난 산책길에 들어서니, 장마에 대비해선지 개울 쪽에 있던 도로가 1.5m쯤 계단으로 높게 만들어 놓은 길이 몇 군데 있다. 30분쯤 지나 수타교에 도착해서 다래나무 터널을 지나 주차장으로 갈 때는 몇 년 전에 찬양대 단합대회로 산소 길을 걷고 와서 강가 쪽에 있는 식당에서 매운탕을 맛있게 먹었던 생각도 난다. 몸도 마음도 완전한 힐링(Healing)의 한나절에 감사하며 기념사진과 동영상을 찍고 오늘의 감상을 한마디씩 표현했다. 도토리나무, 낙엽송, 단풍나무가 많아 가을에 단풍도 보러 또 오자고 이야기를 나누고 귀갓길에 올랐다.

21. 파랑볼우럭(블루길) 낚시

  2020년 8월 29일 토요일 오후 1시, 코로나-19 바이러스의 공포에 눌려 집 안에만 있다가 사회적 거리두기가 딱 좋은 의암공원 공지천으로 낚시를 갔다. 작년에 속초 바닷가에서 쓰던 전어낚시(10개짜리)가 있어 반으로 잘라 5개에 미끼를 끼웠다. 물고기들도 사이즈의 크고 작음에 따라 미끼를 보는 눈높이가 다를 것 같아서 5개를 달아 던졌다.

  3시까지 블루길(Bule Gill)이 가끔 낚이더니 3시 30분이 되면서부터 예상대로 아래쪽에는 큰 고기가 물리고, 중간에는 조금 작은 고기, 윗부분에는 작은 물고기들이 2마리~4마리까지 물리는 즐거움이 시작되었다. 걷기 운동을 나온 이들에게도 볼거리를 제공하는 낚시가 되었다. 아들에게 토요일이니 시간이 되면 아이들과 자전거를 타면서 바람도 쐴 겸 낚시터에 와보라고 전화를 하니, 오후 5시에 두 아이들과 함께 왔다. 4살 손녀는 할머니 무릎에 앉아 낚싯대를 잡고 흔들다가 무겁다고 해서 낚싯대를 들어보면 어른 손바닥만한 블루길이 물려 있다. 2마리를 계속 낚으며 즐거워한다. 6시 30분까지 45마리를 잡았다.

  집에 와서 내장을 손질해서 졸이니 비린내도 없고, 살도 졸깃하고 맛이 좋다. 다음날 오후에도 33마리를 잡아 더위와 스트레스가 확 풀리는 듯 즐거웠다. 블루길을 손질해서 푹 끓이고 시래기, 파, 마늘과 된장을 넣어 탕을 만들었다. 추어탕과 같은 맛과 모양으로 경로용 식품 같은 단백질 영양 덩어리 식사를 한 듯 기분이 좋다.

　인터넷을 찾아보니, 블루길은 1969년 수산청에서 내수면 자원증식과 국민들의 식생활에 양질의 단백질을 제공하기 위해, 미국원산지에서 일본을 통해 수입해서 하천 여러 곳에서 양식을 했다. 치어 떼는 사료를 먹던 물고기들이 1년 후에는 수서 곤충 및 동물성 플랑크톤을 먹기 때문에, 양식업자들이 먹이 조달이 어려워 방류를 해서 여러 하천에 퍼져 감당하기 힘든 현실이 되었다. 좀 더 수입하는 물고기의 습성과 판로 등에 대해서 심사숙고(深思熟考)해서 수입했어야 하는데, 워낙 빈곤했던 시절이라 단백질 공급에만 집중 되어 안타까운 현실의 문제점이 된 것 같다.

　1977년 정문기 박사는 블루길의 볼에 파란 점을 보고 '파랑볼우럭'이라고 국명을 붙였다. 지금은 수중 생태계 최상위 포식자로 군림하고 있어 생태교란종으로 박멸에 나서고 있다. 여름에는 지자체에서 1kg에 5천원에 수매를 해서 노인들은 블루길을 잡아 용돈을 쓰고, 가을과 겨울에는 잡아서 냉동에 넣었다가 이듬해 수매가 시작되면 판다고 한다.

　충청북도에서 어느 해에는 1억 5천만 원을 들여 베스·블루길 47t을 수매했다고 한다. 경기도 성남시에서는 탄천에 배스 인공산란장을 만들어 배스 퇴치 작업을 벌이고 있다고도 소개되었다. 금강유역 환경청은 배스 산란철인 4~7월 대청호에서 전문 잠수부를 동원해 집중 퇴치 작업을 벌여 배스와 블루길 33t을 퇴치했다고 한다. 블루길의 천적으로는 큰입배스(생태교란종), 메기, 가물치 같은 육식 담수어와 수달이라고 한다. 지자체에서 예산이 되면 생태교란종 퇴치 사업으로 그 고장에서 호수나 강 같은 곳을 옮겨 가면서 4월~7월 사이 산란기 때 블루길·배스 낚시대회를 열어 집중적으로 퇴치하면 좋겠다. 또는 5년 정도 매월 1~2회 지정한 날짜를 홍보해 기관의 담당자가 낚시터에 나오고, 낚시꾼들이 블루길이나 배스를 잡으면 현장에서 수매하는 형식을 취하면 좋은 실적을 낼 것 같다. 대부분의 낚시꾼들은 배스·블루길의 나쁜 이미지 때문에 먹지 않고 버린다고 한다. 한때는 생태교란종을 포획한 뒤 다시 방류하면 생물 다양성 보전 및 이용에 관한 법률을 위반하는 것이 되어, 2년 이하의 징역이나 2천만 원 이하의 벌금에 처하기도 했다고 한다. 잡은 블루길을 먹지 않으면 준비해 놓은 수거함에 넣거나, 살은 음식물쓰레기통에 버리고 머리나 뼈는 일반쓰레기 봉투에 넣어 버리도록 권장한다고 하지만, 수거함도 별로 없고 고기를 분류해서 버리기가 번거로워 요즘은 땅에 파묻는 경우가 많다고 한다. 앞으로는 범국가적으로 연못, 강가, 낚시터, 댐 등에 표지판이나 지정 광고판에 공지사항으로 생태계교란종인 큰입배스, 블루길, 황소개구리 등을 포획했을 시 처리 방법에 대해 안내를 해서 전 국민의 관심거리가 되게 했으면 좋겠다.

아쉬운 현실에 도전이라도 하듯 9월 첫 토요일에는 갈대숲이 많은 송암동 체육공원 뒤 호반낚시터로 갔다. 오후 4시쯤부터 작은 블루길이 잘 낚이더니 5시 이후엔 어른 손바닥만한 블루길이 연실 낚인다. 코로나-19 시대에 혼자 놀기에 딱 맞는 놀이란 생각이 들어 지인들에게 낚은 물고기 장면을 카톡으로 보냈다. 잡은 블루길은 물고기 조림을 좋아하는 친구와 탁구동호회 회원에게 보냈다. 며칠 후에 비린내도 안 나고 식감이 좋아 맛있게 먹었다며 고맙다는 전화를 받았다.

10월 추석 연휴 며칠간도 청정지역인 화천 붕어섬으로 비빔밥 도시락을 싸갖고 낚시를 갔다. 내가 22년간 살던 곳이며, 두 자녀의 고향이기도 해서 언제나 푸근함이 있는 곳이다. 붕어섬 다리 초입새에 물풀이 조금 있어서 낚시터로 좋아 보였다. 대낚시나 루어낚시는 하루 종일 하면 팔이 아플 것 같아서 접어놓고, 겨울 산천어 축제 때 쓰던 견지대 2대에 전어낚시 5개를 매어 미끼를 달고 5m되는 다리 아래로 낚싯줄을 내려뜨렸다. 곧 입질이 오면서 한두 마리씩 낚이더니 예상대로 낚시 5개에 블루길이 2~3마리씩 물려 나온다.

　오후엔 견지대 3대를 설치해서 번갈아 다니면서 두레박질을 하듯 쉽게 낚싯줄을 올려 고기를 떼곤 하니 고기망이 금방 차오르며 신이 난다. 오후 5시가 되어 다리 끝 쪽으로 자리를 옮겼다. 그곳 사람들은 대낚시나 루어낚시를 하고 있었다.

　해가 지니 수온이 낮아질 것 같아 추를 바윗돌 틈 강바닥에 댔다가 10cm 정도 들면 영락없이 블루길이 물어 10분에 12마리를 잡아 민망할 정도로 시선을 끌었다. 낚시를 여러 번 하다 보니 노하우가 생겨 씨알이 굵은 블루길이 상상 외로 잘 낚인다. 고기망을 두 팔로 올리기가 무거울 정도로 많이 잡았다. 재미가 나서 매주 토요일에 낚시를 갔는데 어느 날은 73마리, 다음엔 80마리, 그 다음엔 82마리도 잡았다. 그만큼 강에 블루길이 많이 있다는 짐작이 간다. 11월 21일은 기온이 영하 2℃로 내려가니 수온도 내려가 고기들의 먹이 활동이 미약해 38마리를 잡았다.

　인터넷에 보니 블루길은 수온이 내려가면 수초가 엉켜 있는 곳에서 떼를 지어 산다고 한다. 얼음이 얼기 전까지 수초 있는 곳을 찾아서 꾸준히 생태교란종 블루길과 배스를 낚아야겠다. 처음 블루길 낚시를 시작한 8월 29일부터 12월 12일까지 내가 잡은 블루길이 736마리다. 남편이 잡은 것과 합하면 1천여 마리가 넘는다. 블루길은 식성이 좋아 구더기, 밤벌레, 도토리 벌레도 잘 먹는다. 벌레 먹은 밤이나 도토리를 10여 일간 두면 수십 마리의 벌레가 나온다. 밤이나 도토리 벌레는 단백질이 많은지 물 속에서도 빨리 죽지 않고 오랫동안 꼬물꼬물해서 미끼로 최상급이다. 미끼 구입비 몇 천 원이 절약되기도 한다. 벌레들 덕분에 신나는 낚시로 하루를 보낸다. 늦었지만 생태계교란종 퇴치에 참가한 느낌이 들어 기분이 좋다. 최근에 노인 한 분이 지나가며 "블루길을 잡으니 참 좋은 일을 하십니다." 칭찬을 하시니 많이 잡아서 알고 계신다는 그 모습이 돋보인다.

22. 가평 자라섬(남도) 꽃잔치

 2020년 10월 14일 10시 30분, 가평 자라섬(남도)꽃잔치 구경을 가려고 남춘천역에서 지인 7명이 전동열차를 탔다. 가평역에 내려서 30분을 걸어가니 자라섬 입구가 나왔다. 5월 5일 어린이날에 자라섬 안에 있는 이화식물원을 보려고 가족나들이를 갔다가 코로나 - 19 바이러스 감염병 예방으로 폐쇄 되어 잔디밭에서 놀다 와서 안내를 할 수 있다.
 자라섬의 총 면적은 61만 4,710m²로 춘천 남이섬의 1.5배 크기다. 10년 전까지만 해도 모래 채취 등의 영향으로 비가 많이 내릴 때마다 물에 잠겼으며, 이로 인해 지역 개발에서 소외되고 주민들도 섬으로 인식하지 않았다.
 2000년대 초에 북한강수계 소유인 전력공기업에 근무하는 아우님이 자라섬(동도, 서도, 남도, 중도)을 가평지자체에 매각하는 업무를 맡아서 진행하였는데, 중국인들이 농사를 짓고 살고 있어서 '중국섬'으로 불리다가, 1943년 청평댐 건설로 이 땅이 수몰 되어 생긴 모양이 자라와 같은 모양이므로 1986년에 현재의 이름이 붙여졌다고 한다.
 그 후 북한강 수계댐들의 건설로 홍수가 조절 되어 자라섬은 물에 잠기는 횟수가 크게 줄었고, 가평 지자체에서는 그 척박한 땅을 매입해서 계절별로 잘 활용하여 가평군민에게 지역 경제를 살리는 행사를 갖게 해서 고맙다는 말을 들었다.

자라섬의 중도는 2004년 국제재즈페스티벌을 시작으로 전국적인 관광지로 알려지게 되었고, 서도의 오토캠핑장과 사이트놀이공원은 1년 내내 살아 있는 나비를 체험할 수 있으며, 9개의 숲으로 구성된 자연 생태테마파크인 '이화원' 등이 조성되었다. 동도도 현재 산책공원 등의 활용 방안으로 모색하고 있다고 한다. 지난 해 개최한 제10회 가평 자라섬 씽씽겨울축제도 얼음 위에서는 썰매를 타고, 얼음 아래에서는 송어도 잡는 등 다채로운 행사들로 지역경제를 살리는 기폭제가 되고 있다.

올해 10월 8일, 제53회 가평군민의 날 기념식을 처음으로 자라섬에서 가졌고, 가평군수는 가평을 '국가 정원 프로젝트 추진'을 목표로 미래를 위한 청사진을 제시했다. 김성기 가평군수는 자라섬이 지닌 자연 자원 등을 보존하면서, 지속 가능한 섬 개발이 이루어지도록 체계적으로 지원하며, 사계절 색다른 테마를 제공할 것을 권고해서, 국내와 세계속의 관광명소로 발전시켜 나가자고 했다. 자라섬의 남도는 50,000㎡ 규모로 꽃 테마공원 조성을 위해서, 2018년 8월부터 군수가 담당 공무원과 평창 백일홍축제 벤처마킹을 하는 등 남도를 꽃의 테마공원으로 조성하는 사업을 추진하였다.

올해 2월부터 발길이 닿지 않던 이 토양을 개량하며, 무성한 잡초도 제거하고 크고 작은 돌을 고루는 등 구슬땀을 흘렸다고 한다. 긴 가뭄과 8월 6일 최근 엿새 동안 가평 지역에 내린 600mm가 넘는 집중호우와, 8월 5일 소양감댐 방류로 자라섬이 6일 오전, 물에 잠겼다고 한다. 봄부터 가꾼 꽃 묘가 유실되었지만 지자체, 시민, 군인들이 힘을 합해 다시 일궈 세워서, 해바라기 15,000포기, 메리골드 40,000포기, 국화 4,500포기 등 백일홍, 구절초, 코스모스, 맨드라미, 칸나, 핑크뮬리를 가꾸어서 9월 26일부터 11월 1일까지 행복한 꽃축제 기간을 가졌다.

10월 14일에 처음 본 꽃잔치가 너무나 아름다워 10월 16일엔 2차로 탁구 동호회원 4명이 코로나-19 감염병에 안전한 도시락을 싸가지고 소풍을 갔다. 수채화 물감을 뿌린 듯한 아름다운 꽃잔치에 '사람 반, 꽃 반' 정도로 황홀함이 신선한 감동을 안겨 준다. 노란 해바라기 군락은 수백 명의 학생들이 매스게임을 하는 대열을 선 것 같고, 여러 가지 색의 백일홍은 꽃을 들고 무용을 하는 어린이들로 보인다. 맨드라미는 옛날 추석 때 엄마가 증편 떡에 붙여서 쪄주셨던 생각이 나고, 코스모스는 방문이나 창문에 창호지를 붙일 때 그 사이에 꽃무늬를 붙였던 생각도 난다. 강가의 갈대숲도 가을을 손짓하는데 봉숭아와 분꽃은 어데 갔는지 보이질 않는다. 곳곳에는 포토존, 전망대, 꽃다리가 설치 되어 있다.

오후 6시부터 밤 10시까지는 고보 조명, 레이저 조명, 블라드 등 야간경관(빛의 공원)도 운영된다고 한다. 문화와 예술이 어우러지는 힐링의 장소다. 올해 한국관광공사가 선정하는 '야간경관 100선'에 뽑혔다고 했다. 빛의 공원을 관람 못 함이 못내 아쉽다. 최근에 많이 본 핑크뮬러(Hairawn muhly Pink muhly)는 여러해살이풀로 미국이 원산지며 억새의 일종으로 분홍색을 띠고 있어 로맨틱하고 따스한 느낌을 주어 인기를 얻고 있으나, 향후 생태계에 위험할 수 있는 만큼 주의가 필요하다는 지적으로, 2019년 12월 2급 위해성 판정을 받았다고 하니 조금은 염려스런 마음도 생긴다.

금강산도 식후경이라고 점심시간이 되어 4명이 준비한 도시락을 폈다. 김밥, 닭강정, 군고구마, 커피, 갓김치, 순대, 귤 등 먹거리가 푸짐하니 옛날 어려웠던 우리들 시절의 소풍 준비로 설레던 추억이 되살아나 이야기꽃을 피운다. 지금 우리나라가 이렇게 아름답고, 풍요롭고 자유스러운 모습을 이루게 한 故 박정희 대통령을 비롯한 여러 대통령들의 튼튼한 국정 운영으로 오늘의 현실이 도래함을 치하했다. 우리 일행 중에 윤경구 여사는 1967년 서독에 간호사로 파견 되어 가족을 떠나 4년이란 긴 세월을 낯선 땅에서 우리나라의 국익(달러차관)을 위해 수고했던 여러 가지 일들을 이야기해 눈시울이 뜨거워지기도 했다. 더불어 우리나라를 이만큼 성장케 한 삼성그룹, 한국전력공사, GS칼텍스, SK에너지 등 여러 기관에 수고한 모든 분들께 감사를 드린다. 요즘은 축구의 손흥민 선수, 베트남 박항서 감독, 방탄소년단, 비빔밥, 기생충 영화, 대장금 드라마 등 문화의 한류열풍을 일으키어 한국을 빛내고 있으며, 세계 11위라는 경제대국으로 군림하고 있다. 그러나 올해는 생각지도 못 했던 정치계의 혼란으로 사회가 긴장 속에 살아가며, 엎친 데 덮친 격으로 코로나-19 바이러스 감염병까지 생겨 몸둘 바를 모르는 허전한 한 해였다. 오랜만에 만나도 악수도 제대로 못 하고 사회적 거리를 둔 것도 모자라 마스크까지 써서 말을 아껴야 함이 무척 피곤하다. 그래도 오늘은 아름다운 꽃을 보고 향기로운 꽃 내음을 맡을 수 있고, 사람 구경을 할 수 있으니 가슴이 탁 트이고 설레며 환호성이 나온다.

11월 1일로 자라섬 남도 꽃축제가 아쉬움 속에 화려한 막을 내렸다. 그 후에는 어떻게 관리되는지 궁금해서 2차에 동행한 4명이 1만 2천보 걷기를 목표로 가평역에서 내려 자라섬으로 걸어갔다. 그 화려했던 자취는 가을과 함께 사라지고 무채색의 초겨울 풍경 속에 독야청청 소나무가 솔내음을 뿌리며 남도 땅을 지키는 파수꾼으로 서 있다.

꽃잔치 행사 결과 가평군에서는 관광객 중 코로나-19 바이러스에 감염된 사람이 없고, 입장료로 가평사랑상품권이 4억 5천만 원이나 팔렸고, 농산물과 음료 판매가 3억 3,800만원의 수익을 올렸다고 한다. 시내 숙박업, 음식업, 운송업 등 지역 경제에 좋은 영향을 끼쳤으며, 다양한 지표를 분석

할 결과 간접 효과가 49억에 이르는 것으로 집게 되어 지역경제에 큰 힘이 되었다고 발표하였다. 남도는 2021년에도 5월 중순과 10월 중순에 꽃잔치를 열 것이란 현수막 안내가 있어 마음이 흐뭇하다.

오늘 동행한 탁구 동호회원들은 코로나-19시대에 춘천의 국사봉, 충혼탑, 안마산, 구곡폭포, 의암호스카이워크, 전철하부공간, 석사천, 공지천, 퇴계천을 자주 걸으며 건강을 위한 시간을 함께 하고 있다. "걸으면 살고, 누우면 죽는다(步生臥死)."는 말과 "운동을 하지 않으면 병이 운동 시간을 차지한다."는 말을 생활신조로 실천하고 있다.

일주일에 5일간 하루 30분 이상 걷는다면 심장마비를 일으킬 확률을 반으로 줄여 준다는 이야기도 있으니 금상첨화(錦上添花)다. 걷기 운동은 혼자서도 할 수 있고, 경제적으로도 부담이 적고, 각종 성인병 예방에 탁월한 효과가 있기에 코로나-19 시대에 많은 국민들에게 사랑을 받고 있다.

23. 가는 날이 장날

오늘도 코로나-19시대에 감염병 예방을 위해 마스크를 쓰고 10시에 지인과 같이 걸으려고 아파트를 출발했다. 남춘천역을 지나 풍물장터를 거쳐 공지천에 가서 자전거 도로 옆 의자에 앉았다. 오리 10여 마리가 자맥질을 하며 먹이 활동을 하고 있다. 8월 29일부터 9차례나 이곳에서 낚시를 할 때는 생태교란종인 블루길과 배스를 135마리나 낚았고, 토종물고기 갈겨니 1마리가 낚여 방생했던 기억이 난다. 저 오리들도 제발 블루길이나 배스를 잡아먹으면 좋겠다. 블루길은 비린내도 없이 맛도 좋고 낚시에 잘 낚여 잡는 재미는 있지만, 1969년 국민들의 식생활에 단백질을 제공하기 위해 미국에서 일본을 거쳐 수입해 왔는데, 토종 물고기를 다 잡아 먹어 생태교란종으로 지정 되어 푸대접을 받는다. 블루길은 뼈도 적고 살도 졸깃하니 단백질 제공을 위해 조림, 매운탕, 튀김 외에도 여러 가지 음식으로 개발되기를 바랜다.

잠시 쉬다가 조각공원의 작품을 보며 풍물시장에 왔다. 장터에는 온갖 물건들이 가득하고 도루묵, 양미리, 오징어, 아지, 고등어 등 생물이 좌판에 가득하다. 사람들이 북적거리고 뒤적거리는 모습이 정겹고 활기차 보인다. 고등어는 국민의 반찬이라고 해도 과언이 아닐 정도로 어른 아이 모두가

친숙한 반찬이다. 1960년대엔 손님이 오거나 몸이 아파야 구운 고등어를 먹을 수 있었기에 항상 그리웠던 생선이다. 그 시절 냉동이 어려웠던 시기라 꽁치나 고등어를 먹고 두드러기가 많이 났는데 미나리를 짜낸 즙을 마시면 사그라지던 생각도 난다. 수십 년이 지난 2018년 8월에 속초에서 동생과 고등어를 낚시로 낚아 라면에 넣어 끓이니 정말 맛있었다. 100여 마리는 처음으로 젓갈을 담가 4개월 후 동생과 친척들께 드린 생각이 난다. 뜨거운 밥에 양념한 고등어 젓갈을 넣고 비벼 먹으면 짭조름하고 특유의 냄새가 정말 맛있어서 인기였다. 친척들이 명절에 만나면 고등어젓갈 이야기를 자주하곤 한다.

풍물시장 구경을 끝내고 여유가 있어서 남춘천 역사(驛舍)아래 하부 공간에 한 달 전에 개방한 문화공간으로 관람을 갔다. 찬 바람을 맞고 와서 그런지 코로나-19의 검사격인 이마의 체온측정이 잘 안 되어 몇 번을 했다. 출입 명부에 인적사항을 적고 공간을 둘러보았다. 시민들이 취미활동을 위해 여러 동호회에서 활동한 결과물인 수묵화, 회화, 사진, 동양화, 서예 등이 게시 되어 있다.

내가 초등학교 때 붓글씨와 그림을 잘 그린다고 칭찬을 많이 받아 장래 희망을 화가로 생각하고 있었다. 그런데 초등학교 선생이 되고 보니 화가를 하려면 돈과 시간, 작품을 제작할 장소가 필요할 것 같아서 포기했다. 그래서 누구의 작품을 감상할 때에는 항상 마음 한구석에 화가를 포기했던 아쉬운 마음이 기억난다. 경제적으로 여유롭지 못해 포기한 그 자리를 2010년 수필부문 등단과 퇴직 후 시부문에 등단해 글로 표현하고 있다. 나에게 숨겨진 글쓰기 재능을 발견했음이 또한 기쁘다. 2011년 2월 교원 정년퇴직 후 손자를 돌봐 주는 내 생활에는 시간 내기와 경제적인 여유가 글쓰기에 안성맞춤이다. 2019년 전국대회로 개최한 3·1절 100주년 독립운동가 신석구 글쓰기 대회에서도 입상한 것 등이 기쁘다. 상금 5만원은 처음으로 돋보기안경을 맞춰서 사용하고 있으니 보람 있는 일로 보고 또 봐도 기분이 좋다. 이제 연말이면 또 한 권의 수필집을 출판할 것으로 위로가 된다.

문화공간의 작품 관람을 끝내고 풍물장날만 보리밥을 하는 식당을 갔다. 가을까지는 문을 열어 놓고 식사를 해서 보리밥을 할 수 있었는데, 겨울에는 문을 닫으면 환기가 안 돼서 코로나가 발생할까 봐 안 한다기에 고등어구이가 맛있는 또바기 식당으로 갔다. '또바기'란 말은 "언제나 틀림없이 꼭 그렇게"라는 뜻을 가진 우리말이란다. 그 식당에는 백반을 주문하면 항상 고등어구이, 달걀후라이, 국이 틀림없이 고정메뉴로 나와서 고등어가 먹고 싶을 땐 자주 간다. 4살 손녀도 고등어구이를 잘 먹어 가끔 데리고 간다. 고등어는 고혈압 예방, 치매 예방, 동맥경화 예방, 눈의 피로 완화, 간기능 강화, 혈중 콜레스테롤과 중성지방을 감소시키는 작용 등을 한다고 한다. 더욱이 알츠하이머와 파킨슨병 치료에도 효능이 좋다고 하니 경로자가 된 상태라 자주 와야겠다고 했다. 맛있는 점심을 끝내고 이런저런 이야기를 하며 걷는데 '돼지고기가 6근에 만원'이라는 문자가 왔다. 곧바로 정육점에 들러 6근을 사서 1/3을 지인께 주고 나머지를 들고 걸어가는데 퍽이나 무거웠다. 코로나-19 시대에 시장경제가 너무 약해졌다는 실감이 난다.

오늘은 걸어서 공지천 오리들의 자맥질도 보고, 풍물장터의 풍요로움도 구경하고, 불포화지방산이 많은 고등어구이도 먹고, 문화공간에서 작품도 감상하고, 값싼 돼지고기도 사고, 1만 2천보 걷기도 했으니 코로나 시대에 운이 좋은 하루였다는 생각이 든다.

24. 알밤 줍기의 도미노식 후유증

2017년 10월 2일, 산으로 알밤을 주으러 갔다. 오르막 산길에서 지팡이로 쓰려고 1m쯤 되는 나무막대기를 주워서 서너 번 짚었는데 삭은 것 같아 무심코 풀숲에 던졌다. 그때 참나무숲에서 장수말벌 몇 마리가 나와 둔부와 종아리를 쏘는 바람에 얼떨결에 "벌이야." 소리치며 6m쯤 도망을 가니 따라오지 않는다. 머리에는 다행히 밤을 주으면 넣으려고 가져간 큰 양파 주머니를 갖고 다니기가 번거로워 머리에 쓰고 모자를 썼기에 안전했다. 복장은 긴 외투를 입었는데도 벌침을 5군데 쏘여 무진장 아팠다.

1982년 강가에서 야영을 하며 양봉벌에 쏘였을 때 2시간 후 가라앉아서 이번에도 기다려 보려고 도시락을 먹고 계속해서 밤을 주웠다. 배낭이 가득 차서 오후 3시경 내려오는 산길에 알밤 5알이 땅에 떨어져 4알을 주워 주머니에 넣었다. 1알이 굴러서 참나무 뿌리 쪽으로 가기에 주으려고 잡았는데 밀알만한 벌들이 뿌리 밑에서 떼로 나오더니 나를 감싸고 윙윙거리며 붙기도 하고 쏘기도 한다. 너무 황당하고 기가 막혀 도망갈 생각조차 못 하고 어쩔 수 없이 가만히 눈을 감고 서 있었다. 5분 정도를 빙빙 돌다가 다시 땅속으로 들어간다. 땅벌이란 이름만 들었지, 처음 본 것 같다. 작은 벌들이지만 그 단결력이 돋보였다. 종아리에 7군데를 쏘인 것 같이 하얀 점들이 있고 가렵다. 얕은 냇물을 건너는데도 당황해서인지 몸의 중심이 안 잡혀 발목이 물에 빠졌는데 넘어지지 않은 것만도 다행이었다. 안전불감증에 상비약도 가져간 게 없어서 곧바로 내려와 차를 타고 집으로 왔다. 집에 와서 인터넷에서 벌에 쏘였을 때 알아 둘 일을 보니 상비약으로는 소주나 씀바귀액을 바르면 좋다고 하였다. 만약에 두통이 나거나 속이 메스꺼우면 꼭 병원치료를 받으라고 안내되었다. 그러나 메시꺼움이나 두통이 없어 다행인데 무척 가려워서 긁어 대며, 설날에 시모님 성묘를 가기로 형님댁과 약속이 되었기에 경주에 성묘를 다녀와서 병원을 가볼까 생각했다.

고속도로 통행료가 면제된 추석명절이라 그런지 전국적으로 최고로 차량이 밀린다고 방송 뉴스가 나온다. 돌아올 때는 고속도로가 너무 꽉 찼다는 네비게이션의 안내로 국도를 이용했으나 평상시보다 2시간 반이나 늦게 도착하였다. 밤 11시에 아들과 강원대학교 부속병원 응급실로 갔다. 긁은 자리에 벌독과 손톱에서 균이 혈관을 침입했다고 약을 5일간 먹으라는 처방을 받고 항생주사를 맞고 집으로 왔다. 공짜로 15만원짜리 봉침을 맞은 줄 알았는데 7만 5천원 응급치료비로 내고 왔다.

다음날 아침, 주워 온 밤이 한 말 정도 되어서 벌레가 날 것 같아서 물에 씻어서 한나절을 쪘다. 삶은 밤이 많으니 빨리 자르려고 부엌칼을 밤에 간이 쇳돌에 갈아서 주방에 놓았는데 그걸 모르고 아침에 남편이 찐 밤을 자르다가 왼손 엄지손가락을 푹 찔려 피가 솟구쳤다. 이번에도 아들이 아버지를 모시고 강원대학교 부속병원 응급실에 가서 봉합을 하고 왔다. 치료비 12만원이 들고, 이틀마다 소독을 하러 가는데 12,000원씩 든다고 한다. 열 번 정도를 다니고 인근 병원에 들러 소독을 하니 7,000원이 든다.

하루 종일 잘라 널은 밤이 미처 마르지를 못 하고 일주일을 지내니 검은 곰팡이가 핀다. 마른가루는 눈에는 안 보이지만 거실을 날아다니는 것 같다. 이로 인해 남편은 기침을 할 뿐만 아니라 피부가 마르고 가려워 피가 나도록 일주일 정도를 긁다가 피부과를 갔다. 한 달여 피부과를 다녀도 매끈하지가 않다. 기침도 심해 강대병원에서 폐 X-ray를 찍었으나 폐에 이상은 없다고 하는데 가슴이 울릴 정도로 자꾸 기침이 나온다. 처방된 약을 다 먹고도 완치치 않아서 한 달여 만에 서울의 아산병원을 갔다. 역시 폐에 이상이 없고 계절에 일시적으로 생기는 알레르기 증상 같다고 한다. 쪄서 말린 밤에서 생긴 곰팡이로 인해 호흡기에 알러지가 생긴 것 같다. 3개월 정도 약을 먹고 주사를 맞고서야 건강이 회복된 듯하다. 산짐승의 먹이를 가로채고, 입산 금지를 위반하고 도미노식으로 긴 기간 혹독한 고생을 치렀다. 한편으로는 웃음이 나오기도 했다.

2018년과 2019년 봄과 가을에도 어김없이 기침이 나서 아산병원을 다녀와 처방된 약을 먹으며 방 안의 온도와 미세먼지 제거에 남편이 온갖 힘을 들여 물걸레로 먼지를 묻혀냈다. 드디어 2020년 봄과 겨울에는 기침이 없어 온전한 건강을 되찾은 것 같다. 밤이나 도토리는 산짐승이 먹어야 하는데 3년여 정도를 가로채어 먹어서 자연에게 보복을 당하는 느낌이 진하게 들었다. 이듬해는 알밤을 주으러 산에 가고 싶은 생각이 전혀 없다.

산책로 가까운 곳에 있는 밤나무 아래서 밤을 한 되 정도를 주웠고, 도토리도 한 그릇 정도 주웠다. 나이와 더불어 습관된 것이라 버리기는 아까워 말려서 밥에 넣으려고 거실 창가에 놓았다. 그런데 벌레가 기어 나와 페트병에 넣었는데 3일이 지나도 안 죽는다. 혹시나 낚시 미끼가 될까 하고 남편이 공지천에 낚시하러 갈 때 가져갔는데 블루길 35마리를 잡아와서 생각지도 못 한 횡재를 한 셈이다. 이젠 밤벌레가 생겨도 징그럽지 않고 반갑다. 버릴 게 하나도 없는 것 같다.

올해는 낚시 미끼로 쓸 밤벌레를 만들기 위해 한 되 정도를 밤벌레가 생기게 놓아 두었다. 투명 플라스틱 용기에 넣어 놓으니 낮에는 가만히 있던 벌레들이 밤이면 나와서 플라스틱을 갉느라 찌직찌직 소리가 한 시간여씩 들린다. 10월 초부터 춘천 공지천과 화천 붕어섬에서 블루길 낚시를 하니 미끼로 안성맞춤이다. 낚시점에서 사는 구더기보다 밤벌레가 물에 담갔다가 나와도 2~3분 정도는 죽지 않고 꼬물댄다. 밤벌레는 단백질이 많아서 그런지 낚시점에서 구입한 구더기보다 몸집도 크고 오래 살아서 한 마리 미끼로 3~4마리도 잡을 정도로 튼튼해 손바닥만 한 블루길이 낚인다. 10월 한 달 동안에 224마리를 잡았다. 옛 말에 "누이 좋고 매부 좋고", "도랑 치고 가재 잡고", "땅 짚고 헤엄치기"가 이에 해당되는 말인가 싶다. 블루길이 생태교란종이라 퇴치해야 한다고 하니 더욱 기분이 좋다.

25. 영화 「담보」 감상

코로나-19 감염병 예방으로 사람들의 왕래가 뜸하니 낯선 거리 같다. 그나마 일상이 되어 버린 걷기를 하고 풍물시장에서 특식 같은 보리밥을 먹고 답답한 생활을 탈출이라도 하듯 지인과 영화관을 갔다. 로비에 안내된 영화 중 「담보」라는 제목이 끌려 입장을 했는데 20여 명이 앉아 있어서 코로나-19 감염병 예방에 경기침체가 실감이 났다.

영화의 내용은 성인 여성 중국어 통역관이 된 승이(하지원)는 누군가를 찾았다는 전화를 받고 일이 끝나고 그곳으로 간다. 이후부터 그의 어린 날을 회상하는 장면으로 1993년~2000년대를 배경으로 시작이 된다.

두석(성동일)과 종배(김희원)는 사채업자로 떼인 돈을 받으러 9살 딸 승이(박소이)와 같이 살고 있는 조선족인 명자를 찾아갔다. 사채업자들은 명자가 돈 갚을 여력이 안 되자, 불법체류자라 어린이 납치 신고를 못 할 것을 알고 있기에 "딸을 담보로 내일 오전까지 돈을 갚으면 딸을 돌려 주겠다."며 막무가내로 데려갔다.

승이는 사채업자들이 집을 알려 달라고 해도 알려 주지 않고 승용차가 신호등에 멈추자, 조수석의 문을 열고 나와서 평소 잘 알고 있던 골목길을 뛰어서 엄마와 묵고 있던 자율방범대 사무실에 숨었다. 승이 엄마는 두석에게 승이 큰아버지와 통화를 해서 돈도 갚고 승이를 부산으로 데려갈 것이라며, 그의 전화번호와 만날 장소를 알려 주었다. 불법체류자였던 명자는 경찰에 붙잡혔다. 승이는 엄마가 강제출국된 것을 모르고 엄마를 찾아 나섰는데 노숙자에게 잡힐 뻔한 승이를 두석이 구해 주었다. 두석은 명자의 추방소식을 듣게 되고, 승이를 큰아버지(최병달)에게 보내고 돈을 받았다. 집에 와서 생각해도 큰아버지가 조카딸 이름도 제대로 알지 못하는 게 이상해서 삐삐를 치자, 처음에는 부인이 받았고 다음에는 아예 전화를 안 받자, 승이 큰아버지가 이상한 것 같아서 부산의 집으로 직접 찾아갔다. 두식은 큰아버지가 승이를 입양한 것이 아니라 룸싸롱에 30만원을 받고 팔았다는 것을 알았다. 승이는 룸싸롱에서 작은 심부름을 하면서 학교도 안 보내주어 두석 아저씨께 삐삐를 해서 연락이 닿자, 두석은 자기 자동차를 팔아 룸싸롱에서 요구하는 400만원을 주고 종배와 함께 인천으로 데려온다. 반대로 두석과 종배는 승이에게 인생을 담보 잡히게 된 셈이다. 엄마와 헤어진 9살 승이를 학교에 보내려고 두석은 자기 호적에 양녀로 등록해서 초등학교에 입학시켰다.

　승이는 두석에게 자신을 부르는 호칭이 담보가 무어냐고 물었다. 두석은 "담(다음)에 돈을 갚으라고 맡아두는 보물이라."고 대답했고, 승이는 자신이 아저씨의 보물인 거냐며 기뻐한다. 승이가 넘어져 얼굴에 상처가 났을 때도 아이 얼굴이지만 흉터가 생길까 봐 80만원 성형 수술비를 대 주어 흠집 없이 얼굴을 곱게 치료했다.

　승이가 고등학교 때 엄마가 찾아왔지만 밤에 두석의 오토바이를 타고 행복하게 귀가하는 모습을 보고 만나지 않고 중국으로 갔다. 대학교 때는 소개팅 때문에 밤늦게 남학생에게 업혀 온 것을 보고 두석이 남학생 멱살을 잡지만, 의대생이고 부모님도 의사이고 큰아버지가 있어 제사를 안 지낸다는 말을 듣고 종배는 완전한 청년이 찾아왔다고 흐뭇해한다. 그 무렵 조선족 승이 외할머니의 간절한 전화를 받고 두석은 승이를 데리고 중국까지 가서 엄마를 상봉하게 되는데 엄마는 시한부 인생을 사는 중병에 걸려 있었다. 승이 엄마는 승이를 훌륭하게 키운 두석에게 고맙다는 인사를 하며 승이 아빠가 사는 주소를 건넨다. 승이는 초등학교 때 시험에서 100점을 받은 산수 시험지 등을 모두 엄마에게 보여 주어 기쁘게 하며, 엄마가 한국에 있을 때 주었던 사진들을 엄마에게 돌려 주고 다시 한국으로 돌아와 두석은 승이와 친아버지를 만나게 해 주었다. 승이 아버지는 죽은 것이 아니라 한국 여자와 살림을 하며 귀화해서 부유하게 살고 있었다. 두석은 승이와 친아버지가 만나게 해 주고는 홀가분하게 집으로 돌아가 승이와의 추억을 회상한다.

승이는 아버지를 만났지만 같이 가지 않고 두석에게로 가려고 전화를 했다. 처음으로 "아버지, 혼자 가는 게 어딨어. 나 좀 데리려 와요." 하며 전화를 건다. 두석은 "아버지"란 말에 황홀해하며 기쁜 마음으로 오토바이를 타고 가는 도중 터널 안에서 쓰러져, 그 후 10년 동안 행방을 알 수 없었다. 친부를 만나기 전 승이는 대학교에서 친구들과 여행을 간다고 하고는 4일간 아르바이트를 해서 아버지 구두를 사가지고 있었다. 아버지가 어디에 있는지 전국을 10년 동안 찾아 헤맸지만 못 찾았다.

문득 승이가 10년 전 어느 날 백화점 가는 길에 "승부는 끝났다. 우리가 보스다."란 플래카드를 읽으며 두석이란 이름이 이상하니 '박승보'로 개명하는 것은 어떠냐고 물어 본 적이 있었다. 두석은 처음엔 화를 내지만 '승보건설'이라며 좋아한다. 그 생각이 나서 혹시나 하고 승희가 지어 준 이름으로 경찰서에 신고하니 "형제요양원에 이름이 같은 사람이 있다"고 해서 찾아갔다. 원장의 말은 10여 년 전 쓰러졌을 때 심한 뇌졸증으로 기억하는 것은 없었는데 공책에 '담보'와 '박승보'만 쓰길래 '박승보'를 이름이라고 추정했다고 한다. 승보는 담보 승이를 기억하지 못하고 허공만 멍하니 바라보고 있다. 승이는 두석이 중요한 물건은 양말 속에 숨겨놓는 것을 알기에 양말목을 들춰 보니 거기에 통장이 있다. 그 통장에는 승이를 위해 쓴 돈과 승이 결혼자금 등 쓸 돈이 차곡차곡 저금해 있다. 차츰 승이를 알아보았는지 "담보"라고 부르기 시작한다. 두석은 담보가 사드린 구두를 신고 결혼식장에 승이의 손을 붙잡고 입장하는 것으로 막을 내린다.

 이 영화를 보면서 사랑의 씨앗인 자녀를 양육하지 못하고, 가족을 버린 승이의 친부 같은 사람들이 사라져 그늘에 사는 소외계층이 없어졌으면 한다.

"믿음, 소망, 사랑 이 세 가지는 항상 있을 것인데, 그 중에 제일은 사랑이라." 모든 어려움과 두려움과 환난을 이겨 내는 '사랑'이란 두 글자다. 사채업자란 '지독한 구두쇠 같은' 생각이 늘 있었는데, 각박한 세상에 이런 사람도 있구나 하는 감동을 받았다. 우리 사회가 경제적으로 어느 정도 궤도에 올라섰으니 그늘에 사는 남녀노소에게 사랑을 베푸는 아름다운 동행이 많았으면 좋겠다.

26. 故 이영식 장로님을 기리며

2020년 12월 13일 주일예배 때 교회 영상광고에 故 이영식 원로장로님의 장례를 무사히 마쳤다는 안내가 나왔다. 20여 일 전 병문안을 갔을 때 "장로님, 윷놀이 하셔야지요? 왜 누워만 계세요?", "아, 그럼 해야지." 하시며 웃으시던 핼쑥한 얼굴이 떠오른다. 거동은 어렵지만 정신은 또렷하셔서 이런저런 이야기를 천천히 하셨는데 12월 4일 소천하셔서 문상을 가게 되었다. 코로나-19 예방으로 문상객이 오고 감도 조심스러웠지만 많은 조문객이 다녀가셨다.

장로님은 초등학교 교장선생님으로 재직하시면서 믿음의 모범을 보이시며 많은 동료와 훌륭한 제자들을 배출하셨던 덕망이 높으신 분이시다. 2009년 4월 19일 장로직을 이임하시고 원로장로님으로 11년간 계시면서도 물심양면으로 기도로 신앙의 선봉자적 역할을 하셨다. 틀림없이 하나님의 품에 안기셨으리란 믿음이 간다. 고인의 명복을 빌며 유가족들의 생활에도 하나님의 보살핌이 영원하시기를 소망한다.

故 이영식 장로님이 생존에 크게 즐거워하셨던 일은 2008년 70세가 넘으신 장로님 내외가 6월 14일에 철원 한탄강에서 래프팅을 할 때 "TV에서만 보던 래프팅을 우리가 해 보다니, 내 생애에서 제일 즐거운 놀이로 남

을 것 같다. 송일순이가 아니면 누가 우리를 래프팅을 시켜 주겠냐."며 칭찬을 하셨다. 철원 순담에서 군탄리까지 2시간 30분 정도가 소요된다고 하니까, 암만 생각해도 무섭다고 젊은이들만 잘 다녀들 오라고 안 가시려고 강가에서 앉아 손을 씻으셨다. 일행의 권유도 있고 먼저 도착한 초등학생들의 원색 보트를 보고 억지춘향 격으로 보트에 오르셨다. 현무암으로 둘러싸인 제주도 주상절리와 같은 바위와 절벽의 바위나리며 철쭉 그루터기가 참 멋지게 어우러져 있다. 동요도 부르고 "참 아름다워라. 주님의 세계는…." 찬송가도 부르며 분위기가 고조되었다. 바위틈을 보트가 휘돌아 치며 하얀 물보라를 일으킬 때는 공포의 환호성이 즐거움으로 고조되었다.

 안전하게 래프팅을 마치고 차를 타고 즐거웠던 이야기를 하는데 감초맛을 내는 박 권사가 일동에서 영양가 있는 우렁쌈밥을 사서 맛있는 저녁을 먹고 왔다. 장로님은 차 안에서 오늘 아드님이 사 주신 새 운동화를 신고 왔다고 자랑도 하셨다.

 그런데 며칠 후 주일날 뵈었을 때 생전 처음 해 본 한탄강 래프팅이 즐거웠다고 말씀하시며 "저녁식사 후 피로도 풀 겸 목욕탕을 갔는데 고의적인지, 실수인지 누가 신을 바꿔 신고 갔다."고 한다. 장로님은 웃으며 누군가 잘 신으라고 마음을 달래시는 그 너그러우신 모습이 지금도 기억에 남는다.

 그리고 2007년 10월 3일 개천절에 교회 재무실에서 봉사했던 교인 14명이 춘천 대룡산(899m)으로 등산을 갔다. 이영식 장로님 댁에서는 송편과 온수를 보온병에 가져 오셨고, 이 권사는 안흥 찐빵을 쪄서 왔고, 현 권사는 커피를 가져와서 중간에서 간식을 먹고 산을 올랐다. 1시간쯤 오르는데 가랑비가 왔지만 괜찮았다. 1시에 정상에 오르니 춘천시민 산악회가 설치한 비석과 5m쯤 게양된 태극기가 바람에 휘날리고 있다. 팔각정 정자가 2

층으로 되었는데 80여 명의 시끌벅적한 등산객이 점심을 펼쳐 놓고 먹는다. 부르스타에 라면을 끓여 먹는 사람들도 있고, 김밥을 먹는 사람들도 있다. 그 한 팀에서 제주도 보리빵이라며 주먹만 한 것을 주어서 나눠 먹었다. 등산객이라는 공감대가 형성 되어 모든 사람들이 너그러워지고 푸근해짐을 느꼈다. 정상에서 운무도 보고 패러글라이더와 2곳의 활공장도 보았다. 전망대 데크에 서니 금병산, 구봉산, 봉의산과 춘천시내가 다 보인다.

　1시 10분쯤 하산을 시작해서 2시 30분에 현수공원 주변의 식당으로 갔다. 나물에 들깨가루를 넣어 무쳐서 이색적인 맛이 나고, 콩밥도 맛이 있어서 많이들 잡수셨다. 그날이 마침 이영식 장로님 생신이라고 했다. 우리는 몰랐기에 케이크 준비도 못해 가서 좀 죄송했다. 며칠 전 자녀들이 생일을 차려 드려서 5만원짜리 뷔페를 먹었는데 100만원이 들었다고 한다. 그리고 낚시를 좋아하는 친구가 향어를 잡아와서 집의 드럼통에 넣어 놨다며 매운탕을 끓여 먹으라고 가져 가라고 해서 향어 2마리를 가져온 생각도 난다.

　특별히 이듬해 8월, 홍천 팔봉산 유원지 강에서 낚시로 물고기 11마리를 낚고, 이웃 관광객이 11마리를 주셔서 밀가루 수제비를 떠서 매운탕을 끓여 먹던 일은 지금 생각해도 우습고 재밌다. 바람이 너무 불어서 부르스타의 불이 약해 오래 끓어서인지 물고기의 뼈도 다 녹아 버린 구수한 매운탕 맛은 지금도 그때의 일을 웃으며 말한다.

　그 이후에도 10여 년간 명지산, 연인산, 용문산, 문배마을, 석화촌, 양구 대암산 습지식물, 두타연, 박수근 미술관, 화엄동굴, 화엄약수터, 드롬산, 백담사, 춘천댐, 소양댐, 산정호수, 반곡밤골 유원지, 김유정역 실레마을길, 제이드가든, 철원 직탕폭포, 고석정, 주전골, 추곡약수터 등을 다니며 약수로 지은 검푸른 밥과 산채도 먹고, 회원들이 싸온 밥과 반찬은 점심으로 먹고, 만 원씩 내는 회비론 간단한 저녁을 먹곤 했었다.

故 이영식 장로님은 지금 하늘나라에서도 춘천중앙교회에서 신앙생활을 같이하며, 하나님이 주신 재능으로 봉사하고 자연을 찬양하며, 더불어 즐거움을 만끽하던 선후배 수시놀(재무팀) 모임을 아마도 기억하실 것 같다. 지금은 코로나-19 감염병 걱정 없는 하늘나라에서 영광스런 크리스마스를 맞으셨겠지요.

27. 감사장을 드리고픈 시아주버님께

　시아주버님, 형님, 그동안 안녕하셨어요? 추석이 지나고 나니 아침 저녁으로 제법 쌀쌀하네요. 항상 부지런하시어 올해도 저희보다 먼저 건천에 도착하셔서 산소를 잘 다듬어 놓으시고 저희를 기다리고 계셔서 무척 미안하면서도 고마웠습니다. 환갑이 넘은 동생이 풀옴에 잘 걸리는 것을 아시고 해마다 미리 풀을 깎고 정리해 놓으시는 깊은 뜻을 저는 압니다. 지난해에 시어머님 묘에 봉분을 하시고 잔디를 덧입혀 아름답게 가꾸신 것이 본보기가 된 듯 올해는 주변의 산소들도 약속이나 한 듯 성묘를 하는 여러 사람들을 보니 아주버님이 자랑스럽습니다.
　목사님으로서 가족, 친척, 동네의 어려운 일들을 사랑으로 돌봐 주시니 정말 아름답습니다. 돌아가신 부모님께서도 어느 아들보다도 크신 축복을 해 주시리라 믿습니다. 다섯째시지만 항상 6형제 가정들의 화목을 위해 경조사의 주선과 연락 관계며, 조카들의 일 등으로 애쓰시는 아주버님께 감사장을 드리고픈 심정입니다.
　올해도 그 바쁘신 중에도 족보 만드는 일에 앞장서 추진하셔서, 추석날 족보책을 받아 보게 해 주시어 신라 56대 경순왕의 후예임을 되새기게 되니 더욱 감사할 따름입니다. 지금 아주버님께서 하시는 일들이 저희 조카들에게 많은 교훈을 남기시고 계셔서, 먼 훗날 우리와 자녀들이 본대로 하리라 믿어집니다. 정말 애 많이 쓰셨습니다. 그리고 봄부터 여름과 가을 내내 땀 흘려 애써 가꾸신 농산물로 준비해 오신 추석 음식과, 한 웅큼씩 주운 도토리를 모아 형님이 만드신 묵이며, 조카며느리가 만든 수수부꾸미는 요즘 보기 드문 웰빙음식으로 인기 짱이었지요. 참으로 오랜만에 가져보는 가족, 형제간에 사랑을 나누는 진솔한 추석 명절이었습니다. "더도 말고 덜도 말고 한가위만 같아라."라는 말이 정말 실감이 났습니다. 가난에서 벗어난 듯한 풍요로운 추석날 고속도로의 긴 자동차 행렬도 보기에 좋았습니다.

오후 2시에 건천의 산소를 출발해서 화성시까지 오는데 15시간이 걸려 운전이 피곤하셨지요? 아주버님 가족과 한 대의 차 안에서 간식을 나누며 올해 있었던 큼직한 경조사를 보니, 조카사위는 철학박사학위를 받았고, 조카딸은 초등학교 특기적성 강사로 근무하게 되었고, 조카는 큰 건설회사에 근무하게 되었고, 조카며느리는 병원의 낮 근무를 하게 되었다는 말씀을 듣고 기뻤습니다. 우리 아들도 강원도 교육자료전에서 최우수상으로 입상해서 10월 15일 대전서 열리는 전국 교육자료전에 과학작품을 출품하게 되었고, 며느리는 복지사로 효제초등학교에 근무합니다. 5살 때 큰아버지 이름을 겁 없이 "해석아, 해석아." 불러대던 딸은 청주교원대학교 교육대학원서 석사과정 논문(조소) 준비를 하고 있으니, 아주버님 기도의 힘으로 우리 가족들이 하나님의 큰 축복을 받고 있다고 생각합니다.

저는 오늘 이런저런 이야기로 긴 시간 동안 피곤이 쌓이는 것이 아니라 화려한 대화의 장이 마련된 느낌이었고, 요즘 학교에서 폭주하는 업무와 학생들에게서 받은 스트레스가 확 풀리는 것 같아 기분이 좋았습니다. 오랜만에 밤을 새워 이야기하다가 경부고속도로 중에서 가장 아름답다는 금강휴게소에 들러서 둥근 보름달을 보며 둘러앉아 먹은 우거지 해장국 저녁식사도 멋진 추억입니다. 10월 7일 새벽 4시 50분 화성 아주버님댁에 도착했을 때, 아주버님께서 직접 설계해서 지으셨다는 주택과 교회 건물을 보고 깜짝 놀랐습니다. 정말 탁월한 재능을 소유하신 팔방미인이십니다. 그뿐만이 아니라, 그 넓은 콩밭에도 제초제를 뿌리지 않고 손수 김을 매셨다니 축복을 받은 땅인 듯 싶습니다. 농약과 제초제로 농사짓는 요령이 팽배한 요즘, 마을 사람들이 속으론 감동했으리라 생각됩니다. 그렇게 무공해 농사를 지으시니 힘은 얼마나 드셨겠습니까?

그러나 마른 듯한 신체와 얼굴은 누구보다도 건강하고 밝은 표정이셨습니다. 그리고 아주버님이 개발하신 특유의 건강관리 요령을 둥글대로 확실하게 마사지 시범을 보여 주셔서 저희들도 본대로 잘 해서 다음엔 더 건강한 모습으로 뵙겠습니다.

아주버님, 내년에는 추석 성묘를 하고 막내 동생이 사는 춘천 저희 집으로 오시면 어떻겠어요? 춘천에 오셔서 전국적으로 유명한 막국수와 닭갈비도 잡수시고 강촌 구곡폭포, 소양강 다목적댐, 집다리골 휴양림, 도립화목원, 삼악산, 팔봉산 등 관광지와 작은 문화도시의 여러 곳을 둘러보시며 며칠 푹 쉬셨다 가시면 좋겠습니다.

"인심과 단풍 하면 강원도가 최고 아닙니까?"

지난 8일과 9일에 화성산악회서 가신 영월의 단풍산과 홍천의 수타사가 있는 공작산 등산은 잘 하셨는지요. 제가 근무하는 주봉초등학교서 공작산 입구까지 8km 정도인데, 그날 학교 행사가 있어서 찾아가 뵙지도 못 하고 전화도 못 드려 죄송합니다. 올해 제가 학교에서 주운 은행을 다듬는 대로 좀 보내드리겠습니다. 성인이 하루에 7~10알 정도 구워 드시면 감기와 천식 예방에 좋다고 하니, 형님과 같이 드셔 보세요.

작년에 노천초등학교 근무할 때 우리 반 아이들에게 늦가을부터 겨울방학 전까지 3알씩 구워 먹였더니, 개학하는 날 학생 어머니께서 "해마다 우리 아이가 태어나서부터 작년까지 겨울만 되면 감기를 달고 살았는데, 선생님이 은행을 구워 주셔서 올 겨울 내내 감기가 한 번도 안 걸리고 잘 지냈어요. 고맙습니다." 라는 전화를 받아서 기뻤어요.

요즘 저희 집은 지난 추석에 싸 주신 감자, 고구마, 완두콩, 땅콩, 호박, 단호박, 무 등으로 밥상과 간식이 푸짐합니다. 맵지도 않고 단단한 무는 채나물, 물김치, 깍두기를 만들어 매일 맛있게 먹으며 감사하고 있습니다. 그리고 지난해 주신 무공해 서리태콩으론 저의 친정아버지가 7~8월에 병석에 계실 때 좋아하시는 콩물을 해드려 아주 맛있게 드시곤 했습니다.

이젠 퇴원하셔서 건강이 좋아지셨습니다. 감사하다는 말씀 전하라고 하셨는데 이제야 말씀드립니다. 저희 친정아버지도 10월 22일 주일부터 온 가족이 힘 모아 기도하던 일이 이루어져 전동 휠체어를 타고 화천제일감리교회에 나가서 환영의 박수를 받으셨답니다. 친정 남동생은 올 2월에 감리교신학대학교대학원을 졸업했는데 아직 목회 자리가 없어 누나 회사에서 일하고 있고, 친정조카는 감리교신학대학교를 졸업하고 교육전도사로 일하고 있습니다. 요즘 저는 학교에서 학예회 준비로 바쁘고 퇴근해선 워드 실기 1급 문제를 연습하느라 저녁 시간이 매우 바쁩니다. 젊은이 같지 않고 나이도 있고 해서 엄청 열심히 해야 할 것 같습니다. 아주버님 여러 가지로 부족한 동생 가정을 항상 사랑해 주시고 보살펴 주셔서 감사드립니다.

가을걷이 하실 땐 연락 주세요. 저희가 가서 한 며칠 도와드리면 훨씬 쉬울 것 같습니다. 결실의 계절에 아주버님 가정과 교회 부흥에 하나님의 축복이 항상 함께하시길 기원하며 이만 줄이겠습니다. 다음 만나 뵈올 때까지 안녕히 계세요.

2006년 10월 24일 춘천 막내 제수 올림

28. 산천어 반건조구이

 2021년 1월에 화천 산천어 축제가 코로나-19 감염병 예방으로 열릴지 못 열릴지 화천군청 관계공무원들이 회의를 거듭한다고 한다. 12월 19일 화천 붕어섬에 블루길 낚시를 가는 길에 여동생 사무실에 들렀다. 전국디자인대회에서 최우수상을 받더니 사무실 진열장에 30여 종류의 특산품 박스 디자인이 자기의 작품이라고 해서 놀랐다. 해마다 화천 산천어 축제에 쓰이는 비닐봉투를 여동생이 디자인하여 봉투를 제작해서 몇 년 동안 납품을 했었다.

 동생은 축제가 취소될 경우를 대비해 산천어 신상품 제작을 염두에 두고 4년간을 궁리해 왔다고 하며 '산천어 반건조 구이' 새 상품 샘플을 내놓았다. 내년 축제용 산천어가 75만 톤이 계약 양식되고 있는데, 그 중에 15만톤을 산천어 반건조 구이로 활용해 상품화할 계획이라고 한다. 샘플을 주면서 정확한 맛을 평가해 달라고 해서 2봉을 가져왔다.

 후라이팬에 기름을 두르고 포장 비닐을 자르고 산천어를 넣고 뚜껑을 닫아 20분 정도 약불로 놓았다. 다시 뒤집어서 10분 정도 노릇노릇하게 구워진 것을 먹으니 염분이 적당하고 졸깃한 맛이 천하일품이다. 다음날도 낚시를 가다 들러서 산천어 반건조구이 맛이 환상적이라고 소감을 말했다. 몇 시간 후 화천군청에서 회의 결과 선택해 추진하기로 거의 확정이 되었다고 좋아한다. 다음날인 12월 20일 밤 9시 뉴스에 정부에서 사회적 거리 두기 2.5단계가 발령되고 코로나-19 감염병 예방을 위해 화천 산천어 축제를 취소한다는 결정이 나왔다. 뉴스를 보면서 올 겨울 산천어 축제도 취소되고, 수온이 낮아 블루길 낚시도 못 하니 어떻게 소일거리를 찾을지 남편과 여러 가지 이야기를 했다. 산천어 축제가 취소되니 지난날 산천어 축제 때의 여러 가지 추억들이 생각난다.

  제1회 화천 산천어(山川漁)축제는 2003년 1월 11일부터 1월 26일까지 북한강 화천천에서 시작되었다. 산천어는 1급수에서 서식하는 민물고기인데 단백질이 많고 육질이 쫄깃하여 회나 구이, 매운탕으로 맛있는 물고기다. 연어과인 송어가 알로 부화해서 1급수에서 1년 정도를 살면서 스몰트화(바다로 나갈 준비가 되어 몸 색깔이 변하는 것) 되어 바다로 나가서 1~3년 살다가 산란을 할 때면 모천으로 회귀하는 습성을 갖고 있다. 성어가 되어 알을 낳으려고 동해로 유입 되어 돌아오는 고기는 송어이고, 치어에서 바다로 나가지 못하고 민물에서 자란 고기는 산천어가 되는 것이다. 먹이로는 작은 수서곤충을 먹고 살아 일반 사람들이 기르기에는 먹이 조달이 어려워 양식하는 곳이 극소수라 한다.

  화천의 겨울 산천어 축제 때는 울진, 화천읍 동촌리 등 7곳에서 계약 양식을 하여 행사용으로 쓰인다고 한다. 2006년의 기억으로 입장료가 1만원이었다. 토요일에 화천에 가면 오후 4시경에 입장할 수 있는데 6시에 퇴장을 해야 하니까 돈이 아까워 한 번도 낚시를 못 하고 잠깐 구경만 했다. 그해 10월 27일 아버지가 소천하셨는데 참 후회가 되었다. 5월 말부터 피라미, 불거지, 모래모지, 돌고기 등 작은 민물고기는 화천천에서 많이 잡아 졸여 드려서 맛있게 잡수시곤 했는데, 맛이 좋다는 산천어는 아버지께 한 번도 잡아드리지 못해서였다. 그리고 2007년 1월 겨울방학부터 나도 산천어 낚시를 할 수 있었다. 그때는 외국인들도 와서 축제객이 100만 명을 넘었다고 했다. 문화관광부지정 문화관광축제유망축제로 지정이 되었다. 2008년에는 가족낚시터를 운영도 하고 하얼빈 빙등제 기술진이 실내얼음 조각광장도 만들어 볼거리가 풍성했다. 2010년에는 아쉽게도 전국적으로 발생한 구제역(가축전염병)으로 축제가 취소되기도 했다. 2012년에는 세계 겨울의 7대 불가사의 기사로 보도되기도 했고, 2016년에는 자동차 경품도 시작되는 등 규모가 대단히 확장 되어 인기가 대단했었다. 2020년은 기후 온난화로 빙질이 약해 날짜를 연기해 10여 일로 축소 운영되기도 했다.

나는 2007년 축제부터 가기 시작해서 11년쯤 단골 낚시꾼이 되었다. 나만의 노하우로 낚싯대를 손목의 강한 스냅으로 톡톡 올렸다 내렸다 하면 낚싯줄이 물 속에서 롤링을 잘하여 산천어가 메탈(금속성 모조고기)을 잘 문다. 13년 동안에 한 마리도 못 잡은 해가 2번 있었고, 많이 잡은 산천어는 친척과 이웃에게 나누어 준다. 그래서 나는 화천 산천어 축제 때 축제위원회에 불청객 같은 블랙리스트에 올라 있다고 한다. 어느 해에는 감시자가 몇 시간씩 내 옆에 붙어 있기도 하다가 점심을 먹으러 간다. 오후 5시 50분경에 퇴장을 하여 잡은 고기를 배낭에 다 갖고 나온다. 퇴장 때는 모은 고기가 있으면 더 갖고 나가라고 하니까 부담도 없이 갖고 나온다. 그래서 몸이 아픈 친척에도 보내고 이웃에도 주어 기쁨을 서로 나누었다. 20여 일을 다니다 보면 카드엔 입장료, 휘발유, 점심값, 택배비 등 30여 만원이 나오기도 하지만 기쁨을 더하니 아깝지도 않고 산천어 축제가 기다려진다.

2015년에는 산천어 꼬리에 금반지 반 돈 스티커가 붙은 고기도 낚고, 일주일 후 남편은 금반지 한 돈 스티커가 붙은 산천어도 낚아 가문의 영광이라고 친정 동생들과 만둣국, 막국수, 빈대떡도 먹는 행운도 잡았었다. 그런데 12명분 막국수와 빈대떡값 내고 교통위반 과태료(과속) 내면 빈 손 된다고 해서 웃고 또 웃었지요. 어느 해인가, 화천군 간동면 간동중학교 뒤

개천에서 잡은 산천어 반출에 대해 규제가 없던 때는 오전에 38마리, 오후에 38마리로 76마리를 잡았던 기록도 있다. 낚시꾼 모두가 같은 메탈 미끼를 쓰는데 3명이 못 잡아도 내가 들어가면 고기를 낚아내어 신기하게 생각하며, 나에게 미끼를 무엇을 쓰냐고 많이 묻기도 한다. 들어서 보이면 자기 것과 똑같은 메탈인데 어떤 노하우가 있느냐 묻는다. 손목 스냅을 강하게 하여 낚싯줄이 물 속에서 롤링하도록 하라고 알려 주면 10분 이내에 대부분이 잡아낸다. 어떤 날은 외국인과 통역관이 같이 있는데, 나는 30여 분만에 5마리를 잡는데 본인들은 하나도 못 잡았다고 하기에, 손목 스냅을 가르쳐 주니 곧바로 잡고 고맙다고 한다. 나한테 한 마리를 달라며 회를 먹고 싶다고 하기에 주니까, 고맙다고 낚시의자를 주고 갔다.

그날 낚시 의자를 사려고 5천원을 갖고 매장에 가다가 남자 동생 친구를 만나니 누나 체면도 있어서 찐옥수수를 다 사 주고 왔는데 의자를 받게 되어 참 고마웠고, 지금까지도 두고두고 잘 쓰고 있다. 무슨 일을 하려면 노하우가 생길 때까지 미치도록 열심히 해야 틀림없는 선두주자가 될 수 있다. 민물 산천어낚시, 블루길, 갈겨니 낚시도 웬만큼 실력이 생기니까, 속초 바다낚시에서도 전어, 아지, 놀래미, 전갱어, 학꽁치, 고돌이 등도 남 못지않게 잘 낚아 어떤 때는 춘천 1등 낚시꾼이란 별명이 붙기도 했다.

올해 가을 춘천 공지천과 화천 붕어섬에서 8월 29일부터 12월 12일까지 생태교란종인 블루길과 배스 736마리를 낚아 표창감이란 말을 들어 기분이 참 좋다. 내년 초 산천어 축제가 없는 빈 겨울을 어떻게 보내야 할지 궁리에 궁리를 거듭하고 있다. 다음날 남편도 겨울놀이를 많이 궁리했는지 "빙어낚시가 좋겠다." 한다. 왜 그 생각이 안 났는지! 고탄이나 서면, 지암리 고개 아래, 신포리 낚시터 등 여러 곳이 생각나서 기분이 좋다. 코로나-19 시대에 사회적 거리두기는 낚시에 도움이 된다. 고기들은 소리에 민감하니까, 사람들이 떨어져 있고 조용히 하면 최상의 낚시 환경이 조성되기 때문이다.

29. 코로나-19 감염병 외면하기

  2020년 1월 21일, 사이판 가족여행을 다녀온 후 2월 19일 탁구월례 대회를 끝으로 22일부터 코로나-19 감염병 예방을 위해 퇴계동 행정복지센터에 있는 탁구장이 폐쇄되었다. 오후 3시부터 6시까지 탁구를 치러 가면서 햇빛도 받고 걷기 운동을 해서 건강을 유지했는데 갈 곳이 없다. 더욱이 중국발 '우한폐렴사태'가 장기화 될 조짐을 보이고 있는 가운데, 코로나-19 감염증 예방을 위해 식약처가 인증한 보건용 마스크 'KF 94'를 써야 하는데 1매당 2,500원이 되며, 1회용으로 권장할 뿐만 아니라, 주민등록 뒷자리 번호로 요일을 지정하여 구입해야 하니 아침 일찍부터 줄서기가 사실상 불편하기 짝이 없었다. '밖에 안 나가고 말지, 마스크 비용을 어찌 부담하란 말인가?' 별생각이 다 들지만 특별히 외출해야 할 때를 위해 3개 정도는 준비하게 된다. 평소에 마스크 쓰기를 잘 안 해 그 버릇을 고쳐 주려나 보다 하는 생각도 들고, 말을 적게 하라고 입을 다물라는 생각도 든다. 경로가 된 나로서는 코로나-19 감염병에 조금은 주눅이 들었지만, 이 어두운 때를 기회로 삼아 보자는 마음이 생기며 신구약 성경쓰기를 워드로 시작해야겠다는 생각이 들었다.

드디어 5월 12일에 1회를 완타하니 7회째 완타했다는 만족감에 기운이 솟는다. 그동안 성경쓰기를 하면서도 운동을 게을리하면 안 되겠기에 탁구회원 4명이 국사봉(202m)중턱까지 주로 걷기를 하며, 올해 처음으로 알게 된 남춘천역 건너편 동산에 있는 충혼탑에 올라가서 기구를 이용해 운동을 하고 나면 1시간 30분이 소요된다.

어떤 날은 도시락을 갖고 의암호 둘레길에 4cm 두께의 유리가 놓인 스카이워크를 가기도 하고, 안마산(304m)을 왕복하기도 했다. 산에는 나뭇가지에 새순이 파랗게 싹트고, 들녘엔 냉이, 쑥, 개망초 나물이 쑥쑥 자라고 물오른 개나리, 진달래, 목련, 산수유, 벚꽃, 조팝나무꽃이 온 세상을 환하게 만든다.

지인 4명이 도시락을 싸서 중도섬으로 개망초 나물과 쑥을 뜯으러 배낭을 메고 3번을 다녀왔으니 봄맞이를 최고로 잘 한 것 같다. 기분도 상쾌하고 쑥떡도 해 먹고, 나물도 해 먹고 생각지도 못 했던 일들을 하니 봄의 설렘이 가득하다. 그렇게 봄을 보내면서 두 달 정도 국사봉 중턱을 오르내리다 2년째 개방한다는 아름다운 북산면 벚꽃길을 가족과 다녀왔.

4월 말에는 김유정역 부근에 있는 실레마을길을 한참을 걸어서 들어가니 2021년 12월말까지 '휴식년'이라는 차단기가 설치 되어 있어서 옆으로 돌아서 내려왔다.

계절의 여왕이라는 5월 첫날에는 지인 셋이 추억을 부르기에 충분한 도시락을 싸서 홍천 수타사 주변의 산소길을 걸었다. 4월에 뜯은 쑥으로 떡도 만들고, 쑥차도 끓여 보온통에 넣고 토마토도 가져와 넓은 바위에 앉아 햇빛을 받으며 먹었다. 냇물 속에 노니는 고기들의 움직임을 보며 초등학교 때 설레던 소풍 이야기가 꽃을 피운다.

5월 5일 어린이날에는 가족들과 가평 자라섬에서 놀이도 하고, 킥보드도 타고, 돼지갈비도 먹었다. 다음날은 5월 첫날에 봤던 수타사 주변의 꽃들이 아름다워 가족소풍도 갔다. 돌아오는 길에 2003년~2005년까지 근무하던 노천초등학교를 가보니 전국에서 처음으로 '초등학교 대안학교'로 기숙사까지 겸비한 현대식 건물로 운영되고 있었다.

그리고 며칠 후 도립화목원을 갔다. 푸른 잎새와 봄꽃들이 한창이고, 처음 보는 동강 할미꽃은 고개를 들고 피어 있고, 어릴 때 보았던 고개 숙인 할미꽃 한 무더기가 무척이나 반가웠다. 할미꽃 뿌리를 찧어서 화장실 속에 넣으면 구더기가 안 생긴다고 숙제로 캤던 일도 생각난다.

봄이 다 갈 무렵인 5월 27일에는 청평면에 있는 '더샵'이란 공원에 갔다. 4세 손녀도 아름다운 환경이 신기한 듯 이곳저곳을 잘 살펴보고 잘 적응한다. 돌아오는 길에 강촌 구곡폭포에 들러 푸른 숲의 시원함과 계곡의 맑은 물에 손도 씻어 보고 집으로 왔다. 그 후로도 구곡폭포는 지인들과 또 갔다.

점점 다가오는 초여름 6월 6일 현충일에는 코로나 때문에 망설이던 상주에 둘째 시아주버님 문병을 다녀와 마음이 가벼웠다. 며칠을 쉬고 3년 만에 제이드가든을 갔다. 수목이 울창해져서 산책길로 안성맞춤이고, 숲 속에는 서늘함도 느껴지며 여름철 쉼터로 명소가 될 듯 하다. 더위를 피해 밤에는 3명이 홍천강에 다슬기를 잡으러 갔는데 철이 이른지 작은 것들이 많았다.

더위로 이어지는 7월초에 친정 동생과 속초 바다에서 커다란 황어와 숭어를 낚아 무척이나 즐거웠다. 날씨가 더울 때는 손녀가 하원한 후 지하상가 한곳에 자리를 잡고 손녀와 둘이서 이야기와 놀이를 하며 더위를 피하는 즐거운 한때도 있었다.

무궁화꽃이 한창인 7월 홍천 북방면에 있는 무궁화 공원에서 다람쥐가 송장메뚜기를 붙잡고 먹는 모습을 동영상으로 찍었다. 제일 좋아하는 먹이는 새 새끼이며 그렇게 해서 단백질을 보충한다는 것도 처음 알았다.

7월 말일에는 옛날부터 원주의 당나무질이 최고로 좋아 한지문화가 발달되었고, 한지문화원이 건립되어 운영되는 곳에서 만든 여러 가지 소품들을 보았다. 식물원에는 천여 가지의 식물들이 싱싱하게 자라고 있으며, 호서면 사니다란 카페는 산등성이에 있어서 이색적이며 시야가 넓고 솔바람이 시원해서 명당인양 손님이 많다.

8월초 장마로 인해 8월 21일 3년 만에 소양댐 수문 개방으로 거대한 물보라를 구경하고 자연의 위대함을 실감하며 춘천댐으로 와서 오랜만에 매운탕골에서 저녁식사를 했다. 무더운 여름의 끝자락인 8월 29일에는 공지천으로 낚시를 갔다. 생태교란종인 손바닥만 한 블루길 45마리를 낚고 다음날은 35마리를 낚아 조림과 매운탕을 해서 먹었는데 비린내도 없이 졸깃하고 맛이 좋아서 9월에도 주말이면 공지천으로 블루길 낚시를 가서 만족할 만한 조과를 올리곤 했다.

10월 1일에는 습관처럼 후동산에서 알밤을 8kg 정도 주웠는데 단밤이라서 맛이 좋았고, 밤벌레는 낚시 미끼로 최상급이라 기분이 좋았다. 늦가을에는 도립재활원 부근에서 2일 동안 은행알을 5kg 정도 주워서 손자도 주고, 매일 5~6알을 구워 먹으니 재미있고, 다가오는 겨울철 감기예방에 효자감이다.

10월 16일에는 가평군 자라섬(남도)의 꽃잔치를 보려고 지인 7명과 도시락을 싸갖고 갔다. 자라섬의 남도는 50,000m^2 규모로 꽃 테마 공원을 조성해 11월 1일까지 축제를 진행해서 46억 원 정도의 지역경제효과를 올렸다는 보도를 보았다. 며칠 후 엘리시안 강촌의 등산길을 다녀보기도 하고 우렁쌈밥을 먹기도 했다.

8월 29일부터 12월 12일까지 공지천과 화천 붕어섬에서 블루길 736마리를 낚았다. 냉동에 넣고 수시로 졸이거나 매운탕, 튀김을 해 먹으니 비린내도 없고 살집도 졸깃해서 코로나 시대에 효자 반찬 노릇을 한다.

2021년 1월에도 코로나 - 19 감염병 때문에 화천 산천어 축제도 취소된다고 하여 허전한 생각을 하였는데, 빙어낚시를 해서 멸치같이 졸여 먹으며 겨울을 만끽해야겠다는 생각이 떠올랐다. 올해는 코로나 - 19 감염병 시대라 움츠리면서도 관광지를 다녀 보고, 수필도 5편 발표하고, 성경도 1번 워드로 필사하고, 가을에 MBC 야외 조각전도 3번이나 감상했다.

늦가을 의암공원 야외음악당에서는 4세 손녀가 등하원할 때 며칠 배운 소나무, 작은 별, 햇볕은 쨍쨍 노래를 불러 동영상을 찍어 가을의 보람도 가졌다.

늦가을 어느 날은 영화관에 20명이 앉아서 「담보」영화를 보고, 2명이 앉아서는 「이웃사촌」영화를 보니, 코로나 - 19 감염병 예방으로 사회적 거리두기와 관객의 축소로 상공인들의 매출 감소가 실감이 난다.

추석이 지나고 12월이 되면서 사회적 거리두기가 1.5단계로 올라가고 감기 환자도 급증하자, 풍물시장 거리도 사람들이 뜸하게 오가서 쓸쓸한 장터가 되어 가고 있다.

12월 중순경 코로나 환자가 1천여 명을 넘은 날이 비일비재하고 몇 백 명 수준을 맴돌고 있다는 보도가 연실 나온다. 긴장이 연속되니 매일 걷기 운동의 생활화와 음식 골고루 먹기와 영양제 먹기에 관심을 갖고 건강을 유지하고 있다.

30. 힐링의 남이섬(南怡島) 관광

  2020년 12월 23일, 코로나-19로 위축된 시간들을 제치고 용기를 내어 지인과 전동열차를 탔다. 가평역에서 내려 30분을 걸어서 남이섬 매표소에 도착했다. 주변에는 짚 와이어 타는 곳과 번지점프, 출입국관리사무소, 마트, 고객센터가 있다. 일반요금이 1만 3천원이고, 경로는 1만원이다. 남자 청년 3명이 유니폼을 입고 멋지게 안내를 한다. 두세 명씩 모인 관광객 20여 명이 12시 배를 타고 5분 정도 가서 남이섬에 내렸다.

  입구에는 나미나라 공화국(Naminara Republic)이란 현판이 있고, 높이 7m 정도의 인공 폭포가 물을 치솟아 뿜어대어 그 아래에 떨어지는 물이 얼어 신비한 환상의 작품을 만들어 내고 있다. 겨울이라 나무들이 홀로 단신 되어서 하늘이 훤히 잘 보인다. 그 중에 즐비한 소나무는 관광객을 안내하는 듯 하고 은행나무, 자작나무, 참나무들이 나목으로 손님을 맞이한다. 남이섬 한 바퀴를 도는 미니버스는 1인당 7천원이어서 타지 않고 걷기로 했다. 입구에 남이섬을 소개한 글이 있다.

  "서울에서 한강을 따라 동쪽으로 63km 지점에 가랑잎처럼 청평호수 위에 떠 있는 남이섬. 면적 46만㎡에 둘레는 약 5km에 이릅니다. 하늘까지 뻗어 오르는 나무들과 광활한 잔디밭, 강물로 에워싸인 자연생태문화 청정 정원 남이섬은 다람쥐, 타조, 토끼들과 이름 모를 무수한 새들이 인간과 평화로운 삶을 나누는 곳입니다. 스물여섯에 사나이의 용맹이 꺾인 남이장군, 남이장군묘가 있어서 '남이섬'이라 부르기 시작했습니다.

1965년부터 수재 민병도 선생의 손끝 정성으로 모래밭, 땅콩밭에 수천 그루의 나무들이 가꾸어졌습니다. 평상시엔 육지였다가 홍수 땐 섬이 되던 동화나라 노래의 섬 남이섬, 세계인의 꿈나라 나미나라공화국. 사랑은 들고 껴안고 욕망으로 가득 찬 마음을 비우고, 색깔 없는 삶의 짐들은 어딘가에 벗어 둔 채 인간이 자연의 모습으로 진정한 자유를 누리며 태초부터의 평화를 함께 나누어 가는 곳입니다."라고 써 있다.

남이섬은 남이(南怡)장군(1441년~1468년 10월 27일)의 묘에서부터 섬의 이름이 유래하게 되었다고 한다. 그는 조선시대 전기의 무관, 천신이고 무예에 능하였으며, 27세 때 함경도에서 일어난 이시애의 난을 토벌했고 여진족을 정벌하여 세조의 총애를 받아 28세에 병조판서에 이르렀으나 '북정가(北征歌)'란 시조 한 수를 문제 삼은 유자랑, 한명회, 신숙주의 공격을 받고 처형되었다. 순조 때인 1818년(순조 18년) 후손 우의정 남공철 등의 상소로 관직이 복권되었고, 호는 충무(忠武)라고 칭했다. 실제로 남이 장군의 묘는 경기도 화성시 비봉면 남전 2리에 부인과 나란히 쌍분으로 묻혀 있다고 하니 어느 묘가 진짜 묘인지 수수께끼 같다.

남이섬 중앙으로 가는 길목 울 안에 날지 못하는 조류인 타조 7마리가 먹이를 달라고 입을 벌리는 모습이 보인다. 날지는 못 하지만 시속 70km까지 달릴 수 있는 타조는 아프리카나 사바나 지역에 서식하며, 잡식성으로 연간 50여 개의 알을 낳는 고부가가치 육종사업으로 전망이 밝은 것 같다. 기와지붕 위에 공작새 4쌍이 햇빛을 쬐고 있다. 인도나 자바가 원산지인데 추운 우리나라에서 사느라 고생이 많은 것 같다. 잠시 후 하얀 점백이 토끼가 내게로 뛰어 오기에 손을 내미니, 빈 손인 것을 보고 볏짚으로 만든 김치각이 있는 곳으로 뛰어간다. 1960년대 우리 집에서 토끼 30마리를 기르던 때가 생각난다. 앙고라, 친칠라, 뉴질랜드화이트, 로프 등이다. 방목을 하면 땅 속에 굴을 여러 갈래로 파고 들어가서 새끼를 낳고 생활하므로 6개월이 지나면 몇 마리인지 파악이 잘 안 된다. 앙고라 토끼처럼 털을 깎거나 새끼를 팔아야 할 때 잡지를 못 해서 토끼장을 아파트 모양 같이 나무로 짓고 길렀었다. 이 섬에는 토끼를 방목해도 물이 있어 섬 밖으로 나갈 수가 없으니 관리는 어느 정도 수월하고 식물 먹이를 스스로 취할 수 있으니 다행인 것 같다.

남이섬 안내판에는 문화체험으로 그림책 놀이터, 노래 박물관, 공예원, 남이섬 교육문화그룹, 남이섬 환경학교가 있으며, 건물로는 식당 13곳과 관광안내소, 화장실, 커피숍, 물품보관소, 현금인출기, 유모차와 휠체어 대여, 아트숍, 수유실, 웨딩촬영객 드레스룸, 환전소, 의무실, 공연장, 전시장, 구름동산(흡연 구역)등이 있고, 겨울엔 곳곳에 모닥불이 있어 추위를 덜게 해 준다. 미리 알았더라면 알밤이나 고구마를 가져올 걸 하는 생각이 들었다. 그런데 모든 건물들은 코로나-19 감염병 예방으로 운영이 중단되는 곳도 여러 곳이 있었다.

은행나무길을 지나고 녹색의 전나무길을 지나서 1시 30분에 한식당 남문에 도착했다. 코로나-19 감염병으로 길도 식당도 한가롭고 관광객도 셀 정도로 몇 명뿐이다. 한식당에 들어가니 깨끗하게 정리된 내부에는 100여 석의 의자가 텅 비어 있고 겨우 6명이 2명씩 거리두기로 앉아 식사를 하게 되었다. 식당관리와 임대료, 직원 월급 등은 매출이 적으니 어떻게 지급할지 소상공인들의 어려움이 실감난다. "가난은 나라도 못 당한다고 했다." 코로나-19 감염병이 빨리 사라져야 예전에 누렸던 삶을 영위할 수 있는데 언제 걷힐지 물안개 속을 걷는 기분이다.

 식사가 끝나고 화장실을 들러서 강변 쪽으로 갔다. 멋진 문패 앞에 10여 채의 별장이 있으나 거의 빈 방 같다. 강변의 테크로드를 따라 한참을 가니 물오리 수십 마리가 자맥질을 하며 먹이를 구하는 것 같다. 여름에는 낚시질도 가능할 것 같다. 10여 년 전에 친정엄마를 모시고 놀러 왔을 때는 신콩쥐팥쥐 인형 옷을 입고 사진도 찍고 5m쯤 높이에 있는 하늘기차도 탔었다. 지금은 하늘기차가 어느 곳에 있는지 잘 보이질 않는다.

 5년 전에 유치원 다니는 손자와 왔을 때도 정관루 호텔 부근에 있는 습지에 노랑어리연꽃, 자라풀, 마름, 물배추가 많이 있었는데 지금은 얼음이 습지를 덮고 있다. 종이배를 띄우던 뒤에 물길은 지금도 얼음 밑을 흐르고 있다.

 호텔 부근의 땅바닥에 돌로 둥근 테를 만들어 놓고 통나무 장작을 넣은 모닥불이 여기저기 피어 있다. 통나무 의자에 앉아 불을 쬐니 2년 전 대성리 송어축제 때 드럼통을 자른 곳에 모닥불을 피워서 몸을 녹이던 생각이 난다. 봄이 오면 볼 수 있는 수양벚나무길, 튤립나무길, 중국 굴피나무길, 가을의 단풍길을 또 한 번 와서 걷자는 이야기를 하며 오후 3시경 남이섬을 떠나는 뱃길에 올라 가평역을 향했다.

31. 구곡폭포 나들이

  2020년 10월 27일 춘천에 35년을 살면서 구곡폭포를 몇 번 가봤지만 늘 시내버스나 승용차를 타고 가곤 했다. 2020년 2월부터 코로나-19 감염병 예방으로 모든 사람이 마스크를 써야 하고 단체행동은 삼가야 하니 부담이 되어 3명이 구곡폭포를 가기로 했다. 시간이 많으니 취직 시험 보러 가는 것도 아니기에 느긋하게 시간표를 짰다. 기대 반, 설렘 반으로 남춘천역에서 오전 10시 33분에 청량리 가는 전동열차를 타고 15분쯤 지나 강촌역(江村驛)에 내렸다. 2010년 12월에 서울~춘천간 개통된 전동열차를 타고 강촌역에서 내리는 것은 처음이다. 웅장하고 멋지게 역이 단장 되어 있다. 짐작해서 구곡폭포 쪽으로 난 넓은 길을 따라 내려갔다. 마침 혼자 가는 중년부인이 구곡폭포 쪽으로 간다며 2km쯤의 길을 안내해 주고 갔다. 시내버스가 다니는 길과 평행선으로 되어 있는 것 같아 안도감이 든다. 10도쯤 경사진 길을 20분쯤 걸어가다가 윤 권사님이 배낭에서 따끈한 마호병 속의 커피를 꺼내 종이컵에 따라 주어 마셨다. 서늘한 늦가을 날씨에 최고의 맛이다. "넘어진 김에 쉬어 간다."고 길가 장의자에 앉아 따끈따끈한 군고구마도 꺼내 먹고, 송영희 선생님이 가져온 과일과 작은 케이크도 먹으니 코로나로 생긴 하루가 즐겁다. 높은 산과 골짜기 사이에 난 길로 계속

물을 보고, 갈대도 보고 여유롭게 걸었다. 춥지도 않고 약간 더운 기운으로 걸으니 코로나가 뒤처지고 건강이 같이 가자고 따라 붙는다. 몸과 마음이 힐링되는 산뜻한 길이다.

올해 2월부터 시작 되어 10월말이 다 되어도 코로나-19 감염병이 차단 되지 않고 예방 기간이 멀어지는 듯 사회적 거리두기 단계가 점점 강화되니 시내 생활이 불편하게 되어 넓은 자연환경 속으로 나가면 편하다. 오늘의 걷기 운동을 잘 선택했다 생각하며 즐거운 행보를 계속했다. 앉아서 쉬었다가 걸었는 데도 50분 정도 걸려 강촌 구곡폭포 매표소에 도착했다. 춘천시민과 경로자는 무료입장이란다. 입구에 「자연이 살아 숨쉬는 구곡폭포 관광지」란 멋진 아취가 서 있다. 조금 떨어진 곳에 인공으로 만든 5m 정도의 돌무더기 분수가 물을 시원스레 뿜어대고 있다. 입구에서 조금 들어가면 있던 애기단풍나무의 빨간 단풍이 더러더러 잎이 말라 있고 몇 군데 조금씩 빨간 잎이 남아 있다. 인적이 드물어 길과 계곡물은 깨끗하고 맑아서 코로나-19 걱정은 온데간데 없고 자연환경에 눈길이 꽂히고 안전한 하루가 보장되는 듯 하다.

구곡폭포는 1981년 2월 13일 춘천시 관광지로 지정되었고, 해발 486m의 봉화산 기슭에 있는 높이 약 50m의 폭포다. 매표소에서 구곡폭포까지 700m쯤의 등산로는 포장이 되어 있어 걷기에 안전하고 가족 나들이나 연인들의 데이트 코스로 인기가 높다. 폭포 주변으로 '하늘벽바위' 등 기암절벽이 형성 되어 폭포의 모습이 한결 돋보이며, 폭포 100m 전에서 오른쪽 능선을 따라 올라가면 분지로 형성된 문배마을이란 산골마을이 있는데, 6·25 전쟁이 일어났는지도 모르고 살았다는 평화로운 마을이 있다. 닭도리탕 등 전통음식점이 몇 군데 있어서 코로나가 있기 전에는 지역이나 전국에서 많은 관광객이 단체로 가곤 했었다. 10년 전 강촌역이 현 위치에 옮겨오기

전에는 대학생이나 회사 MT장소로 인기여서 강촌리는 한국의 라스베이거스라고 할 만큼 상경기가 좋았다. 강촌역이 옮겨가면서 상권은 낮아졌고, 올해는 코로나-19 발생 후로 인적이 드문 관광지가 된 듯하다.

구곡폭포에 이르는 황토 오솔길과 시냇물을 벗삼아 폭포에 이르면 꿈, 끼, 꾀, 깡, 꾼, 끈, 꼴, 깔, 끝의 쌍기역(ㄲ) 아홉 가지 구곡혼(九曲魂)이 표지판에 써 있다. 꿈(Dream), 끼(Ability), 꾀(Wisdom), 깡(Heart), 꾼(Professional), 끈(Networking), 꼴(Shape), 깔(Color), 끝(End)이다. 사람들은 각자가 좋아하는 숫자가 있는데, 9라는 숫자는 '많다', '오래다', '길다'라는 의미가 있다 한다. 나는 고등학교 때 출석번호가 9번이었고, 그 숫자가 무엇에든지 서열 10등 안이라는 것으로 좋아했던 것 같다.

그 후로 아파트 층수도 9라는 숫자가 좋아서 그냥 사서 10여 년을 살았다. 11이라는 숫자도 좋아 닉네임으로 정해 쓰는데 언제나 '정도를 걸으라'는 뜻같이 생각도 되고, '열 개에다 덤으로 한 개를 더 받아 기쁘다는 뜻'으로 생각된다. 지금 살고 있는 아파트도 11층이다.

또한 닉네임을 11로 쓰는 몇 분 중에 2006년 홍천 주봉초등학교에서 모셨던 김종국 교장선생님은 참으로 훌륭한 교육자시다. 40여 년을 근무하면서 일주일에 책을 3권 정도 읽는 분은 처음 보았다. 그렇기에 지식은 백과사전 같으며 말씀도 진지하고 재미있어 언제나 듣고 싶다. 코로나 감염병 시기가 끝나면 만나 뵙고 식사도 대접해야겠다는 생각이 든다.

나는 인생구곡(人生九曲)에서 어떤 것에 매력을 느끼고 어떻게 이루었나를 생각해 본다. 다시 그림도 그리고, 붓글씨도 쓰고, 피아노도 쳐볼까? 늦더라도 지금이 가장 빠른 시간이란 말도 있는데… 중얼중얼 혼자 되뇌어 본다.

장의자에 앉아서 쉬다 보니 구곡정 옆에 식당이 보인다. 오늘은 인원이

3명이라 매식을 하기로 하고 간식만 갖고 왔었다. 식당에 '감자김치만둣국'이란 메뉴가 있다. 한 그릇에 6천원이니 식대도 부담이 적고 양도 적당하며, 몸에 좋을 것 같은 느낌으로 맛있게 먹었다. 창가에는 빨간 고추를 실에 꿰어 장식같이 매달아 놓았고, 요즘 보기 드문 꽈리도 봉긋한 채로 가지 채 매달려 있어 푸근함이 느껴진다. 초등학교 때는 가을이면 감기예방으로 주홍색으로 익은 꽈리를 일삼아 따서 먹곤 했었다. 작년에는 3살 손녀와 아파트 안에 있는 수십 그루의 꽈리 열매를 등원할 때 하나씩 따서 먹으며 '감기 예방약'이라고 일러 주었던 기억도 난다. 송영희 선생님이 식대를 내었으니, 나는 완전 무전여행(無錢旅行)을 한 셈이다. 내려오는 길에 은행나무 아래서 3명의 젊은 아낙들이 은행을 줍고 있다. 나는 춘천시 우두동 강원도립재활병원 옆에 여러 그루의 은행나무 있는 곳을 알고 있다.

2013년 우리 엄마가 재활병원에 입원해 있을 때 문병을 왔던 분들에게 은행을 드렸던 것처럼 올해도 한 배낭 정도 주워 와서 다듬어 몇 분에게 주려고 생각을 하고 있다. 오늘의 행보를 즐거워하며 이런저런 이야기를 하며 강촌역에 도착했다.

지난 5월말에는 지인 4명이 승용차를 타고 가서 구곡폭포를 보고 초등학교, 중학교 때 소풍을 갔던 때의 설렘을 가졌다. 김밥과 찐 계란, 닭강정, 순대와 과일을 맛있게 먹고, 7~8m로 자란 나무숲의 그늘에 매료 되어 계곡의 맑은 물로 몸과 마음이 힐링되었었다. 그때의 의견이 다음에는 강촌역에서 내려 구곡폭포까지 걸어보자는 의견이 나왔다. 정말로 오늘 늦가을에 실천해 보니 걷기에 적당한 거리며 기온도 적당하여 최상의 상태였다.

기차도 타고, 풍경도 보고 맛있는 것도 먹으니 완전 행복한 날로 코로나-19 피하기로 준비된 구곡폭포 나들이가 무척이나 즐거웠다.

32. 퇴계공원 충혼탑

  2개월에 한 번씩 중학교 동기 모임을 가질 때는 현대식 시설을 자랑하는 남춘천역에서 친구들을 마중도 하고 배웅도 한다. 십여 년을 그렇게 반복하는데 육교 건너편 상가 뒤로 계단과 언덕 위에 길 같은 것이 보이며 아카시아, 밤나무, 참나무 등 여러 수종이 무질서한 듯이 보인다. 올해 2월에 이사한 아파트는 춘천 시민들이 등산을 하는 국사봉(203m) 중턱쯤에 터를 만들어 지었기에 이사를 오면서 '국사봉보다 낮은 남춘천역 건너편 언덕은 개발을 왜 안 하지?' 하는 의구심이 여러 번 들었지만 잡초만 무성할 것 같아 올라갈 생각은 한 번도 안 했었다. 4월 14일 퇴계동 탁구동호회의 보석 같은 회원이 약속 장소로 가다가 운동 겸 뒷산에 가봤는데 충혼탑(忠魂塔)이 있다고 문자가 왔다. 오랫동안 궁금했던 문제가 풀린 것 같아 4월 15일 국회의원 투표를 하고 걸어가니 왕복 40분 정도가 소요되는 곳이다.

  그곳 퇴계공원엔 충혼탑이 있고 운동기구, 의자, 계단, CCTV, 오솔길이 3군데 정도 있다. 숲 속에는 참새, 까치, 까마귀, 청설모, 딸기, 금계국들이 있는데 나무전지도 잘 되어 있고 깨끗하다. 충혼탑 뒷길 계단 아래는 농구코트, 의자, 운동기구, 주차장, 해충기피제 자동분사기, 화장실, 생활체육 장소도 있고 80m쯤 떨어진 곳에 남춘천초등학교가 있는데 출장으로 한 번

갔었을 때는 뒷동산을 본 기억이 없다.

다음날 여자 탁구회원 4명과 충혼탑 공원에 갔다. 일행 중 송영희 선생님은 춘천초등학교 근무 때 어린이들과 현장체험학습을 자주 가서 알고 있고, 3명은 초행이다. 30년을 춘천에서 살면서 우두동의 충렬탑은 현충일 기념식 때 몇 번 가봤지만 "등잔 밑이 어둡다."고 시내에 있는 충혼탑은 처음이라 시민의 입장에서 대단히 무안했다. 더욱이 현장에서 초등학생들에게 한 번도 교육을 못 한 것이 못내 아쉽다. "아는 것만큼 보인다."고 이제는 사방에서 충혼탑 모양을 다 알아볼 수 있어 지인들께도 알려 주니 고맙다고 한다. 이곳을 알려 준 보석 같은 회원에게 막국수라도 한 그릇 사야겠다.

충혼탑은 1993년 8월 10일 대한민국 건국회강원도지회 주관으로 건립되었고, 충혼탑명은 이승만 초대 대통령의 친필, 탑 높이는 15m로 지하 3m, 지상 12m로 사방의 적을 격퇴한 춘천 출신 전몰경찰관, 학도병, 애국청년, 공무원, 시민 등의 의기 충천하는 모습을 상징하고 있으며, 탑 내부에는 호국영령 1,287위의 위패를 모신 곳이다.

이곳 안내문에는 충혼탑은 1945년 일제 식민 억압에서 해방으로 이 땅에는 무정부, 무질서 속에 공산주의 도당과 투쟁, 대한민국을 건국하고, 또한 1950년 6·25 한국전쟁 때에는 조국을 사수하다 젊은 목숨을 바친 순국 경찰관 및 반공 청년들의 영령을 추모하고, 그분들의 숭고한 애국정신을 귀감으로 삼아 그 공훈과 희생정신을 바탕으로 후손에게 애국애족 정신을 계승 발전시키기 위하여 건립하였다고 기록 되어 있다.

이들은 북한의 6·25남침 이후 3년간의 전쟁 동안 아군의 후퇴 및 방어, 반격 및 북진, 38선 인근의 고지 쟁탈전, 빨치산 토벌작전에서 조국을 지키다 전사하거나 부상을 당했다. 국가가 존속 발전하려면 나라를 지키는 사람이 있어야 하고 국민은 언제라도 나라를 지키는데 헌신하여야 한다고 씌어 있다.

올해 6월 25일, 6·25전쟁 70주년을 맞아 미국으로부터 「국군전사자 147구의 유해봉환과 미군전사자의 유해 6구를 봉송」하는 추념식을 밤 8시 서울공항 격납고에서 TV로 생중계하는 JTBC 방송을 보니 애국가, 6·25노래, 군가 - 전우의 시체를 넘고 넘어를 4절까지 합창하는데 눈물이 앞을 가린다. 수많은 세월 동안 유가족들은 얼마나 가슴이 메어지고 아팠을까? 더욱이 한국전쟁의 승리를 위해 전쟁터에서 목숨을 잃은 유엔군과 그들을 보내 준 16개 나라들에게 머리가 숙여진다. 국가에서도 나라를 위해 목숨을 바친 이들의 유가족들을 경제적으로 많이 도왔으면 좋겠다. 세계 10위권의 잘 사는 나라를 만드는 밑거름이 된 호국영령들의 넋을 위로하며 좌파주의를 선망하는 사람들은 잘못된 인식을 버리고 민주주의 꽃을 활짝 피워 튼튼한 나라를 세우는 일에 앞장서야겠다.

그런데 추념식에서 "애국가는 국방부 및 국립합창단에 맞춰 4절까지 새롭게 부른다."고 하며 전주곡이 나오는데 평소에 못 들어보던 전주곡이 나와서 시작할 때를 못 맞추고 늦게 따라 불렀다. '내가 음악에 대한 지식이 부족해서 편곡된 것을 못 느끼나?' 의아하게 생각하였다. 그런데 며칠 후 인터넷을 보니 애국가의 전주곡은 북한애국가의 전주곡과 99%가 같다고 하니 정말 어이가 없다.

동아일보 보도를 보고서 추념식을 주도한 국가보훈처는 해명의 글로 국군전사자 유해봉환식이 함께 거행된다는 점을 고려해 애국가가 특별히 엄숙하고 장중한 분위기로 연주될 필요가 있다고 논의해서 이를 KBS교향악단에 전달하였다고 한다. KBS교향악단은 장엄한 울림을 위해 차이코프스키 교향곡 4번 1악장, 영국국가 '갓 세이브 더 퀸', 바그너의 '로엔그린'

등에서 흔히 사용 되어 대중에게 친근감을 주는 곡으로 애국가 전주를 하였다 했는데 국가보훈처는 북한 애국가를 접해 본 적이 없기 때문에 리허설 시에도 특이한 문제점을 발견할 수 없었다고 바로 잡는다는 글을 제시하였다. 북한도 같은 동포라지만 핵폭탄으로 평화를 위협하는 북한 애국가 전주곡을 공용할 때는 아니다. 앞으로는 어떤 기념식이든 애국가 전주곡은 대한민국 국민 전체가 알고 있는 우리 애국가의 전주곡으로 연주했으면 한다.

1994년 애국가를 학생들에게 가르치고 녹음을 하기 위해 애국가를 4절까지 수십 번 반주 연습을 해서 완벽하게 제창과 반주를 맞추어 녹음해서 의식 행사 때마다 사용하며 흐뭇해했던 기억이 난다. 그때 애국가 반주를 부탁하신 이영한 교장선생님께 늘 감사한 마음을 가졌다.

나는 1950년 6월 25일, 전쟁 1년 전 1949년에 철원에서 태어나 1살의 나이로 부모님의 피난길에는 걸림돌이 되었을 것 같은데 지금까지 살아 있으니 참으로 고맙다. 전쟁 중에 엄마는 장티푸스병에 걸려 사경을 헤맬 때 할머니가 나를 돌봐 주고 엄마의 병세가 좀 낳아졌을 때 늦게 피난을 했다고 한다. 4살쯤 경기도 안성읍 한동규 씨 댁 사랑방에서 피난살이를 할 때 할머니가 방물장수를 하고, 엄마는 땔감을 해 오고, 작은고모는 장갑공장에 다녀서 근근이 살아갔다. 제일 맛있는 밥은 딱 한 번 먹어 본 길쭉한 분홍색 안남미(베트남쌀)로 고슬고슬 했던 밥이 기억나고, 다음엔 조금 깨진 놋양푼에서 밥을 떠먹을 때 진이 길게 이어졌던 수수밥이 생각난다. 간식으로는 삘기, 고염, 찔레순, 미루나무꽃, 깜부기, 올맹이, 아카시아꽃과 순도 따먹던 생각이 난다.

어느 날 밥을 먹다 사촌언니와 내가 서로 많이 먹겠다고 말다툼하는 것을 보고 큰엄마가 사촌언니를 나무라자 ,우리 엄마는 "아이들이 그런 걸

무얼 타내냐"고 하다가 싸움이 커졌다고 한다. 엄마는 싸움 끝에 나를 업고 나와서 경기도 광나루에 친정식구가 피난 왔다는 소문만 듣고 며칠을 걸어서 찾아갔다고 한다. 그런데 거기서 아버지가 인민군에 학도병으로 끌려갔다가 반공포로로 잡혔는데, 이승만 대통령이 1953년 6월 18일 반공포로를 석방했다. 그때 남한과 북한을 선택하는 귀로에서 아버지는 남한을 선택해 거제도포로수용소에 있다는 소식을 들었다. 곧바로 안성 집으로 와서 시어머니께 알려 나무를 해다 팔고 방물장수로 모았던 돈으로 차비를 마련해 면회를 갔다 오셨다고 한다.

아버지는 몇 달 동안 거제도포로수용소에서 미군과 생활하면서 영어를 잘 하고 모범적인 포로 생활을 하며 장교 특별 채용시험에 합격해 기초 군사 훈련을 받으러 논산훈련소로 갔다고 했다. 그래서 엄마와 작은고모와 나는 논산훈련소로 아버지 면회를 갔다. 철조망 밖 100m쯤 멀리에서 내가 "아버지" 하고 불렀을 때 아버지는 '엄마 옆에 서 있는 큰 아이는 일순이고, 작은 아이는 엄마가 재가를 해서 얻은 아이인가? 면회를 나올까 말까 망설이다 나왔다'는 말을 듣고 많이들 웃었다. 그 후로 나는 복덩이라는 말을 많이 들었다.

몇 달 후 큰어머니의 오빠가 철원이 수복 되어 장흥 1리에 정착하면서 우리도 이주해서 많은 도움을 받았고, 아버지는 김화 쪽 부대에서 근무를 했다. 살림이 어려웠지만 교회를 다니시던 부모님은 "사람은 배워야 한다."며 초·중·고등학교를 진학시켜 졸업까지 뒷바라지를 하셨다.

나는 교사양성소를 거쳐 춘천교육대학교 교육행정대학원을 졸업해 석사학위도 받고, 41년간 교직에 봉직하다 정년퇴직을 하고 안정된 생활을 하고 있다. 하나님의 인도하심이 위대함을 믿는다. '호국 영령들의 수고가 없었다면 지금쯤 어떻게 살고 있을까'를 가끔 생각한다. 올해 2월부터 코로나

-19로 전 세계가 시끄럽지만 모범국의 위상을 보이는 대한민국의 건강한 춘천 시민임이 자랑스럽다. 무더운 여름철 코로나-19 예방으로 마스크를 쓰고 충혼탑을 오르는 시민들은 음악을 들으며 산책을 하고, 기구를 이용해 운동을 하는 사람이 많다. 나도 4월 16일부터 1주일에 4번 정도를 왕복한 후 72세의 체력으로 윗몸일으키기 20회를 유지하며 더 발전함을 목표로 건강을 돌보고 있다. 충혼탑에는 향기를 뿜어내는 아카시아, 밤나무, 도토리나무, 소나무 등이 울창하고, 탑 뒷길에는 무궁화가 호국 영령들의 넋을 위로하듯 산뜻하게 꽃을 피우고 있다. 공원 곳곳에는 1994년 4월 5일 강원도지사 이상용 씨와 여러분들이 심은 기념식수가 잘 자라고 있어 아름답다.

100세 시대에 호국 영령들이 물려 준 조국을 수호하며 세계에 으뜸가는 안전하고 행복한 대한민국을 후손들에게 물려 주어야겠다.

33. 의암호 둘레길과 스카이워크

　2020년 7월 4일 춘천중앙교회 갈릴리찬양대 윤경구 권사께서 '오늘 시간이 되면 어디 산책을 갈까요?' 하며 카톡이 왔다. 그때 탁구동호회의 보석 같은 회원이 3월 22일 다녀왔다는 춘천의암호 둘레길(봄내길 4코스~1.5Km)이 마음에 와 닿았다. 산책 준비를 하고 10시에 윤 권사댁에 갔다. 따끈따끈한 커피도 주시며 시원한 핑크색 T셔츠도 선물로 주시기에 입어보니 시원한 소재로 맞춤같이 딱 맞아 기뻤다. 춘천에 30여 년을 살면서도 처음으로 송암스포츠타운(스포츠경기장 부분종합단지)부근 춘천의암호 둘레길과 스카이워크를 가게 되었다. 스포츠타운 빙상장 건물 주변에 주차를 하고 보니 빙상장 건물 뒤로 의암댐(출력 4만Kw)과 2021년 개통할 삼악산(654m)에서 중도섬을 잇는 케이블카 공사가 한창이다.

　2년 전 손자가 여름방학 때 스케이트를 배우느라 빙상장에 두 번 와서 길은 알고 있었고, 작년 4월에 빙상장 강변둑에 쑥이 많은 것을 보았기에 친구와 쑥을 뜯으러 왔었다. 둘레길 주변엔 피리를 만들어 불던 버드나무를 비롯해 큰 나무들이 빽빽이 서 있는 것이 보인다. 7월 초의 강한 햇빛이지만 북한강을 가로질러 불어오는 시원한 바람과 마음이 통하는 지인들이 있으니 행복하다. 통행로도 데크로드로 7% 정도의 경사로가 되어 있어서 노약자, 아동, 휠체어 등이 사용하기에 편리하다. 여러 팀의 자전거 동호인들이 멋진 유니폼을 뽐내며 줄지어 지나간다. 일상을 탈피하여 체력을 기르고 알게 모르게 쌓였던 스트레스도 날리며 담소도 나누고 맛있는 식사도 할 것이니, 신체적으로나 정신적으로나 오늘을 최고의 젊은 날로 만든다는 생각이 든다. 강변 산기슭 중턱에는 철로 교각을 세워 데크로드 통행이 안전하게 되어 있다. 춘천시청 공무원들의 수고와 아이디어를 제공한 분들께 무한한 감사의 마음이 든다. 나무는 12m가 넘는 소나무, 주목, 도토리, 가문비나무, 아카시아나무, 전나무 등이 빽빽이 서 있어 그늘을 만들고 산소를 뿜어내는 듯 상쾌하며 모자와 양산이 필요 없는 상태다. 통행로가 오가는 길이 좁으니 우측통행을 잘 해야 사고가 방지되겠다는 생각이 든다. 강가 주변에도 부유물이 뜬 것이 하나도 없고 수련을 비롯한 물풀들이 보여 신선함을 더해 주었다.

데크로드 교각 아래 강변에 낚시꾼은 한 사람도 없고 카누를 즐기는 서너 팀이 여유롭게 물 위를 떠다닌다. 나도 가끔 낚시를 하지만 낚시꾼이 앉았던 주변은 철저하게 청결을 유지해 놓아야 모두가 신선한 자연을 만끽할 수 있다. 가끔 TV방송에서 무식한 얌체 낚시꾼들이 버리고 간 쓰레기를 치우느라 마을 사람들이 곤혹을 치르는 장면을 보았고, 장마가 끝난 후에는 숲 속에 버리고 간 페트병, 부탄가스통, 비닐, 과자봉지, 스티로폼 등을 몇 톤씩 실어 나르는 장면을 해마다 보게 된다.

자연이 오염되면 인간에게도 오염이 된다는 것을 깨달아야 한다. 놀던 자리에 쓰레기를 집으로 가져가라는 안내판이 있지만 실천하기가 어려운 것 같다. 개인적으로는 낚시꾼이 많이 오는 곳에는 대형 쓰레기 수거함을 설치해 놓고 일주일이나 열흘에 한 번 정도 회수해 가도록 하면 자연정화에도 좋겠다는 생각이 든다. 이런저런 생각을 하면서 의암호 스카이워크에 도착했다. 10여 명의 관광객이 투명한 유리바닥에 올라가 가족사진을 찍고 있다. 2015년 6월에 아시아의 「그랜드캐니언」이라고 불리는 중국의 태항산을 갔을 때와 춘천 소양강 스카이워크를 가본 경험이 있어선지 불안함이 없다. 슬리퍼를 갈아 신고 교각 높이가 12m이고, 두께가 4cm인 투명한 삼중 강화유리 바닥을 걸으니 물 위를 걷는 듯한 색다른 스릴이 느껴진다. 길이 10m의 직선 구간과 지름 10m의 원형구간으로 구성되었고, 중앙에는 방향별로 한국의 주요 도시 이름을 표기한 동판이 설치되었다. 72세 나이로 투명유리바닥을 한 바퀴 돌아 건장함을 과시했다. 좀 떨어진 곳에 카페가 물 위에 둥둥 떠 있고, 그 옆에 35년 전에 가족이 와서 그물을 치며 고기를 잡던 곳에 유료낚시터가 설치 되어 운치를 더한다. 올봄에 낚시터에서 조금 떨어진 위쪽 밭에서 개망초와 쑥을 뜯던 생각이 난다. 낚시터 앞의 푸른 물은 매우 깨끗해서 타지역에서 오는 관광객에게 자랑스런 호반의 춘천 이미지를 부각시키는 듯해서 만족스러웠다.

 2년 전 소양강 스카이워크를 갔을 때는 유리 아래로 보이는 강물이 검은 녹색으로 너무 탁하고 부유물이 떠 있어서 외지 관광객에게 「호반의 춘천」이미지를 망각시키는 듯해서 속이 편안치를 않았다. 이곳 안내자는 내가 공짜를 좋아하는 것을 아는지 입장료(무료)를 안 받겠다고 웃는다. 경로를 넘긴 듯한 안내자에게 한 달의 수고료가 얼마나 지급되는지 관광객에게 즐겁게 유모어로 대하니 고마운 생각이 든다. 감사하다는 인사를 하고 국도변으로 나와 오른쪽으로 가서 자전거 도로로 이어지는 인어조각상 부근의 나무 그늘 밑의 의자에 앉았다.

 길 건너에 퇴계동 탁구동호회에서 몇 년 전 등산 갔던 드름산(357.4m)이 푸름을 자랑하고 있다. 환경의 아름다움을 이야기 하며 "금강산도 식후경"이라고 송 권사가 준비한 김밥과 윤 권사가 가져온 달걀, 고구마, 생수, 커피를 마시니 행복한 시간이다. 그때 남산초등학교에서 같이 근무한 황 기사한테서 전화가 왔다. 춘천에 왔냐고 하니, 인천인데 코로나로 어떻게 지내시는지 궁금해서 전화를 했다고 한다. 2000년~2002년까지 같이 근무하면서 테니스와 탁구를 열심히 쳤기에 오랜 시간이 지나도 카톡을 주고받아 어색하지가 않다. 목표를 세우고 노력하는 자에게는 도착점은 늦어도 성공이 꼭 찾아오는 것 같다.

그는 3년 남은 퇴직 후의 삶을 위해 5개 국가자격증을 획득했다고 자랑을 한다. 춘천에 2년 전에 왔을 때 1월에 화천산천어축제에서 잡은 냉동되어 있던 생선을 주니 좋아하던 모습이 떠오른다. 2마리는 춘천 누나와 매운탕을 맛있게 해 먹었다는 이야기도 들었다. 이래서 취미는 빈부귀천을 막론하고 준비하고, 활용하고, 키우고, 나눠야 함을 느낀다.

점심이 끝나고 20분 정도를 되돌아와서 후회 없는 힐링(Healing)산책을 마감하고 송 권사의 승용차를 타고 윤 권사댁에 도착했다. 미인이 된다는 석류 쥬스를 주시기에 마시고, 20분 정도를 쉬고 각자 삶의 터전으로 향했다. 이제 남은 것은 내일 1부 주일예배 찬양을 위해 저녁 7시에 찬양 연습을 가야 한다.

세계 최고의 암 전문 병원인 미국 택사스주립대 MD앤더슨 암센터에서 31년간 봉사한 김의신 박사는 종교 신앙심이 암 치료에 실제적인 효과가 있다고 소개하면서, 성가대(찬양대)원들과 일반인들을 비교해 보니 성가대원들의 면역세포(일명 NK세포)수가 일반인들보다 무려 1,000배나 많은 것으로 측정되었다고 한다. 감사로 찬양하고 사는 것이 그만큼 건강에 유익하다는 것이다. 올해 2월부터 면역이 약한 경로자들을 침입하는 지독한 코로나 바이러스도 성가대원들의 높은 면역엔 감히 접근할 수가 없으리라 생각한다. 산책할 수 있는 건강, 동료, 여유, 찬양의 재능을 주신 하나님과 부모님께 감사하며 코로나 바이러스 예방을 위해 마스크를 쓰고 집을 나선다.

제 3 부
건강하고 행복한 얼굴들

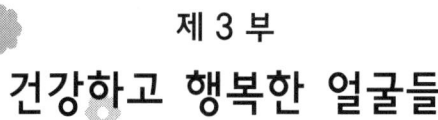

사랑하는 가족의 즐거운 나들이가
힘이 되어 일상에 감사하고
행복하게 만드는 건강한 사회가 됩니다.

34. 대관령 자연휴양림 가족 휴가

  2019년 8월 13일~8월 15일 남편의 75세 생신 축하를 위해 3박 4일 가족 휴가를 떠났다. 주문진 교직원수련원에서 2박을 하고 대관령 자연휴양림에서 1박을 할 계획이다. 오후 1시 주문진에 도착해 점심을 먹으려고 작년에 초등학교 5학년 손자와 2살 된 손녀가 맛있게 먹었던 생선구이 식당을 찾아갔다. 생선구이와 대구탕을 맛있게 잘 먹고 3시에 교직원수련원에 입실해 여장을 풀고, 후문 길 건너에 있는 소돌해수욕장으로 갔다.
  크로사 태풍의 영향으로 50m 정도에서 파도가 일지만 많은 수영객이 즐기고 있다. 아들, 딸, 손자가 용감하게 파도를 헤치기도 하고 즐기며 일상에서 쌓여 있던 피곤함을 떨쳐 보내는 듯 파도 위아래를 넘나든다. 세 살 된 손녀와 나는 돗자리를 펴고 모종삽과 장난감으로 모래를 퍼내 웅덩이를 만들고 물을 넣으면 없어지는 신기함을 보면서 6시 수영장 폐장까지 놀았다. 손녀는 샌달을 신고도 파도가 무서운지 모래를 절대로 밟지 않고 할머니 품에 안기거나 돗자리 위에서만 논다. 갈비탕으로 저녁을 맛있게 먹었는데 며칠 전부터 오른쪽 어깨가 아파 취사를 도울 생각을 접고 설거지도 딸이 해서 편한 저녁을 보냈다.

다음날 아침은 날씨가 흐려서 설악산으로 케이블카를 타러 갔다. 작년엔 두 돌 된 손녀가 케이블카를 타는 순간부터 머리가 하얀 할아버지를 보고 울었는데, 올해는 조금 컸다고 조용하게 주위를 살펴보는 손녀가 귀엽다. 녹색으로 패드를 깐 듯한 권금성 산등성이를 향해 20m쯤으로 올라가면서부터 물안개가 가득해 신선이 된 듯한 느낌이다. 설악산은 1965년 천연기념물로 지정되었고, 1970년 우리나라에서 다섯 번째 국립공원으로 지정되었다.

국제적으로도 그 보존가치가 인정되어 1982년 유네스코로부터 생물권보전지역으로 지정·관리되고 있다. 총면적은 398.237km^{2}에 이르며 대청봉, 중청봉, 소청봉, 화채봉 등 30여 개의 높은 산봉우리가 웅장하게 펼쳐있다. 아직도 못 가본 울산바위에도 케이블카가 있으면 좋겠다는 생각을 했다. 권금성 정상에 도착해서 50m쯤 산책을 하고 내려와서 작년에 먹었던 호떡과 오뎅과 팥빙수를 신나게 먹었다. 옛날 중학교 때 호떡을 사 먹으려고 통학버스를 안 타고 8km를 걸어서 다니던 기억이 나며, 오늘의 경제적인 풍요와 여유로움에 감사한 마음이 생긴다. 권금성 안내 방송에선 산중턱부터 정상까지 안개가 자욱해 주변이 안 보이니 케이블카를 포기할 분은 신청하시라고 수시로 방송이 나온다.

1시간 정도가 지나 내려와서 기념품매장을 보니 작년에 손자가 고모와 엄마를 준다고 목걸이와 냄비받침을 이곳에서 샀다고 기억을 한다. 넓은 마당에서 5학년 손자와 고모가 신나는 포즈를 취해 재미 있는 사진을 찍었다. 수련원에 와서 스파게티로 점심을 먹고 카페에 들른 후 오후에도 크로사 태풍을 헤치고 수영을 했다. 저녁으로 김밥을 먹고 처음으로 노래방을 가보자고 했다. 인터넷에서 노래방을 찾아보고 수산시장 안에 있는 등대노래방에 갔다.

처음으로 남편이 「안개 낀 장충단 공원」을 불렀는데 100점이 나와 상금으로 만 원을 드렸다. 가족 모두가 이런저런 노래를 불렀다. 딸과 손자가 100점이 나와 만 원씩을 줬다. 나는 박자가 잘 맞는 「남행열차」를 부르며 쉬는 음절 사이에 "희준아~" 하며 손자 이름으로 첫 취임새(보충말)를 넣었다. 그랬더니 재치 있게 손자가 소절마다 취임새로 "할머니~" 하며 애절하게 박자를 맞춰 불러 너무너무 우스웠다. 나는 곡조가 생각이 안 날 정도로 웃으며 노래를 했다. 예전에도 남행열차를 부르며 여러 번 취임새를 넣었지만 손자가 넣으니 너무너무 우스워 등에 담이 들도록 눈물 나게 웃었다. 정말 스트레스가 다 날아간 것 같다. 세 살 된 희수도 마이크를 잡고 할머니와 집에서 부르던 산토끼, 작은 별, 과수원 길, 비행기, 동대문을 열어라 등을 소리가 가끔씩 들리게 잘 부른다. 1시간 반을 노래하고 연수원으로 돌아오며 딸이 아빠의 생일 케이크를 사고, 카페에 들러 케이크와 아이스크림과 팥빙수를 먹었다.

3일째 아침은 남편의 생일이라 며느리가 준비한 미역국을 끓여 밥을 먹고 생일 케이크를 식탁 위에 놓았다. 두 돌 된 손녀가 촛불을 끄고 싶어 몇 번을 켜놓고 끄곤 했다. 11시에 연수원을 퇴실해 물회가 먹고 싶다고 해서 주문진회센터로 갔다. 남편이 생일축하를 받아서 기쁜지 제주도의 명물인 비싼 다금발이회와 매운탕을 주문해서 먹었다. 처음 먹어보는 다금발이는 25만원으로 비싸지만 쫄깃한 식감과 매운탕 맛이 훌륭하다. 그리고 시간이 넉넉해 주문진해양박물관 3층에 갔다. 강원도에 살고 있는 동식물과 해양동물이 잘 전시 되어 있고, 상품도 많이 있다. 손녀가 목걸이를 갖고 싶은지 이것저것을 만져 보니,
"여자 넷 모두 목걸이나 귀걸이를 하나씩 고르라."며 남편이 돈을 냈다.

오후 2시가 되어 강릉시 성산면에 있는 산림청에서 운영하는 국립 대관령 자연휴양관으로 갔다. 주차를 하고 입실 수속을 밟고 캐리어에 짐을 싣고 나무다리를 건너 3층 '음나무실'에 들어갔다. 음나무(엄나무)방의 실내를 보니 무늬가 많이 있어 음나무 무늬인 줄 알고 다른 집들도 가보고 싶은 생각이 난다고 했다. 아들은 바깥에서 보니 벽이 모두 같은 나무이고 음나무가 문패 역할을 하는 것 같다고 가르쳐 주어서 한참을 웃었다. 집 앞에 50m 마당 끝은 골짜기 냇물인데 태풍 크로사의 영향으로 비가 많이 와서 골짜기 물들이 쏠려 흙탕물 폭포가 쏟아지고 급물살을 이뤄 물이 무섭게 쓸려 내려간다. 평소에 느꼈던 아름다운 폭포가 아니라 공포의 폭포 소리가 골짜기를 메운다. 고기들도 물 속으로 구르는 돌에 맞아 멍이 들거나 죽거나 떠내려갔을 것만 같다. 구조대원도 들어가기 힘든 무서운 물줄기는 세상의 시위대 같은 생각이 든다. 3층이라선지 진공창문을 닫으니 실내가 조용해진다. 밤에 계속해서 비가 오면 어쩌나 하고 물이 찼을 때의 대피 방법을 의논하고 편하게 누워 잠을 잤다.

  4일째는 아침을 먹고 산책을 나가 50m쯤 올라가니 팻말에 수달, 멧돼지, 오소리, 너구리 이정표가 붙어 있다. 새벽에 산책을 다녀온 남편이 산이 깊어서 곤충들이 많이 사는 것 같으니 산책을 가자고 해서 나왔으므로 깊은 산 속이라 동물이 많음을 느꼈는데 수달이 산다는 것이 이상했다. 팻말이 숙소 이름인 것을 알고 또 한 번 웃었다. 금강소나무를 비롯한 많은 나무들이 커서 깊은 숲을 이뤄 시원했고, 방향을 가름하기 어려울 정도다. 매미들의 합창이 경연대회 같다.
  얼마쯤 올라가니 고리 던지기 기구가 설치 되어 있다. 가족 모두가 던졌는데 남편, 딸, 며느리, 손자가 고리를 걸어서 준비했던 만 원씩을 상금으로 주었다. 며칠 전 춘천에서 한국실업인창립대회에서 크로마하프 연주를 한 후 손자한테 꽃다발을 받아서 어깨가 으쓱하고 기뻤는데 오늘 상금을 주게 되니 꽃값이 될 것 같았다. 서로 주고받고 도우니 기분이 좋다. 골짜기 몇 군데를 다녀 보고, 공깃돌도 줍고, 화분에 장식할 작은 돌도 하나 주머니에 넣고 10시에 내려와 짐을 쌌다. 10시 30분에 퇴실해 인터넷에서 찾은 양양의 수산항물회가 있는 식당으로 갔다. 단층인데 손님들이 50여 명쯤이 있고 밖에서 대기하다 차례가 되어 들어갔다. 물회를 주문하고 보니, 처음 보는 메뉴로 '째복탕'이 있어 신기해서 주문을 했다. 내용물은 전통조개인 째복에다 수제비와 부추와 고추장을 풀어 끓인 것이 추어탕과 비슷한 맛이 났다.

째복이란 이름은 조개가 작아서 째째하게 볼품이 없어서 째복이라 이름을 지었다 하는데, 지금은 효자노릇을 하고 있으니 오래 살고 볼 일이란다. 새로운 것을 배우고, 먹고 집으로 향하는 즐거운 나들이가 되었다.

35. 도미노식 안전사고

 도미노 게임은 물건을 가로나 세로나 나란히 길게 세워진 물건에서 하나를 밀어 넘어뜨리면 연쇄반응으로 한 번에 끝까지 이어서 쓰러져 가는 놀이다. 손자와 같이 책을 세워 놓기도 하고, 나무도막이나 블록을 세워 놓고 쓰러뜨리는 자주 해 보는 놀이다. 놀이는 재미있지만 우리 가족이 도미노식으로 안전사고가 한 달 동안 이어졌다.

 첫 번째 사고 내용은 초등학교에 사회복지사로 근무하는 며느리가 여름 방학 동안에 학생을 인솔하여 2018년 8월 10일에 춘천 송암체육관 빙상장에 가서 학생들의 스케이트 타기 체험 학습이 끝나고 보고서에 쓸 단체 사진 촬영을 하고 돌아서다 주저앉아 꼬리뼈가 깨진 일부터 시작이다. 정형외과 의사의 진찰은 3개월이 되어야 꼬리뼈가 붙는다는 것이니 마음 놓고 활발하게 걸을 수도 없고, 의자에 앉을 수도 없고 똑바로 누울 수도 없고, 허리를 구부리고 펴기도 불편하니 꼼짝없이 입원을 해서 모로 누워 있거나 곧바로 서서 아주 천천히 보행을 해야 한다.
 70세인 내가 체중이 점점 늘어가는 16개월 손녀를 더 돌봐야 하니, 지금도 힘이 드는데 산 넘어 산이다. 어찌할 수 없는 일이기에 며느리 마음이라도 편하라고 "결혼 13년 만에 얻은 장기휴가라 생각하고 병원에 입원해 편하게 치료하라."고 했다. 16개월 된 손녀가 할아버지와 할머니를 잘 따라서 다행이다. 오전엔 할아버지가 할아버지를 꼭 닮았다는 손녀를 데리고 엄마 문병을 다녀온다.

두 번째 사고는 초등학교 4학년 손자도 아침에 엄마와 같이 하던 등교를 아빠가 4학년 아들을 승용차로 등교 시키고, 교차로에서 신호 대기 중에 뒤에서 정지하던 5톤 트럭에 받혀 목과 머리 부분에 경상을 입었다. 입원은 안 했지만 물리치료를 하고 침을 맞게 되었다. 큰 부상은 아니지만 16개월 된 둘째를 데리고 잘 수가 없게 되어서 내가 8월 20일부터 아들집에서 아이들과 숙식을 같이 하게 되었다. 어린 손녀는 밤에도 2번이나 우유를 먹고 기저귀도 갈아 주어야 한다. 그러다 보니 3~4시간 정도 잠을 자곤 비몽사몽으로 아침을 맞는다.

체력단련을 하려고 8, 9, 10월 3개월 선금을 내고 야간에 탁구 운동을 1시간 정도씩 하던 것도 중단하게 되었다. 오전엔 할아버지가 손녀를 돌보고 낮 12시부터 6시까지 손녀를 돌보기가 사실상 참 힘이 든다. 그래서 아기와 같이 공원에 가서 나무와 새와 꽃도 보고, 간식도 사 먹고, 지하상가도 가서 옷, 신, 장난감, 장신구 등을 본다. 전철을 타면 손녀는 손님들 얼굴도 보고 이야기도 들으며 조용히 앉아 있어 손녀 돌보기가 좀 쉬워서 자주 간다. 가평역 뒤 잔디밭에 가서 정원의 꽃과 새를 보고, 민들레 꽃씨도 날리고, 줄지어 가는 개미도 따라가 보고 오기도 한다. 가끔은 청평역 뒤에 있는 팔각정에 올라가 앉아서 바람을 쏘이며 음료수도 먹고 들꽃과 여러 동물들도 볼 수 있어서 재미있게 다녀오기도 한다.

전철을 4번째 타는 날은 터널을 지날 때 큰 소리를 막으려고 양손으로 귀를 막는 자연스런 학습도 되었다. 때로는 화천 여동생 집에 버스를 타고 가서 잠시 쉬다가 7시경 귀가하기도 한다. 차비는 들지만 다행히 손녀가 이모할머니를 잘 따르며 놀아서 쉴 수가 있다. 이모할머니는 하이파이브, 몇 살, 건배 등을 가르치기도 하고, 승용차에서 핸들 돌리기, 경적 누르기, 와이파이, 전등 켜기, 방향키 누르기 등을 가르쳐 주면 신나게 잘 따라한다.

 세 번째 사고는 9월 2일에 여동생이 와서 손녀를 봐 줄 테니, 언니는 쉬라고 해서 오후에 공지천에서 놀 때 나는 텐트 속에서 1시간 정도 낮잠을 잤다. 저녁으로 짜장과 탕수육을 주문해 먹고, 여동생의 승용차를 타고 손녀와 같이 아파트에 왔다. 모처럼의 외출이라 아들과 손자가 자전거를 타고 갔었다. 돌아올 때 아파트 정문쯤에서 횡단보도를 지나는데 앞서가던 두 여학생 중 하나가 뒤돌아서며 깜짝 놀란 듯 웃으며 장난을 치고 도망치듯 뛰어가다가 큰 손자의 자전거와 부딪쳤다. 손자가 넘어져 종아리에 상처가 생기고 여기저기 멍이 들어 치료를 했다. 다음날 물리치료를 하며 며칠 동안 동작이 부자연스러워 보이고 머리가 좀 아프다고 한다. 일주일 정도 지나니, 일상생활이 예전과 같아 안심이 되었다.

 네 번째는 자전거 사고 2일 후 나는 아침에 손자 이불을 당겨서 개어 주려고 양반다리 앉은 자세로 앞으로 밀며 나가다 고무매트 홈집에 새끼발톱이 걸려서 뒤로 젖혀져 피가 나고 무척 아팠다. 파상풍 예방주사를 맞았기에 병원은 안 가고 소독을 하고 대일밴드로 붙였다. 걸음을 제대로 못 걷고 뒤뚱대야하니 16개월 손녀를 안아 주거나 같이 걸으며 움직여야 하는데 힘이 든다. 몸의 균형이 일그러져 담이 들고 결리는 듯 하며 무척이나 부자연스러웠다. 일주일쯤 지났는데 다시 또 새끼발톱이 의자 모서리에 걸려 조금 더 발톱이 뒤로 젖혀졌다. 피가 났지만 통증이 없어 소독만 하고 대일밴드로 봉했다. 보름 후에 다시 발톱이 제껴지며 3mm 정도 붙어 있기에 붕대를 3겹으로 접어 발톱을 잡아떼었다. 발톱이 대머리가 된 듯했지만 아프지 않고 며칠 후 상처가 아물었다. 튼튼한 면역으로 염증 없이 잘 아무는 피부를 주신 부모님께 늘 감사한 마음을 갖는다.

다섯 번째 사고는 며느리가 9월 22일 사십일 만에 퇴원한 후에 일어났다. 거동이 좀 불편하지만 입원하는 동안 너무 답답했고, 아이들도 외출이 없었기에 10월 3일 개천절 공휴일에 춘천 석사동 '스무숲' 건물 뒷산자락에 알밤을 주으러 갔다. 4학년 손자가 책에서 본대로 장대로 밤을 따겠다고 커튼 막대 2개를 이어서 늘어진 밤나무 가지를 툭툭 치니 주먹만 한 밤송이가 떨어지며 알밤 몇 톨을 주워 재미가 있었다. 잠시 후 아이스크림을 먹으며 구부리고 알밤을 찾는데 느닷없이 밤나무에서 손자 주먹만 한 밤송이가 손자 등에 떨어져 튕겨 나갔다. 처음으로 알밤을 털어 주워서 기분이 좋았는데 떨어지는 밤송이에 등을 얻어맞아 대성통곡을 했다. 밤 가시가 두꺼운 츄리닝을 뚫고 들어가 여러 개가 등에 박혔다. "등이 넓은 할아버지, 할머니, 엄마 등에 안 떨어지고 등 좁은 손자 등에 떨어졌다."고 어른들은 한바탕 웃으며 떨어진 알밤을 찾았다. 그날 손자가 알밤 주으러 안 가겠다고 하기에, 오늘 안 가면 할머니가 앞으론 날밤을 까주지 않겠다고 하기에 따라나섰는데 봉변을 당한 것이다. 울음을 그치게 하려고 궁리를 하는데 머릿속에 대안이 떠올랐다.

"네가 먼저 장대로 밤나무를 툭툭 치며 시비를 거니까, 밤나무도 성질이 나서 밤 가시로 네 등을 쳤나 보다. 우리가 잘못한 것 같다."라고 하니, 생각을 해 보다가 울음을 멈춘다. 밤은 성장기 어린이에게 좋고 단백질 등 영양가가 좋기에 늘 밤을 쪄 주기도 하고 날밤으로 주기도 한다.

여섯 번째는 10월 5일 '콩베니 태풍'의 영향으로 바람이 세차게 불어 아파트 입구에 있는 모과나무 열매가 떨어져 저녁에 6개를 주워 왔다. 손자도 오후 6시 반에 아빠랑 산책을 나간다며 자전거를 타고 나가 모과나무를 살펴보러 가다가 자전거가 가드레인에 부딪쳤다며 하얀 얼굴로 들어왔다. 9월 28일부터는 자전거도 안전모를 써야 한다는 법규정이 생겼는데 일주일 만에 위반을 한 것이니, 얼른 들어온 것 같다. 산책을 멈추고 거실에서 TV를 보며 정신을 가다듬고 있음에 웃음이 난다.

한 달 반 동안 며느리의 부상으로 시작해 아들, 큰손자, 내가 이어서 바톤이라도 받은 듯 안전사고에 노출되었다. 다행히 16개월 손녀가 탈 없이 지내 감사하다. '왜 이렇게 도미노식 안전사고가 일어났을까?'를 문득문득 생각하게 된다. 누구를 업신여겼나? 남의 것을 갈취했나? 부정 수입이 있었나? 잘난 척 한 과유불급(過猶不及)일이 있었나? 등 아직도 이해가 잘 안 된다. 가정에서 주부의 역할이 참 대단한 위치를 차지하는 것을 새삼 느끼며, 아직도 우리 집 릴레이식 안전사고의 이유에 가끔씩 생각이 머물곤 한다.

온 가족이 하루를 무사히 지낸다는 것은 기적과 같은 것으로 서로를 위하고 감싸며 늘 감사한 생활을 해야겠다.

36. 홍천 알파카월드와 척야산 문화공원

 2019년 5월 6일(월)이 어린이날 대체 공휴일로 홍천 알파카월드로 가족 나들이를 떠났다. 9시 20분에 출발해 느랏재 터널을 지나 정상에 올라가니 온 세상이 연둣빛으로 물들어 5월의 여왕답게 참으로 아름다웠다. 10시에 현장에 도착해 미니버스를 타고 2분 정도 올라가 다시 모노레일을 타고 올라가는데 알파카들이 먹이를 달라고 목을 길게 내민다. 5학년 손자가 손바닥에 사료를 놓자, 알파카들이 핥아 먹는다.
 처음 보는 알파카의 모습은 타조의 몸통에 낙타의 목을 붙이고 사슴 눈에 병아리의 눈 가장자리 선을 그린 것같이 매우 귀엽다. 잉카 문명의 왕족과 귀족들은 알파카의 털로 옷을 만들어 입었다고 한다. 살갗이 안 보일 정도로 털이 많아 더운 여름을 어떻게 보낼 수 있을까 염려가 된다. 사육사가 알맞은 온도를 조정하겠지만 왠지 안스러운 마음이 든다. 모노레일을 타고 5분 정도 한 바퀴를 돌고 내려서 토끼들이 있는 사육장으로 갔는데 55년 전 옛날 우리 집 생각이 난다.

 1964년 전국적으로 토끼 사육이 번성할 때 우리 집은 털을 깎아 파는 눈이 빨갛고, 털이 긴 하얀 앙고라 30마리와, 육질의 하얀색 뉴질랜드 화이트, 눈이 까만 친칠라, 갈색의 로프 등 50여 마리를 사육해 판매 수익으로 학교 공납금과 생활비를 아버지 봉급에 보태어 썼다. 고등학교 때 학교에 갔다 오면 토끼 먹이로 토끼풀, 질경이, 칡넝쿨, 아카시아잎, 씀바귀, 민들레를 뜯어 오는 것이 큰 일거리였고, 시장에서도 무, 배추잎사귀와 당근 등 처진 잎을 걷어오고 겨울 먹잇감으로 채소나 풀을 말려 건초를 만들어야 하므로 무척 바빴다. 토끼에겐 한 달에 한두 번 영양공급을 위해 흰 콩을 불려 5알 정도씩 주고 소금물도 약간씩 준다. 겨울에는 무시래기를 물에 담갔다가 불린 다음에 물기를 꼭 짜서 준다. 물기가 많은 풀을 먹으면 설사를 하고 대부분 죽으므로 많이 신경을 쓰곤 했다.

1964년 여름에 화천지역의 장맛비로 한밤중에 갑자기 대피령이 내렸을 때도 엄마는 "토끼들을 돌봐야 한다. 급해지면 대피할 테니, 동생들 데리고 먼저 대피하라."고 해서 백일도 안 되는 막내 동생을 업고 가로등도 없는 캄캄한 밤에 우산을 쓰고 화천교육청 뒷산으로 대피했던 생각이 난다. 다행히 밤에 비가 그쳐 귀한 재산인 토끼도 안전했었다. 토끼는 장속에서 기르면 1개월에 한 번씩 한 번에 3~4마리씩 새끼를 낳는데 그때는 토끼장 앞에 검은 천을 둘러준다. 그리고 하루 이틀 사이에 6~7마리 정도 많은 새끼를 낳았을 때는 같은 시기에 새끼를 낳은 어미의 오줌을 새끼에게 묻혀 넣어 주면 자기 새끼인 줄 알고 잘 기르던 일이 생각난다.

토끼 사육이 번성하던 1960년대에 아버지 친구는 밭에다 토끼장을 놓고 길렀는데 토끼들이 땅을 파고 굴을 만들어 살아가므로 1년 뒤 몇 마리가 번식되었는지도 알 수 없었고 산짐승의 먹이가 되고 야생으로 돌아가 실패를 했다는 이야기도 들었다. 지금은 토끼 사육 없이도 편하게 잘 살게 된 것에 감사하며 타조 사육장으로 갔다.

타조는 목을 휘두르며 부리로 위협하고, 검은 염소도 뿔을 휘저으며 위협적이라 자리를 피해 비취파라솔이 있는 넓은 휴식공간으로 갔다. 잔디와 소나무가 잘 자라 있고, 야외 식탁 옆에 누워서 쉴 수 있는 푹신한 안락의자 같은 것도 있으며 언덕 위라 바람이 불어 매우 시원했다. 지름이 80cm쯤 되는 고무공을 잔디밭에서 굴리며 놀다가 김밥과 포도, 과자, 옥수수, 모시개떡을 먹고 1시 반쯤 언덕 아래로 갔다. 갈색, 검정색, 흰색의 알파카 10여 마리가 울 안에 있는데 1마리를 15분 동안 목줄을 매어 끌고 다니며 먹이를 주는 체험료가 5,000원이라 한다. 알파카의 털은 털 속에 살이 안 보일 정도로 촘촘히 있어서 알파카털로 만든 옷이나 침구는 매우 비싸다고 한다.

두 돌 된 손녀를 유모차에 태우고 동물 사육장으로 갔다. 공작새 6쌍이 있는데 수컷이 아름다운 꼬리 날개를 펴고 10분 정도 암컷 앞에서 깃털을 부르르 떠는 소리를 내며 암컷을 유인하는데 하얀 털의 암컷 공작은 물끄러미 바라만 보다 피해 버린다. 수컷은 무슨 뜻인지 모르지만 카 - 카 하는 소리를 연발한다. 커다란 부엉이와 올빼미가 고목나뭇가지 위에 앉아서 눈이 부신지 눈을 감았다 떴다를 반복한다. 그 옆 유리창 안에는 보기만 해도 징그러운 지름이 15cm쯤 되는 비단 구렁이가 또아리를 틀고 낮잠을 자고 있다. 움직임을 보고 싶은데 요지부동이다. 뱀에게 물리면 독이 있으니까 이름만 들어도 무섭다. 독수리 2마리는 높은 홰에 올라앉아 날카로운 발톱과 부리를 과시하는 듯 내려뜨리고 사람들을 관망하고 있다.

한 계단 쯤 아래에 있는 잉꼬새 사육장으로 갔다. 흰색, 노란색, 연두색 잉꼬 100여 마리가 사람들과 어울려 있다. 자동판매기에서 천 원짜리 먹이를 사서 손바닥에 놓으면 금방 손바닥에 날아와 앉아 먹이를 쪼아 먹는다. 두 돌 된 손녀도 손바닥에 새 모이를 놓고 앉아 신기한 듯 일어설 줄을 모른다. 내가 10여 년 전에 길렀던 십자매는 매일 먹이를 주러 새장에 접근만 해도 팔팔 피하며 날아다니고 짹짹 곁을 안 주었는데 잉꼬는 훈련이 되었는지 먹이가 있는 곳이면 서슴없이 날아와 앉아 먹으니 참 예쁘다. 사람이나, 동물이나 사랑 받기는 제 할 나름인 것 같다.

오후 2시 40분이 되어 2015년에 갔었던 홍천 내촌면에 있는 척야산에 아름다운 철쭉을 보러 갔다. 동홍천 고속도로로 진입해 오후 3시에 도착했다. 이곳은 1950년 6월 25일 북한의 남침으로 전쟁이 나서 싸울 때 정상에 올라 적군이나 탱크가 오는 것을 살펴서 적군을 섬멸하려고 높은 산 위에서 아래를 감시하던 산이라 '척야산'이란 이름을 지었고, 지금은 그때를 기념하기 위해 김덕원 의병의 후손들이 산에 수목과 조각을 만들어 홍천 척야산 문화공원으로 관리하는 곳이며 무료입장이다. 곳곳의 비석에 유명한 시인들의 시도 조각 되어 그동안의 노고에 깊은 감사가 느껴진다. 의병의 후손들이 참으로 존경스럽다. 이 후손들에게도 참전 후예수당을 매월 얼마씩 주어 생활에 보탬이 되었으면 좋겠다는 생각이 든다.

오후 4시 반이 되어 소문난 홍천 양지말의 돼지갈비를 먹으러 갔다. 유명세라는 것이 무엇인지 이웃 가게는 텅텅 비어 있는데 양지말 가게만 가족 단위의 많은 사람들이 북적거리고 번호표를 받고 있다가 차례가 되면 입장한다. 200g에 14,000원으로 좀 비싸다는 느낌이 들지만 두 돌 된 희수도 5학년 희준이도 즐겁게 저녁식사를 잘 해서 안심이 된다.

저녁에 인터넷을 검색해 보니 알파카는 남아메리카의 페루와 볼리비아가 원산지며 척추동물로 2년마다 털을 깎고, 고도가 4,000m~4,800m 습지에 서식하며 생귀리나 옥수수를 먹고 55~65kg 정도로 임신기간이 약 330일이라 한다. 모양은 키가 약 90cm로 날씬한 몸체에 다리와 목이 50cm쯤으로 길고, 꼬리는 10cm 정도로 짧다. 머리는 어미 염소만하고 귀는 크고 뾰족하고 온순하고 귀여운데 수명은 15~20년 사이란다. 털은 열 차단 효과가 좋고 비와 눈에도 상하지 않아 파카, 침낭 등으로 쓰인다 한다. 알파카의 귀여운 모습이 눈에 어린다. 어린이날을 축하하는 가족나들이가 즐거웠다.

  2020년 1월 퇴계동 탁구동호회 회원이 페루 외교부에 근무하는 공무원인 아들을 보기 위해 페루를 비롯해서 미국, 아르헨티나, 브라질, 칠레 등 엠파이어 빌딩, 남아메리카 일부를 다녀왔다고 하며 현지인들의 민속춤, 자연환경, 주택, 잉카문명 발상지 등 알파카에게 먹이 주는 사진을 보니 세계의 자연환경이 참으로 다양하며 사는 방법도 다름이 실감난다. 코로나-19가 번지지만 무사히 귀국해서 2월 19일 탁구월례대회에 참가하게 되어 반가웠다.

37. 거가대교와 순천만 관광

　지난 해 9월 22일~23일 1박 2일의 남쪽지방 여행은 생각만 해도 기분이 좋다. 춘천을 출발해 오전 11시에 故 김영삼 대통령의 고향인 통영에 도착해서 한산대첩공원을 갔다. 1545년에 태어난 충무공 이순신 장군은 임진왜란으로 위기에 처한 나라를 한산대첩으로 구한 뒤, 1597년 11월 노량진 해전에서 54세를 일기로 장렬히 순국한 구국의 성웅이시다. 이순신 장군은 12척의 배로 일본함대 133척을 맞아 대첩한 명량해전 등 23전 23승을 거둔 승전은 세계에서도 찾아보기 드문 기적이라 연구한다고 한다.
　여기저기 이순신 장군 업적의 조형물과 탱크 전시관, 천자총통 등 실물들을 보며 공원을 산책했다. 해변가의 넓은 공원은 설렘과 북적거림이 있어 일상의 잡다한 일들을 확 날려 보내기에 충분하다. 산책을 마치고 점심식사를 한 후 오늘 아침 늦잠을 자다가 지각한 벌칙으로 무화과를 사서 먹으며 거제도로 갔다. 고인이 되신 우리 아버지가 지낸 거제 포로수용소의 생활관, 포로사상 대립관, 포로 폭동 체험관, 포로들이 만든 무기류, 포로 설득관 등 포로에서 자유인으로 가는 송환관, 자유의 마지막 선택관을 보면서 우리 아버지가 자유 대한을 택하기를 참 잘 하셨다는 이야기를 하며 부산과 거제도를 잇는 거가대교를 가기로 했다. 1994년 부산 경남권 광역 개발 계획고시(건교부)를 시초로 여러 단계를 거쳐 드디어 2004년 12월 10일 1단계 공사를 착공해 연인원 120만 명이 공사에 참여해 2010년 12월 9일 완공 되어 거제와 부산을 잇는 꿈의 바닷길이 열렸다. 부산에서 거제까지 140km의 거리를 60km로 줄여서 1시간 20분이 단축 되어 연간 총 4천억 원 이상의 편익 발생이 예상된다고 한다. 또한 가덕해저터널 5개의 세계 기록은 가장 심한 깊은 수심이 48m이고, 최대 두께는 35m의 초연약 지반으로 세계 최장 함체 길이가 180m라고 하며, 세계 최초의 외해 건설이라고 한다. 또한 함체 연결 시 공기 주입 방식과 기초 자갈 포설 장비 개발 및 함체 정밀 위치 조정 장비 개발은 국제 특허를 얻었다고 하며, 참으로 우리나라의 기술진이 자랑스럽고 공사에 참여하여 고생하신 모든 분들께 감사한 마음이 든다. 가덕대교를 답사한 후 불가사리로 유명한 몽돌해수욕장에 갔다.

자갈밭에 널려 있는 마른 불가사리를 주워 손자도 보여 주고 악세사리도 만들려고 한 마리를 가방에 넣었다. 바다낚시는 4월 세월호 참사 사건 후 조건이 까다로워져서 낚싯배 영업은 안 한다고 한다. 저녁은 게젓으로 유명한 식당에서 무한리필을 받으며 신나게 먹었다. 유명 탈렌트들이 다녀갔다는 사진과 사인이 벽면 가득히 그려져 있다. 늦은 저녁에 가로등의 불빛을 받으며 거제도 대명리조트에 도착했다. 바다를 끼고 있는 리조트는 야경도 아름답고 산책로와 시설물들이 잘 정비 되어 있어 이용객도 많다. 미국, 서유럽, 동유럽, 캐나다 등 여러 곳을 다녀봤지만 이렇게 아름다운 숙소에서 잠을 잔 기억은 없다.

다음날 아침 추어탕을 먹고 콜레스테롤을 낮추고 관절염, 당뇨병, 암 예방에 좋다는 보성 녹차밭을 갔다. 야산에 심어진 녹차밭 모양이 구불구불 아름답고 삼나무와 대나무도 보기 좋게 어울려 있었다. 녹차를 마시고 여수 순천만 갈대숲으로 갔다. 이번엔 순천만 일대를 다 볼 수 있는 야산으로 올라가 갈대밭과 논과 바다와 개울물이 어우러진 모습을 볼 수 있었다. 올라가는 길바닥은 나무껍질을 벗겨 실같이 만든 것으로 밧줄을 넓적하게 꼬아 깔아서 미끄러지지도 않고, 소리도 없고 발바닥도 푹신하여 좋았다. 춘천에도 관광야산에 이런 환경을 만들면 좋겠다는 생각을 했다. 2013년 순천만 국제정원박람회에서 보았던 건물들과 나무와 꽃들이 어우러져 매우 아름다웠다. 관람차를 타고 가다가 지난 해 여름에 길가에서 시든 화초를 주워다 심어 놓으니 잘 자라고 있지만 이름을 몰라 궁금했었는데 팻말에 '꽃보다 잎이 아름다운 코리우스'라는 식물 이름을 보게 되어 기뻤다. 우리 집 코리우스는 삽목도 잘 되고 키가 1m를 넘어 덩굴처럼 잘 자라 부겐베리아 나무을 칭칭 감고 커튼 역할을 할 정도로 멋있게 자라고 있다.

순천만 관광을 마치고 로마 교황이 다녀갔다는 대전에 있는 빵집에 밤 8시경 도착했다. 80여 평 되는 매장에는 손님들이 매우 북적였다. 매스콤의 홍보가 대단함을 새삼 느끼면서 담소를 나누며 빵을 사서 먹고 춘천에 도착하니 밤 11시 30분이다. 만족스런 즐거움을 남긴 1박 2일의 힐링 여행이었다고 이구동성으로 여운을 남기고 서로의 수고에 감사하며 집으로 향했다.

38. 고돌이(고등어) 낚시의 행복

2017년 7월 11일 08시 30분에 춘천에서 친정 남동생을 만나 1박 2일간 속초로 낚시를 하러 떠났다. 2일 후에 며느리의 출산 휴가가 끝나면 손녀를 돌봐 줘야 해서 급히 지난 밤에 통화로 낚시하러 갈 것을 결정했다. 야간 낚시를 위해 두툼한 옷과 헤드랜턴도 챙기고 취사도구도 챙겼다. 반찬은 배추김치와 양구 사부인이 보내 주신 열무김치, 1960년대 보릿고개 시절에 먹어 봤던 명아주를 뜯어다 말렸던 나물, 쌀, 감자, 양파와 양념을 챙겼다.

춘천을 떠나 동홍천을 시작으로 6월 30일 개통된 서울~양양간 고속도로를 이용했다. 국내 최장이며, 세계 10번째로 긴 인제터널(11km)을 포함해 터널 35개, 교량 58개, 나들목 3곳으로 건축한 고속도로의 공사 기간은 10년이 걸렸다고 한다. 인제터널을 지날 때는 "도도 솔솔 라라 솔(반짝 반짝 작은 별)"이라는 동요의 음이 나오는 신기한 3곳이 있었다. 예전 도로보다 20분이 단축되었다.

개통 후 10일 동안에 서울~양양간 고속도로를 다녀간 분들이 많은데, 시속 100km를 넘어 과속단속에 적발된 차량이 2,337대였고, 182km를 초과한 차량도 몇 대 있는 것으로 경찰에 집계되었다고 한다. 인제군에서는 비상근무 요원을 투입해 교통안전을 도모하고 있다고 하며, 앞으로 대형 사고를 예방하기 위해 몇 대의 단속 카메라를 더 설치할 계획이라고 한다. 동생은 교통법규를 잘 지키며 9시 50분 속초항에 도착했다. 좋은 자리는 벌써 10여 명의 낚시꾼들이 앉아 있어서 해양경찰 선박이 있는 부근에 자리를 잡았다. 물 속엔 새끼 전갱어들이 20여 마리씩 떼를 지어가며, 동화 속에 나오던 숭어도 다니고, 황어, 고돌이(새끼 고등어)들이 다닌다. 동생이 고돌이 낚시채비를 해 주어 집어제를 뿌리고 낚싯대를 던졌다. 내 노하우인 빙어를 잡던 방식으로 낚시 바늘을 물 속에서 살살 끌고 다니니 15cm쯤 자란 고돌이가 따라올 때 속도를 살짝 늦추어 미끼를 물 때 낚시를 등쪽으로 채서 3시간 반 동안에 50여 마리를 잡으니 신이 난다.

이제까지 고등어 매운탕은 레시피도 없고, 해 보지도 않았고, 이야기도 못 들어봤지만 내 멋대로 끓인 매운탕은 매콤하고 칼칼한 맛이 있어서 점심을 맛있게 먹었다. 저녁은 오후에 잡은 고도리 15마리를 라면에 넣어 끓이니 깊은 맛은 역시 천하일미다. 저녁을 먹고 동해 바다에 붉게 솟아오르는 둥근 달을 보며 낚시를 했다. 지난 해 10월 밤 10시경, 기적같이 35cm쯤 되는 황어 2마리를 잡은 것을 생각하며, 낚시를 수없이 던졌지만 고돌이 3마리를 잡고는 끝이다. 초등학교 국어책에 나오던 쟁반같이 둥근 달이 무척 밝다.

10시가 되어 나는 밤낚시를 포기하고 텐트를 치고 잠자리에 들었는데 옛날에 먹거리가 궁했던 1960년대 여름밤이 생각난다. 모기를 쫓는 모닥불을 피워 놓고 옥수수, 감자, 낮에 잡은 가재를 구워 먹던 일들이 그립다. 내가 초등학교 시절에 고등어 반찬이 있을 때는 집에 손님이 오셨을 때다. 할머니께서는 구운 고등어를 상에 올려 놓으면서 항상 우리들에게 눈을 끔뻑거리며 "우리 아이들은 고등어를 비린내가 나서 잘 안 먹으니 많이 잡수세요." 하고 손님을 대접했다. 그러면 나와 사촌 언니는 어리지만 할머니 체면 때문에 차마 먹을 수가 없었다. 그런 이야기를 할머니가 80세 되셨을 때 말씀드리니 "내가 그랬나? 하나도 생각이 안 난다."고 하셨다. 가난이 만들어낸 자연스런 이야기들인 것 같다.

내가 고등어를 먹을 수 있는 일은 학질(말라리아모기 매개)에 걸려 하루 건너 열이 높고 골이 아플 때, 할머니께서 쌀밥에 고등어를 구워 주셨다. 아프지만 구운 고등어를 물에 말은 밥에 먹으면 참 고소하고 맛이 있어서 병이 곧바로 낫는 것 같았다. 그 귀했던 고등어를 내가 지금 낚시로 잡고 있는 것이 참 기쁘고 즐겁다. 초저녁부터 속초항구와 동명항 부근 건물의 오색 네온사인이 바닷물에 비쳐 아름다운 밤을 만들어 간다. 1박 2일 동안 여름 바다에 가득한 태양의 금빛, 은빛 물결, 모자창 아래로 스치는 시원한 바람, 개똥벌레 대신에 맑은 밤 하늘에 쏟아지는 듯한 별빛, 춥지도 덥지도 않은 텐트 속의 여름밤, 동생과 같이 옛날의 가난을 회복시키는 시간으로 고등어를 우리가 잡아서 먹는다는 것이 참 행복했다.

옆에 앉은 아주머니가 "부부가 왔으면 아웅다웅 할 텐데, 남매가 와서 오순도순하니 참 보기 좋다."는 말씀에 더욱 우애가 돈독해지는 것 같다. 남동생은 새벽 2시까지 도다리 1마리와 고도리 10마리를 잡았고, 나는 일찍 자서 새벽 5시가 좀 넘어 잠이 깨서 곧바로 낚시를 드리워서 고돌이 3마리를 잡았다. 그리고 어젯밤에 달이 떴던 곳에서 왼쪽으로 45도 정도를 비껴서 해가 뜨는 것을 보고, 같은 동쪽인데 달과 해 뜨는 쪽의 각도가 조금 다른 것에 지구의 움직임이 새삼 느껴진다.

오늘도 어제 잘 잡힌 고돌이를 생각하며 집어제를 3시간 정도를 뿌렸는데 고기가 한 마리도 안 온다. 기온과 수온이 같은 때가 물때인데 잘 안 맞아 그런 것 같다고들 했다. 그런데 11시경 갑자기 고돌이 떼가 몰려와서 민망할 정도로 낚싯바늘에 물린다. 동생과 같이 2시간 동안 46마리를 낚았다. 그리고 순식간에 어디로 갔는지 고돌이 떼들이 사라졌다. 그 후 30여 분 동안 한 마리도 못 잡아 오후 1시 반에 낚시를 접기로 했다. 항상 낚시 채비로 수고하는 동생이 좋아하는 커피와 빵을 먹으러 속초시와 고성군 경계에 있는 바다정원이란 카페에 갔다. 냉커피와 무화과빵을 사 갖고 자리를 잡아 더위를 식히며 담소를 나눴다. 오후 2시 30분경 동생이 옛날에 병참 대대장으로 근무할 때, 자주 다녔다던 토성공설운동장 부근으로 해서 미시령 터널을 지나 오후 4시에 춘천에 도착했다. 서울에 사는 여동생에게 전화를 하니 논미리 사무실에 왔다고 한다. 구봉산 도로와 발산리 쪽으로 난 길로 화천에 갔다. 마트에서 매운탕 재료와 과일을 사서 여동생이 있는 사무실에 5시에 도착했다.

논미리는 나의 교사 발령 초임지로 1969년부터 1973년 3월까지 근무했던 곳이라 마을과 산천이 정겹다. 건물들이 커졌고 도로도 잘 포장 되어 깨끗한 마을로 부촌같이 변해 있다. 사무실에서 쌀을 씻어 전기밥솥에 넣고 스위치를 켜 놓았다. 고등어는 소금에 절였지만 워낙 날씨가 더워선지 어제 잡은 새끼 고등어는 껍질이 벗겨지고 살이 물러서 쓸 수가 없어서 버리고, 싱싱한 고등어만 골라 간장과 양념을 넣고 졸였다. 여동생은 고등어 조림이 맛있다고 며칠 굶은 사람처럼 밥을 맛있게 잘 먹는다.

고등어는 등 푸른 생선으로만 조금 알고 있었는데 인터넷을 검색해 보니 '국민의 생선'이란 말을 들을 만큼 훌륭한 생선이다. 주영양소는 DHA(두뇌활동 개선, 기억력 향상, 시력과 눈 건강), EPA(혈액순환, 항염증, 천식, 아토피, 비염 완화, 심리적 안정, 세포의 손상 예방), 단백질, 비타민 D, 비타민 B(두뇌 활동, 신경기능 유지, 유아의 발육 촉진과 신진대사 돕기), 비타민 A(시력 유지와 골격 성장 필수)와 마그네슘이라 한다. 이런저런 이야기를 하며 후식으로 이뇨 작용, 거담 제거, 변비 개선에 좋다는 참외와 니코틴 해독제이며 혈액 순환을 돕는다는 복숭아, 쌀과자와 옥수수 꼬깔콘을 먹으며 별만큼 아름다운 밤의 낭만을 만끽했다.

 2016년 한국임업진흥원에서 실시한 임산물과 농산물 박스 디자인 부문에서 대상을 탄 여동생은 올해 화천군에 쌀 생산지 3곳의 쌀푸대 디자인을 모두 맡기로 했다고 입에 침이 마를 정도로 자랑이며 행복해 한다.

 작년 휴가 때 딴산 앞 골짜기에서 갈겨니 8마리를 잡아 이 사무실에서 튀김을 해서 먹으며 행복했던 이야기를 하며, 8월에 5남매 가족의 휴가를 맞아 추자도로 갈치 낚시하러 갈 일정을 짜면서 참으로 오래간만에 즐거운 시간을 가졌다.

39. 밤낚시와 텐트

  2019년 10월 4일(금) 오후 2시에 친정 남동생과 속초항에서 낚시를 하려고 춘천을 떠났다. 배후령 터널을 지나 양구 쪽으로 들어서니 가을의 전령사 같은 코스모스가 도로변 푸른 소나무 아래서 바람에 살랑살랑 몸짓을 하니 매우 아름답다. 초등학교 시절에 학교 가는 2km쯤 길가에 내 키만큼 컸던 코스모스의 모습과 비슷하고, 코스모스 잎과 꽃잎을 넣은 증편떡을 먹던 것도 생각난다. 논둑에 쌓인 볏단을 보니 중학교 때까지 온 식구가 볏단을 머리에 이고 와서 마당에 쌓아 놓았다가 타작을 했던 기억이 난다.
  요즈음 봄철엔 논에서 이양기로 모도 심고, 가을엔 컴바인으로 탈곡을 하고 볏짚은 건조시켜 특수비닐로 둘둘 말아 저장했다가 가축의 겨울 먹이로 쓰이니 영농 기술이 무척 발달했다. 10년 전에 비해 귀농 인구가 늘기는 했지만 농촌을 떠나는 젊은이들이 많으니 농사일이 힘들긴 한 것 같다. 올 가을 왔던 불청객 태풍 링링, 타파, 미탁의 피해가 양구에는 적은 것 같아서 다행이란 생각을 하며 광치령 고개를 넘었다.
  인제 미시령 터널을 지나자, 갑자기 이슬비가 내리며 운무가 산야에 가득하다. 3시 30분경 속초 아바이마을에 도착할 즈음 비와 안개가 걷혀 속초항 국제크루즈터미널 부근에 낚시할 터를 잡았다. 유조선 정박 자리가 옮겨져서 세 사람이 낚시하던 명당자리가 한 사람만 할 수 있게 되어서 아쉬워하며 인근에 자리를 잡았다. 파도가 높아선지 낚시꾼이 일곱 명 정도라 자리가 넓어서 좋았다. 6시까지 20마리 정도를 잡고 저녁식사를 했다. 동생은 북어채를 몇 번 먹고는 무채에 고추장을 넣고 밥을 비벼 맛있다고 먹는다. 무채를 보니 몇 년 전 시모님 성묘 때 시아주버님께서 밥, 무채, 콩나물, 잡채, 고추장을 넣고 비벼 잡수시며 "제수씨는 내가 좋아하는 음식만 해 오셨네요." 하며 맛있게 잡수시고, 콩가루 인절미도 한 접시를 드시며 즐거워하시던 생각이 났다. 전통적인 생활 습관인지 남자들은 무채와 콩나물을 좋아하는 것 같다는 생각이 든다.

저녁식사 후 7시부터 10시까지 전갱어(아지 새끼) 70여 마리를 신나게 낚았다. 옆자리 어른께서 크릴새우보다 갯지렁이가 낚싯바늘에 오래 끼어 있어서 편리하다고 5마리를 주시며 2cm씩 잘라서 쓰라고 선심을 쓰고 가셨다. 한 도막을 끼우면 3~4번은 던져 고기를 낚을 수 있어서 경로용 미끼란 생각이 든다. 12시까지 잡은 전갱어(아지 새끼) 100여 마리를 씻어 작년에 처음으로 맛있게 먹은 고도리(고등어 새끼) 젓갈처럼 만들려고 용기에 넣고 소금을 뿌려 봉하고 텐트를 꺼냈다.

동생은 8월에 쳤던 텐트가 너무 커서 친구에게 얻은 작은 텐트를 가져왔다고 자랑을 한다. 그런데 이게 웬일인가? 이음새가 부러졌는지 똑바로 서지를 못 한다. 할 수 없이 속초항 국제크루즈터미널 펜스에 끈으로 얽어매어 오막살이 같은 잠자리를 겨우 만들었다. 동생은 텐트에서 잘 테니, 누나는 승용차 안에서 자라고 한다. 텐트에 모기장이 붙어 있지만 온전치 못해 사방을 둘둘 말아서 감아 내렸으니 텐트 속이 오죽이나 더울까 걱정이 된다. 승용차 안의 밤은 춥지도 않고 덥지도 않아 잠을 잘 잤다.

새벽 5시경 전날 일기예보대로 소나기 같이 지붕을 세차게 두들기는 빗소리에 잠이 깼다. 동생은 덥기도 하고 모기에게 많이 물렸다고 긁어대며 친구가 망가진 텐트로 골탕을 먹이려고 준 것 같다며 한바탕 웃는다. 그런 상황에서도 친구를 원망하거나 비난하지 않는 동생의 심성이 좋다는 생각을 하며 텐트를 걷고 6시경 속초항을 출발했다. 미시령을 지날 때까지 비가 세차게 내렸는데 인제에 들어서니 이슬비로 바뀌어 다행이다.

잠시 후 양구 방향으로 들어섰는데 차에서 시끄러운 소리가 난다며 길가에 차를 세우고 보니, 조수석 아래 바퀴 하나가 못에 찔려 주저앉아 있었다. 동생의 민감한 감각을 칭찬하며 보험사에 수리 요청 전화를 하니 20분 정도 기다리라고 한다. 그 사이 시간을 이용해 길가에 있는 쉼터 옆에서 우산으로 이슬비를 가리며 부르스타에 물을 올려 놓았는데 불이 약해 끓지를 않는다. 물을 반쯤 덜어 내고 라면 하나를 끓여서 동생을 주고, 덜어 낸 물을 다시 조금 넣고 라면 하나를 더 끓여 부실한 아침식사를 끝냈다. 부탄가스도 쓰던 것이 한개여서 라면을 끓인 후에 커피 물도 끓일 수가 없다. 떠나기 전 타이어, 썬연료, 모기약, 텐트 등 사전 점검을 했어야 하는데 안전 불감증으로 해서 어설프고 고생스런 밤낚시를 했다.

그래도 오랜만에 동생과 소꿉장난을 하는 것 같아서 즐겁고 행복했다. "번갯불에 콩 구워 먹듯" 조촐한 식사를 하고 광치령을 넘어가는데 따끈했던 라면 국물이 온몸에 퍼지는지 살살 졸음이 온다. 마트에 들러 커피를 마시며 춘천의 타이어 가게가 있는 곳을 인터넷으로 검색했다.

보험사에서 임시로 바퀴에 구멍을 때워 줘서 운행은 하지만 불안하게 춘천에 도착했다. 소양 2교 부근에 있는 타이어 가게에서 철심이 보일 정도로 닳은 타이어 4개를 모두 바꿔 끼었다. 불안해 보이던 동생의 얼굴에 안도의 웃음이 번진다. 2주 전에 충남에 가스안전 재교육을 갈 때 연수비를 보태 주려고 하다가 못 해 주어 마음이 찡했었는데 타이어를 바꿔 주게 되어 마음이 뿌듯하다.

동생은 망가진 텐트를 준 친구가 어쩌나 본다고 전화를 걸며 "텐트를 주어서……." 말을 하려는데 전화기 속에서 말을 잇지 못할 정도로 깔깔대는 웃음소리와 떠듬대는 말소리가 들린다. 환갑을 넘은 친구들이 이렇게 골탕을 먹이고 먹히고 통화하는 것을 보니, 동생 친구가 괘씸하기보다는 뭔가 정이 느껴지며 익살스런 그 얼굴이 보고 싶다. "누나가 화천초등학교 4학년 때 가르쳤던 학생의 매형"이라고 하는데 얼굴을 한 번도 못 봐서 누군지 모르겠다. 늦게 철이 든 동생이 인간관계를 잘 맺고 사는 것 같아 마음이 놓인다.

남들은 환갑에 직업을 놓는데 동생은 환갑임에도 가스안전관리 자격증, 위험물저장취급 자격증을 획득해 일자리를 찾아 열심히 근무하는 것을 보니 대견하다. 노스페이스 잠바와 배낭을 격려품이라고 주니 인정을 받는 마음인지 기뻐한다. 건강을 위해 조기축구도 하고 몸을 단련시켜 비만도 없어 매형께 칭찬도 받는다.

올 가을 3번이나 찾아온 태풍 링링, 타파, 미탁의 영향으로 가스관 점검 일이 많아졌다고 흐뭇한 표정을 하며 눈이 피곤하다고 한다. '태풍의 피해를 받는 사람도 있지만 도움을 받는 사람도 있구나' 하는 감사한 생각도 든다.

"누나, 누나 모자가 좋아 보이는데 내 것과 바꾸어 줄래?"

"그래, 열심히 일하니까, 바꿔 줄게. 창이 넓어 햇빛을 많이 가리니 좀 시원할 거다." 하며 한 달 전에 구입한 코오롱 모자를 주니 좋아한다.

지금은 고인이 되신 부모님도 장남이 온전한 직업을 갖고 열심히 일하며, 손자와 손주사위도 목사이고, 며느리도 장로로 요양보호사 일을 하고 있으니 기뻐하실 것이다.

 동생은 요즘 직장일도 열심히 하며 2020년에는 화천조기축구회 회장으로 활동하고, 손녀 1명과 외손주 2명의 사랑에 푹 빠져 옛날에 몰랐던 행복을 찾아서 사는 것 같아 기쁘다.

40. 설날맞이 산천어 낚시

 "수영 아빠, 이번 설에 우리가 화성 아주버님 댁으로 가야 할지 아주버님이 우리 집에 오실지 전화 한 번 넣어 보실래요?"
 "알았어요. 내가 바로 전화해 볼게요. 형님, 이번 설에 우리가 형님 댁으로 갈까요? 아니면 형님이 저희 집으로 오실래요?"
 "아, 글쎄? 뭐 좋은 일 있냐? 그럼, 이번 설에는 내가 춘천으로 가마."
 남편과 아주버님의 전화 통화 내용이 들려오는 순간 걱정이 앞섰다.
 '아주버님 가족이 오면 오늘부터 열흘 남았으니 집 안팎 대청소, 이부자리 준비, 음식과 다과 준비, 여가 시간에 바람 쐬러 갈 적당한 장소를 물색해야 하는데… 아아, 어쩌지?' 요즘 젊은 며느리들처럼 '시'자가 들어간 음식을 안 먹을 정도는 아니지만 아무튼 힘들고, 돈 들고, 평가 받을 걸 생각하니 학교교육평가 받는 것보다도 더 어렵다는 생각에 잠이 오질 않아 이 궁리 저 궁리로 밤이 깊어 간다. 그러다가 '혹시, 화천에서 해마다 하는 산천어 축제에 가시자고 하면 어떨까?'
 다음날 아침 남편에게 일단 전화로 아주버님 가족이 화천에 산천어 낚시를 하러 오시겠냐는 의사를 형님께 여쭤 보라고 했다.

"형님, TV에서 화천 산천어 축제 광고 보셨습니까? 올해는 1월 10일부터 설날까지만 축제 기간으로 되어 있는데 설날엔 사람이 많을 것이니 3일 전쯤 오셔서 산천어 낚시를 하고 설날엔 서울 넷째 형님 댁에 가면 어떻겠어요?"

"난 낚시질은 한 번도 안 해 봤는데 어디 되겠냐?"

"산천어 낚시는 얼음 구멍 아래 물 속으로 낚싯바늘을 1m쯤 담그고 낚싯대를 아래위로 조금씩 움직이면 메탈이 움직여 고기가 와서 무는데, 그때 낚시 줄을 위로 잡아당기면 됩니다. 82세인 장모님도 잡을 정도로 쉽고도 재미있답니다."

"아, 그러냐? 그럼, 우리도 한 번 가봐야겠다. 22일~23일이 괜찮으니 그때 가마."

"예, 형님, 그럼 화천에 여관 하나를 예약해 놓겠습니다. 조카들도 데려오세요."

나는 그 말을 듣고 곧바로 화천에 여관을 예약하고 인터넷으로 산천어 가족 낚시터 입장권 14매를 구매했다. 2009년 1월 22일 아침 8시에 형님 내외와 딸과 외손주 2명이 같이 떠났으니 11시 반쯤 화천에 도착할 수 있다는 전화가 왔다. 형님 전화를 받고 우리도 춘천을 출발해 용화산 주변 길로 가서 9시 반에 수달이 산다는 화천 상리 산천어 가족낚시터에 입장을 했다. 벌써 300여 명쯤이 낚시를 하고 있었다. 현수막에 커다랗게 「얼지 않는 인정, 녹지 않는 추억」이란 문구가 마음을 설레게 했다. 산비탈엔 하얀 눈이 군데군데 쌓여 있고 강바람이 몰아치며 날씨가 매섭게 추웠지만 집에서 형님 가족을 맞이하려 준비하는 것에 비하면 내 마음은 따뜻한 남쪽 나라에 온 것 같다는 생각에 절로 신이 났다. 두꺼운 털 바지와 잠바를 입고, 모자도 쓰고, 목도리도 두르고, 장갑도 끼고 마스크까지 했다. 눈보라에도 완전무결한 복장을 한 후 구경이 15cm쯤 되는 얼음 구멍 7개를 쇠막대로 땀이 나도록 뚫었다. 두께가 30~40cm되는 얼음 구멍 위에서 엉덩이를 하늘로 뻗치고 물 밑을 보니, 거울같이 맑은 물은 과연 1급수 청정 화천이라는 감탄사가 절로 나왔다. 1급수에만 산다는 산천어들이 자태를 뽐내며 유유히 왔다 갔다 하는 것이 잘 보였다.

얼음구멍에 메탈 낚싯바늘을 넣었다. 금방 낚시 줄이 무겁게 움직이는 것 같아 재빨리 위로 당겨 보니 크기가 생고등어만 하고 진회색 얼룩무늬를 한 미끈한 산천어가 낚여 요동치고 있다. 환호성을 지르며 얼음판 위에 떨어뜨리니 펄떡펄떡 높이뛰기를 하고 있다. '아, 하나님! 아주버님 내외를 모시는 날, 이렇게 큰 고기를 잡게 하시니 감사합니다. 너무너무 즐겁고 기쁩니다.' 7~8분 간격으로 계속 고기가 잡혀 아주버님이 오시기 전까지 남편과 나는 20여 마리를 잡았다. 작년엔 낚시터 입구 현수막에 「1인당 잡은 고기를 3마리 이상 반출을 금한다」고 했었는데 올해는 그런 문구가 없어 마음이 편하다.

12시쯤 되자, 호기심에 가득 찬 형님 가족 일행 5명이 입장을 했다. 오랜만에 만나는 형님 댁 외손주들은 초등학교 2학년과 4학년이었다. 12시 반이 되자 봉사자들이 산천어를 얼음 구멍 곳곳에 방류했다. 2학년 짜리가 낚시를 넣자마자 25cm쯤 되는 산천어가 낚여 주변 사람들의 시선이 집중되었다. 일기와 방학 숙제인 현장체험보고서 쓸 것이 생겼다며 아이들이 좋아했다. 곧 이어서 형님도 아주버님도 한 마리씩 낚아 올렸다. 그리곤 경쟁이라도 하듯 계속 고기를 낚아 올렸다. 생전 처음이라며 "가슴이 쿵쾅쿵쾅 떨리는데 즐겁고, 기쁘고, 스릴이 만점."이라고 했다. 여기저기서 많은 사람들이 우와! 우와! 환호성을 지르며 산천어를 척척 낚아 올리고 있다. 멋진 복장에 선글라스를 낀 낚시가이드와 봉사자들이 흐뭇한 표정을 짓고

있다. 운전의 피로도 잊은 듯 신바람이 난 아주버님이 하는 말씀이,
"오늘 잡은 산천어는 제수씨가 가져가시고, 내일 잡는 산천어는 다섯 마리든 백 마리든 제가 가지고 가겠습니다. 제수씨."
"예, 그렇게 하세요. 좋은 생각이십니다. 아주버님은 역시 판단을 잘하십니다." 잡은 고기를 나눠 갖기도 어정쩡한데 잘 판단했다는 생각이 들었다. 고기가 예상 밖으로 잘 잡혀 점심에는 오전에 잡은 산천어 7마리로 회를 떴는데 하얀 살이 연하면서도 쫄깃쫄깃하고 고소한 맛이 있어 아이들도 무척 잘 먹었다. 바다 생선회는 가끔 먹지만 민물 생선회는 처음인 것 같은데 맛이 있어 기분이 좋다.

오후가 되자, 남녀노소 1,500여 명이 입장한 낚시터는 여러 가지 색깔의 옷차림으로 화려함이 더해 갔다. 여유를 갖고 온 사람들이라 그런지 얼굴 표정이 모두 즐거워 보였다. 부산에서 관광차로 온 그룹은 군대 생활을 30년 전 화천 7사단에서 했다며 제대한 사람들의 모임이라고 했다. 낚시 가이드 중의 한 사람도 7사단에서 군대 생활을 했다며 반갑다고 악수를 하고는 오늘 밤에 산천어로 회를 떠서 소주 한 잔을 대접하겠다고 반가워했다. 만남은 참 소중한 것이라는 생각이 든다.

이런저런 이야기를 들으며 낚시를 하고 있는데 서울에서 왔다며 40대 중반쯤 보이는 남자가 다가오며 "산천어 1마리를 파세요. 고기를 한 마리도 못 잡으면 부인이 집엘 안 간다고 해요." 애처가인지 공처가인지 근심 어린 표정으로 부탁을 한다. "광에서 인심난다."고 살아 있는 큰 것으로 2마리를 주니 너무너무 감사하다며 꾸벅꾸벅 절을 하고 갔다. 감사하는 그를 보니 내 마음도 뿌듯했다.

날이 어두워져 산천어 모양으로 만든 가로등이 켜지고 축제장 여러 곳에 아름다운 전등이 켜졌다. 오후 5시 반에 낚시터 밖으로 나와 굼터에서

산천어 7마리에 칼집을 내어 굵은 소금을 뿌려 호일에 둘둘 말아 즉석에서 숯불에 구워 상추에 싸서 먹었다. 산천어의 고소하고 담백한 맛이 천하일미다. 아주버님이 껄껄껄 호탕하게 웃으시며 행복해 하신다. 김밥을 곁들여 저녁을 끝내고 눈썰매를 타고 숙소로 가는 길인데, 청소년 수련관으로 가는 출렁다리에 드리운 아름다운 전등 불빛은 무지개를 연상케 하며, 얼음판 야경의 아름다움을 더해 주었다. 창작 눈썰매 콘테스트 작품 전시물도 보고, 아시아에서 제일 크다는 물레방아도 보고, 화려한 아시아빙등광장과 세계 최대 실내빙등, 세계 겨울도시광장, 신비한 눈 조각 등을 둘러보며 사진도 찍었다. 예술의 힘이 대단함을 서로 이야기하며 추억의 붕어빵과 강냉이를 사 갖고 숙소에 도착했다.

아주버님은 가을에 추수한 것이라며 서리태, 땅콩, 팥, 고구마를 담은 라면상자 2개를 주셨다. 아주버님을 집으로 모시기를 힘들어 했던 내 마음이 좀 부끄러웠다.

숙소에 모여 형님이 만들어 오신 한과를 먹으며 윷놀이를 시작했다. 말판은 경각심을 일깨우는 교통규칙을 내용으로 "과속했어요." 자리에 오면 말이 뒤로 두 칸 가기, "음주 운전이군요." 자리에 오면 진행 중인 말이 처음 출발의 개자리로 가기, "안전띠를 맸어요."라는 자리에 오면 말을 하나 더 보태 주기 "신호를 잘 지켰어요."라는 자리에 오면 말을 앞으로 3자리 가기 등 웃음이 폭발하는 윷놀이를 했다. 눈물이 나도록 웃고 또 웃었다. 너무너무 재미 있다. 5판 3승으로 형님네가 이겼다. 우리 팀은 말을 잘 놓느라 해도 "음주운전 했군요."와 "과속했군요." 자리에 몇 번 가게 되니 할 수 없이 졌다. 놀던 자리를 잘 정리하고 10시경 내일 아침식사는 친정 올케가 준비할 것이라는 말씀을 형님께 하고 나는 친정집으로 갔다.

다음날 아침에 올케는 우리가 잡은 산천어에 무우와 미나리를 넣어 매운탕을 끓였다. 아주버님 내외는 처음 먹어 보는 산천어 매운탕이 단맛이 나고 칼칼하며 시원해서 좋다고 매우 잘 잡수셨다. 조카딸과 아이들도 처음이라고 맛있게 잘 먹었다. 식사가 끝나고 동촌리 해산에서 따 왔다는 겨우사리차와 화천의 명물인 감자떡과 토마토 쥬스를 먹고 9시 반에 화천초등학교 뒤 둑에 올라가서 낚시터 쪽으로 갔다. 멋진 대형 산천어 조형물이 높은 탑 위에서 바람에 빙빙 돌며 바람의 방향을 가리키고 있다. 어제보다 바람도 자고 날씨도 따뜻하다. 조카딸과 두 아이들은 범퍼카와 앉은뱅이 썰매를 타고 맨손으로 잡는 산천어를 보겠다고 뱃머리로 가는 다리 아래로 갔다. 아주버님과 남편은 어제 고기 잡는 요령을 많이 익혔다며 신나게 고기를 잘 잡았다. 고기 가방이 점점 무거워지니 마주치는 눈빛과 얼굴들은 싱글벙글이다.

"금강산도 식후경입니다. 점심 잡수시고 하시지요?"

그러나 산천어를 한 마리라도 더 잡으려고 점심식사는 뒷전이다. 소머리국밥을 교대로 먹어 가며 고기를 낚았다. 낚시를 세게 낚아챘는지 형님 낚싯줄이 돌에 걸려 끊어졌다. 메탈을 사러 낚시 가게로 가는데 1982년도에 화천초등학교 4학년을 담임 했을 때 축구를 잘 하던 남학생이 멋진 신사가 되어 나를 알아 보고 반가워했다. 그때 자기는 공부를 못 했는데도 칭찬을 많이 해 주셨다며 감사하다고 했다. 27년만의 재회로 감회가 새로웠다. 고기를 많이 잡았다며 선생님 잡수시라고 3마리를 주어서 받아왔다. 날이 어두워져 아쉬움을 남기며 무거운 고기 가방을 들고 오후 5시 반에 낚시터를 나와 장국밥을 먹고 차로 돌아왔다.

오늘 잡은 고기를 세어 보니 45마리를 잡았다. 어제보다 3마리를 더 잡았다. 아주버님 내외는 생전 처음 해 보는 낚시였는데 피라미(갈겨니)도 아닌 생고등어만 한 고기를 잡으니 잡을 때마다 소리를 질러선지 목이 아프고 오른팔이 뻐근하다고 했다. 그러면서도 얼굴엔 만족함이 가득했고,

감사는 행복의 통로 • 197

내년에도 또 오겠다고 한다. 형님은 지난 연말에 집에서 쌓였던 스트레스를 겨울 바람에 확! 날려 버린 것 같다며 즐거워하였다. 아주버님은 안산 사돈댁에 드릴 것 15마리, 청주 처갓집에 가져갈 것 10마리, 서울 아들 집에 줄 것 등을 아이스박스에 나누어 담고 6시에 화천을 출발했다. 나는 그동안 입장권을 내고 받아서 모아 두었던 화천지역 농산물상품권으로 화천 쌀 20kg짜리 두 포대를 사서 식사와 간식 준비에 수고한 친정엄마와 올케에게 한 포대씩 주고, 산후조리 중인 며느리에게 주려고 호두 2봉을 샀다.

축제에 참가한 사람들은 산천어 잡고 웰빙 농산물을 사서 좋고, 지역 농민들은 농산물을 판매해 좋고, 지역 상가들은 매상을 올려 좋고, 덤으로 운수업계도 대박이 터졌다고 한다. 누구의 아이디어인지 정말 "짱"이란 생각이 든다. 글자 그대로 빛날 화(華), 내 천(川) 화천이라는 글자를 전국에 알리고 인기축제 4위에 올려놓으며, 아시아 축제 10대 종목에 들 정도로 발전시키고 빛내 주신 산천어 축제 관계자와 봉사자 여러분께 크게 감사를 드린다.

밤 11시에 아주버님이 집에 잘 도착했다며 오랜만에 즐거운 시간을 갖게 해 줘서 고맙다는 말씀과, 설날 아침 서울 형님 댁에 갈 때 아주버님이 농사 지으신 쌀과 형님이 직접 만든 한과를 갖고 가니 우리는 산천어를 갖고 청량리역에서 만나 아주버님의 그레이스 차를 타고 같이 가자는 전화를 주셨다.

나는 서울에 갖고 갈 것과, 구리에 사는 막내 동생 집에 줄 것과 개학하면 학교에서 매운탕을 끓여 교직원들과 같이 먹을 산천어를 구별해 놓고, 화목하고 행복하며 녹지 않을 추억의 스릴 만점이었던 축복의 날들에 감사했다. 지금도 내년 1월 산천어 축제에 등장할 산천어들이 건강하게 무럭무럭 잘 자라 주기를 바라는 마음 간절하다.

41. 첫돌잔치와 수원 화성(水原華城)나들이

　2019년 5월 4일(토) 11시 30분, 수원 마이어스 스텔라홀에서 친정 장조카의 아들 첫돌잔치에 참석하려고 9시에 춘천을 출발했다. 3일간의 연휴라 강일 IC에서 천호대교 입구까지 20분 정도 차가 도로에 정차된 듯하다. 모두들 열심히 일하고 즐거운 휴일을 만끽하러 떠나는 상쾌함이다.
　수원시 길가의 웅장한 건물들은 대도시의 규모를 짐작할 수 있는 척도가 되는 듯하다. 잠시 후 지하 1층에 지상 6층이며 차량 545대를 주차할 수 있는 수원 시외버스터미널 지하주차장에 11시 20분 도착해 지상 3층 스텔라홀로 갔다. 1960년대 사촌 큰언니의 모교인 매향여자중고등학교 건물이 어디 있는지 네비게이션을 켜야 찾을 정도로 대도시로 발전했다.
　홀 안에는 조모님과 외조모 내외, 큰고모 내외, 작은고모 내외, 친척, 외척 등 지인들이 모여 반가운 인사를 나누고 있다. 특히, 아르헨티나에서 10년간 선교사역을 하던 친정 조카가 귀국해서 참석하게 되어 기뻤다. 늘 웃음이 가득했던 고인이 되신 할아버지의 얼굴을 쏙 빼닮은 주인공인 튼튼한 송재성 돌잡이가 얼마나 곤한지 얼굴에 물수건을 묻혀도 깨지도 않고 잘 잔다. '할아버지가 생존해 계셨으면 얼마나 대견해 하시며 기뻐하실까?' 하는 생각에 가슴이 찡하다. 돌잡이는 20분 정도 낮잠을 자고 깨서 여기저기를 둘러본다. 여러 사람이 오라니까, 낯이 선지 외면하고 외할머니께로 팔을 뻗치고 간다. 재성이를 보며 모두 덕담들을 한마디씩 하며 안아 주는데도 울지 않고 쳐다보아 신통하다.

드디어 11시 30분 MC 사회로 첫돌잔치가 시작되었다. 아기의 부모 인사로부터 촛불 점화에 이어 어른들이 바라는 아기의 장래를 짐작하는 듯한 물건 고르기가 시작되었다. 단상에는 연필, 실, 마이크, 의사봉, 돈이 있는데 아기가 의사봉을 집으니, 장래에 판사감이라고 하객들과 부모가 좋아한다. 엄마의 바램은 오래오래 잘 살라고 실을 택했고, 아빠는 돈을 택했다. 케이크 절단도 있고 가슴 설레는 경품이벤트도 있다. 당첨된 분은 MC의 요청에 따라 춤이나 노래, 기타 여러 행동을 해야 경품을 받아오는 것으로 공짜가 아닌 현대적인 흥미 분위기로 가득 찼다.

기념 가족사진을 찍는데 사진 기사가 아기의 시선을 모으려고 소리소리 지르고 탬버린을 흔들어 대니 평소에 못 보고 듣던 상황에 아기는 놀란 듯 울며 칭얼거린다. 우리 집 두 돌 된 희수도 큰 소리가 들리면 무서워하며 울기 때문에 아기들의 습성을 알고 있다. 아기의 시선을 집중시키기 위해 사진 기사는 다른 방법을 모색해야겠다는 생각이 든다.

하객들은 행사 진행을 보면서 맛있는 뷔페 음식을 가져다 먹으며 만족스러워한다. 음식의 종류가 250가지 정도라고 하니 생전에 처음 보는 음식들도 있다. 우리나라 음식 문화 수준이 이렇게 높으니 선진국 대열에 들어섬이 확실한 것 같다. 휴일에 쉬지도 못 하시고 먼 길 오시는데 고생하셨다며 기념으로 멋진 타월도 받고 다과(茶菓)를 나누며 덕담을 주고 받다가 오후 1시 30분에 돌잔치가 끝났다.

내비게이션을 켜 보니 춘천까지 14 : 00 이후에는 2시간 30분이 소요된다고 한다. 계획에는 없지만 초등학교 5학년 손자의 역사 공부도 도울 겸 수원 화성(水原華城)을 가자고 했다. 안내문을 들고 관람을 시작했다. 성곽 둘레 안쪽에 경사진 잔디밭엔 냉이, 꽃다지, 뻘기, 고들빼기 꽃이 한창이다. 60년 전 초등학교 때 먹어 봤던 뻘기 2개를 뽑아 먹으니 5학년 손자가 이해가 안 가는 듯 쳐다보며 "채식주의자"냐고 해서 "간식 대용"이라 했다. 한참 웃다가 성곽길을 걸으며, 옛날 할머니가 초등학교 다닐 때 이야기를 해 주었다.

1950년 6월 25일 새벽 북한이 남침해서 일으킨 전쟁으로 농사를 지을 수도 없었고, 집과 학교와 나무는 불에 타고 그루터기만 남았다. 6·25 전쟁 때 다행히 UN군(16개국)의 도움으로 나라를 되찾을 수 있게 되어 경기도 안성에서 피란살이를 할 때는 지금은 잘 먹지도 않는 베트남의 안남미(분홍색 줄이 쳐진 쌀)밥을 딱 한 번 최고로 맛있게 먹었고, 또 한 번은 진이 나는 찰수수 시커먼 밥을 놋양푼에 담아서 온 식구가 둘러앉아 퍼먹은 생각이 난다. 쌀이 모자라 보리밥에 감자와 강낭콩을 넣어 으깬 것을 많이 먹었다. 할머니의 작은사촌언니는 보리밥을 먹으면 배가 아프다 하며 보리쌀 가운데 검은 선을 보고는 "잘라진 밥 안 먹는다."고 많이 울기도 했다. 간식으론 봄에 논바닥에서 나는 개뻘기도 뽑아먹고 껍질이 자주색이나 검정색이고 속이 하얀 알맹이라는 달래같이 생긴 뿌리도 캐서 먹었다. 오늘 돌맞이 재성이 할아버지인 고인이 된 사촌오빠와 미루나무꽃, 시고 씁쓸한 고염, 찔레, 아카시아 순과 꽃도 따 먹었다.

철원이 수복 되어 이사를 와서 장흥초등학교 1학년을 다닐 때는 불타서 없어진 학교 건물자리 같은 움푹 패인 운동장 한가운데에 가마니를 깔고 칠판을 나무 기둥에 걸고 한글을 배웠다.

미국에서 보내준 우유와 옥수수가루에 토끼풀, 명아주, 비름 등을 넣어

죽을 쑤어 먹었고, 학용품과 실, 바늘, 옷, 인형, 장난감 등도 받아서 고마웠다는 이야기를 했다. 손자는 이해가 잘 안 가지만 전쟁이 나쁜 것을 아는 듯 하다.

수원 화성은 사적 제 3호로 1997년 유네스코 세계문화유산으로 지정됨으로써 한국의 커다란 자랑거리다. 소재지는 경기도 수원시 장안구 연무동 190번지로 팔달산과 동쪽의 구릉지와 평지를 이어 쌓은 성으로 타원형을 이루고, 성 전체 둘레는 5.7km이고, 높이는 4.9~6.2m이다. 조선시대 정조는 왕권을 강화하고 신도시 화성을 계획하게 되었다. 수원 화성은 당시의 최첨단 과학과 건축술이 빚어 낸 걸작으로 평가받고 있다.

공사 기간은 2년 9개월로 「목민심서(牧民心書)」를 쓴 다산 정약용이라는 실학자의 설계로 전통적인 방법을 기초로 중국을 통해 들어온 서양의 건축을 참고 하였으며 채제공, 박지원, 홍대용, 박제기와 같은 유능한 실학자들의 패기와 기중기, 녹로와 같은 과학기술이 접목 되어 만들어졌다고 한다.

건설된 주요 시설물로는 문루와 옹성을 갖춘 4대문(팔달문 - 남문, 장안문 - 북문, 창룡문 - 동문, 화서문 - 서문)과 행궁, 암문, 수문, 장대, 연못, 공심돈, 각루, 포루, 봉돈, 궁대, 치성, 용도, 적대 등 48개소로 되어 있고 상업적, 군사적 기능을 수행할 수 있도록 견고한 성을 쌓았다. 도시적 기능을 수행하기 위한 행궁과 十자로와 잘 뻗은 신작로는 인적, 물적 교류가 활발한 상업도시를 표방하고, 성벽은 방어가 가능하도록 옹성, 장대, 봉수대, 포루, 루 등 성벽을 따라 40여 개의 방어 시설을 배치하였다. 성벽위에 여장, 곳곳에는 총구멍(총안)을 설치하여 적의 침입에 대비했다. 정약용의 독창적인 설계로 만든 거중기는 중국에서 들여온 『기기도설』이라는 책을 참고하여 개발했는데, 중국의 것보다 4배 정도 양의 물건을 들어 올릴 수 있다고 한다. 거중기 11대로 공사 기간과 공사비를 단축하여 만든 성벽은 화강

암과 벽돌이라는 흙으로 만든 신소재가 함께 사용되었다. 벽돌과 석회를 섞어 성벽을 쌓으면 화포의 강한 충격에도 견딜 수 있어 화력을 바탕으로 효과적인 방어를 할 수 있었다고 한다. 성벽에 난 구멍은 밖을 살필 수 있어 적을 발견하면 즉시 퇴각시키거나 섬멸할 수 있도록 되어 있다. 쇠로 만든 화포도 만져 보고 살펴보며 사진도 찍고 바람이 잘 통하는 루(樓)에서 잠깐 쉬었다. 거중기를 현대에 적용한 기구로는 항구나 부두에서 물건을 선적하거나 하역할 때 쓰는 크레인으로, 도르래와 같은 과학적 원리를 이용해서 만든 기구이다.

성곽에서 총문으로 보이는 아름드리 느티나무 공원의 그늘진 곳곳에도 간식을 즐기며 사람들이 편안하게 쉬고 있다. 살기 좋은 대한민국을 물려준 애국지사들에게 감사한 마음을 느끼며 명복을 빌었다. 찬란한 문화와 문화재를 후손에게 훼손 없이 물려 줄 수 있기를 바란다.

오후 4시 30분이 되어 가로수 은행나무 조경의 이국적인 모습을 보며 수원시를 출발했다. 서울 춘천간 고속도로에는 양방향에 차량이 느리게 움직임을 볼 수 있고 가평휴게소에도 바닥이 안 보일 정도로 승용차가 주차 되어 있다. 잠깐 쉬는 동안 두 돌 된 손녀가 민들레 꽃씨를 입김으로 불어서 두둥실 날아가니 좋아한다.

가평휴게소를 지나 강촌 IC로 들어서 발산리를 경유하면서 2년 동안 근무했던 발산초등학교 앞을 통과했다. 학생 수가 적어 몇 년 전 남산초등학교 분교로 되었다더니 지금은 폐쇄 되어 다른 용도로 쓰고 있어 마음이 허전하다. 후동리의 소주고개를 넘어 춘천에 도착해 가족들은 야채 비빔밥을 먹으러 가고 나는 식사할 시간이 부족해 곧바로 교회에 찬양 연습을 하러 갔다. 즐거운 하루의 가족 나들이를 마감하고 재성이의 돌잔치와 수원 화성(水原華城)의 자랑스런 흔적들을 송가네 밴드에 올렸다.

42. 친정엄마 생일잔치 뒤풀이

2016년 11월 25일은 남동생의 생일이고, 다음 날은 여동생의 생일이고 하루 건너 28일이 엄마의 생신이다.

그런데 월요일은 자녀들이 직장 출근을 해야 해서 26일(토) 여동생의 생일에 엄마 생신상을 차리기로 며칠 전 의견을 모았다. 생신과 도루묵 사냥이 계획 되어 인천에 사는 고종사촌은 화천에 7시 반에 도착해서 생전에 좋아하던 외삼촌 산소를 다녀와서 논미리 여동생 사무실에서 된장을 끓여 아침식사를 했다고 한다. 매일 물건을 트럭에 실어 인천에서 경남지방 도시에 장거리를 수송하는 일을 하는 동생인데 성의가 참 놀랍고 기특했다. 시장에서 외숙모가 좋아하시는 취떡, 찹쌀떡, 절편, 인절미, 산적, 튀김, 전병, 생일 케이크를 사 와서 교자상에 놓으니 화려하게 차려졌다. 올케는 요양보호사 일로 바쁜데도 불고기를 재워 놓고, 쇠고기무국도 끓이고 시금치, 고사리 등 나물을 무쳤다. 나는 황태채를 무쳐서 볶았다. 교자상에 음식이 그득하다.

그때 화천에 일찍 도착하여 강에서 낚시를 하던 남편이 사과 한 상자를 배달 시켰다며 집 안으로 들어왔다. 20평 남짓한 거실에 가족과 친척들이 북적거리니 친정엄마가 어리둥절하신다. 인천에서 온 동생 내외가 인사를 하니, 오랜만에 보는데도 어떻게 두 내외를 기억하시는지 반가움에 참았던 울음이 폭발된 듯 서럽게 흐느끼신다. 손을 잡고 한참을 울더니 맘이 가라앉았는지 울음을 그치고 발음이 서툴지만 안부도 물으며 이야기를 하신다. 거동이 불편해서 아들이 앉아서 음식상 앞에 모셔 앉혔다. 케이크에 초를 꽂고 불을 붙인 후 생일축하 노래를 부르고 촛불을 껐다. 이어서「사철에 봄바람 불어 있고」라는 찬송가를 부르고 장로 며느리가 기도를 하고 식사를 시작했다. 화목한 분위기에 음식 맛이 절로 좋아진다.

 창 밖에는 첫눈 같은 함박눈이 속초행 도루묵 나들이를 계획한 우리의 마음도 모르고 펑펑 내리고 있다. 작년처럼 생일축하 식사가 끝나고 속초 외옹치항으로 도루묵 사냥을 가자고 약속을 했는데 밖에 눈이 많이 오니 계획이 취소될 것 같아 모두 초조하다.

 1년을 기다리며 계획한 것인데 계속 눈이 와서 할 수 없이 취소를 하고 저녁에 만둣국을 끓여 먹고 오랜만에 노래방에 가자고 제안했다. 남자들만 2차를 가자고 제안하는 이도 있었지만 가족이 즐거움을 함께해야 할 것 같아 노래방으로 갔다. 노래방에 붙어 있는 곡목은 3/10 정도만 알 것 같고 나머지는 모두 신곡으로 잘 모르겠다. 최근에 유행하는 가요들은 곡과 가사가 빨리 눈에 들어오지 않는다. 할 수 없이 흘러간 옛 노래들을 찾아 열창을 했다.

 옛날에 교직에 있을 때 나이든 선생님이 가요를 하면 한 박자씩 느려져서 이해가 안 갔는데 내가 경로가 되고 보니 그 선생님이 이해가 간다. 동생들은 가수들이 멀쑥할 정도로 기교를 넣어 참 잘 부른다. 나는 신곡으론 수준이 안 맞아 둔하지만 율동으로 분위기를 맞추려 애썼다. 두루마리 휴지를 1m쯤 끊어 머리에 마당쇠처럼 매고 두 손에 휴지를 들고 아래, 위, 옆으로 빙빙 박자에 맞춰 돌리기도 하고, 트위스트와 개다리춤도 추고, 스포츠댄스도 하고, 아리랑도 하니 노래방 분위기가 점점 무르익어 1시간이 3시간으로 연장 되어 땀나도록 신나게 열창을 했다. 노래방에 3시간 머물기는 내 생전에 처음이다. 도루묵 사냥은 실패했지만 노래 사냥에 분명히 성공한 것 같다. 춤추는 내 동영상을 보니 박자는 맞는데 몸놀림이 둔하게 보여 우스웠다. 나는 8시부터 노래를 하다가 9시 춘천행 버스를 타려던 것이었는데 감동적인 분위기에 휩싸여 다음날 아침에 가기로 하고 엄마 침대 옆에서 잤다. 다음날 아침식사를 8시에 하고, 12월 10일에 도루묵을 잡으러 가자고 약속했다.

그로부터 15일이 지난 12월 9일 서울에서 내가 문예사조사화집 출판기념회에 참석했다고 고종사촌 동생에게 전화를 했다. 인천에서 동생이 차를 갖고 와서 기념식이 거의 끝날 무렵 6시 반에 만나 저녁을 먹고 서울을 출발했다. 서울 시가지의 평준화된 검은 바탕색 위의 야경이 황홀하도록 참 아름답다. 동홍천과 인제를 거쳐 속초 외옹치항에 도착하니 밤 11시다. 여장을 풀고 기념식장까지 갖고 갔던 커다란 통발 두 개를 바다에 던져 넣었다. LED등의 밝은 빛에 푸른빛의 파도가 옥처럼 비쳤다가 하얗게 부서져 마치 버블 같은 느낌이 든다. 10여 명이 통발을 던져 끈을 부두 철주에 묶어 놓고 대낚시를 하고 있는데 모두 한가하다. 도루묵은 11월 22일(소설)에서 12월 6일(대설)사이에 많이 잡힌다더니 2일이 지났는데 새벽 2시까지 도루묵 2마리와 놀래미 1마리가 총 조과다.

작년에는 12월 20일까지 3번을 왔는데 올 때마다 스티로폼 6박스씩을 잡아서 기뻤으며, 목사인 막내 동생 교회에 교인들의 반찬으로 쓰라고 네 박스를 주고, 나는 두 박스를 가져와 친척에게 택배로 보내고 탁구동호회원들 몇 사람에게 주었다. 받은 회원은 묵과 과자, 김장배추를 주는 등 흐뭇한 물물교환을 했었다. 그런데 올해는 두 마리가 총 결산이라 허무하기는 하지만, 이렇게 평생에 없던 도루묵 나들이를 고종사촌동생 내외와 같이 와서 바다 풍경과 그동안의 여러 가지 일들을 이야기하는 자리가 마련되어 즐겁다. 동생이 3만원을 주고 도루묵을 사다가 숯불을 피워 놓고 구워 먹으니 참 맛있다. 새벽 2시가 되어 차에서 잠을 자고 아침 6시 반에 일어나 통발을 보니 비어 있었다. 동생이 가져온 김장배추김치를 도마에 썰고 도마에 고춧가루 물을 빼려고 줄을 매어 바닷물에 던져 넣었더니 하얗게 잘 닦였다. 순간의 반짝 아이디어에 한참 웃었다. 라면에 도루묵을 넣어 끓여 밥과 같이 끓이고 각목을 주워다 모닥불을 피워 놓고 식사를 하니 참 재미있다. 인천, 서울, 속초까지의 주유며 먹거리로 비용은 많이 들지만 돈 주고 살 수 없는 행복이 있었다. 옛날에는 돈 없고 가난해서 엄두도 못 내었던 일이라 더욱 즐겁고 행복하다.

  아침밥을 먹고 오전 10시에 속초를 출발했다. 차안에서는 옛날의 가정생활, 사회생활, 학교생활 등 수십 년의 세월이 이야기 속에 흐른다. 고종사촌은 춘천을 지나야 인천 가는 길이니 화천 외숙모님 문병을 갔다가 인천을 간다고 했다. 나이는 얼마 안 된 고종사촌동생이지만 집안의 경조사를 잘 챙긴다. 춘천 매형을 싣고 화천으로 다시 가서 외숙모 병문안을 하고 조금 쉬었다가 밤 9시에 화천을 출발한다고 한다. 크게 도움도 못 주는 동생인데 정성을 다하니 고맙기 그지없다.

43. 힐링(Healing)의 청송회(靑宋會)¹⁾모임

  2019년 6월 6일, 막내가 목회하는 원주 단계교회에 일가친척 24명이 모였다.
  2015년 10월 12일 교회에 부임한 이래 「청송회(靑宋會)」는 처음 모임이다. 5월 3일 의정부 큰집 장조카의 아들 첫돌잔치를 수원 마이어스스텔라호텔에서 하고 한 달이 지났는데 일가친척들이 또 보고 싶다. '안 보면 보고 싶고 보면 더 보고 싶은게 청송회의 매력'인 것 같다. 지금까지 맥가이버 같이 바쁘게 사느라 친척 초대를 못 했던 막내 동생에게 그동안 단계교회 운영에서 어렵고, 즐겁고 감사한 일들과 미국에 유학하는 딸의 대학원 졸업식을 관련해서 원주에서 청송회 모임을 가지면 어떠냐고 전화를 하니 좋다고 하였다.
  막내는 "올해 5월 20일 미국에서 바이올린 전공으로 유학하던 딸의 대학원 졸업식에 다녀와서, 졸업식 참석 여비와 딸의 졸업 축하금 등 기도와 물심양면으로 도와 주신 분들께 보고하는 형식으로 하겠다."고 한다. 5월 27일 상세한 안내 문자를 드리며 탁구대가 있으니 라켓을 소지한 분은 가

---

1) 청송회(靑宋會) : 여산 송씨 밀직공파 24대손 자손들이며, 송가네 5형제를 비롯하여 사촌까지 건강한 모임을 위해 만들어진 친척 모임이며, 1년에 2회 또는 4회 모임을 가지고 있다.

져오고 당일 탁구도 치자고 했다.

　교회의 작은 뜰에는 한련화와 개량종 달맞이꽃, 금송화, 채송화 등이 정겹게 보이며 실내는 단상을 중심으로 십자가, 꽃꽂이, 화분 등이 잘 어우러져 있고, 장의자 30여 개가 놓여 있다. 5월 3일 첫돌잔치를 한 건강한 재성이네 가족도 오고, 두 돌이 지난 우리 손녀 가족도 오고, 초등학생, 중학생, 직장인, 사업가들이 모두 건강한 모습으로 모이니 즐겁다. 친정 큰조카 송효진 목사는 아르헨티나에서 수년 동안 선교사역을 하다가 2월 귀국해 대전에 있는 교회에 면접시험을 보러 가게 되어 참석을 못 한다고 전화가 왔다. 그리고 매번 참석해 즐거움을 더하던 인천 고종사촌 내외도 바쁜 일이 있어 참석을 못 해 기쁨의 2%가 모자라는 듯한 아쉬움이 있었다.

　11시 반, 80세가 넘으신 청송회 회장 류숭열 사촌 큰형부는 인사말 가운데 "나이가 많은데 자주 불러주니 좋아서 참석한다."고 솔직한 마음을 털어놓아 큰 박수를 받았다. 미국에 사는 큰아들 가족도 이곳에 함께 왔으면 참 좋겠다고 하시고, 올해 바이올린 대학원을 졸업한 막내 처남 송 목사 딸을 축하하며, 특히 딸의 바이올린 연주에 맞춰서 독창을 한 아버지 송 목사의 훌륭함도 칭찬했다. 그리고 류씨네 가족도 밴드를 개설하여 모임을 가지려 해도 운영하기가 어려운데, 송가네 모임 밴드는 활성화 되어 잘 운영되니 막내 목사가 애를 써서 잘 운영되는 것 같다고 부럽다고 했다.

　건강이 약한 사촌 큰언니와 둘째 언니 내외, 큰댁 새언니도 참석해 얼굴에 웃음꽃을 피우니 더없이 반갑고 기쁘다. 이어서 막내 동생 목사 내외가 딸의 대학원 졸업식에 참석했던 일들과 미국의 사회적 동향과 환경, 시장, 학교 상황, 졸업한 딸의 앞으로의 계획 등을 소상히 말씀드렸다. 그리고 뉴욕시의 이색적인 모습으로 학사, 석사, 박사모와 가운을 입은 졸업생들이 하루 종일 거리를 활보하며 만나는 시민들은 박수를 쳐 주고 축하하는 모습이 대단히 부러웠다고 했다. 한국에서는 고교 졸업식이 끝나면 일부 학생들은 교복을 찢고, 일부 대학졸업생들은 식장에 참석도 안 하는 풍토가 개선되기를 바란다고 했다.

다음으로 갖고 온 선물들을 주고받는 시간이 되었다. 감리교회에서는 매년 목회자의 건강을 위하여 5월 중 보건주일을 지키는데 성도가 적은 교회에서는 생각도 못 하는 일이다. 우리 일가친척을 위해 늘 기도하는 동생 목사와 큰댁 조카사위 목사님께 작은 성의를 표했다.

그리고 2018년 8월 12일~13일에 동생들과 속초에 가서 낚시로 잡은 고등어로 젓갈을 담근지 9개월 만에 꺼내 뼈와 지느러미를 제거하여 잘게 썰고 다진 후 파, 마늘, 고춧가루, 청량고추, 참기름을 넣고 무친 젓갈을 세대별로 1통씩 드렸다. 지난 4월 인천 고모와 성남 이모 병문안 때도 드렸더니 맛있다고 해서 또 가져왔다. 낚시할 때는 많이 잡아서 좋고 젓갈 담궈 나눠 먹으니 친환경 젓갈로 안성맞춤이라 기분이 좋다. 그리고 누군가는 잘 기른 열무를 가져오기도 해서 먹거리가 생기고 대화거리가 생기니 분위기가 참 좋아진다. 동생들은 고인이 되신 아버지가 평소 원하시던 '화목한 가족과 일가친척'을 위해 내가 할 일이 무엇인가를 늘 염두에 두고 실천하려고 애쓰는 모습이 보여 감동이다.

12시가 되어 음식이 맛있다고 소문난 코다리 회냉면 식당으로 갔다. 11명씩 마주 보고 앉고 상석에는 이 나라에 기둥이 될 첫돌, 두 돌을 지낸 꿈나무들이 앉아 있으니 균형이 맞고 멋이 있었다. 식성에 맞게 갈비탕, 설렁탕, 회냉면을 주문해 맛있게 먹었다. 식사 후 두 돌짜리가 첫 돌짜리 아기의 손을 잡고 식당 여기저기를 돌아다니는 모습에 저절로 즐거운 웃음이 나온다. 요즘은 저출산 시대로 이렇게 어린 아이들을 보기가 드문 일이라 인기가 대단하다. 식사를 마치고 간현역(폐역)에 원주레일바이크를 타러 갔다. 흐린 날씨라 관광하기에 참 좋았다. 부모와 같이 와서 잘 노는 꿈나무 6명에게 쌀 과자 2개와 만 원씩을 주니 참 좋아한다. 오후 2시 반에 풍경열차를 탔다. 10분 정도 가서 레일바이크로 갈아타야 하는데 풍경열차 안에 의자가 없어 서서 가야 하는 불편이 있다. 왜 의자가 없는지 이해가 안 간다. 사람들이 겹쳐서 빼곡히 서니 키가 큰 사람 때문에 밖이 잘 안 보인다. 그리고 남자, 여자가 한 군데 서 있으니 몸들이 밀착되는 등 덥고 힘이 들고 다리가 아프다. 10분 정도 지나 두 번째 탄 4인용 레일바이크는 약간 내림 경사진 곳이라 신나게 달렸다.

큰손자는 꼭 짜여진 학교와 학원 생활이 힘들었는지 큰 소리를 지르고 요들송을 한다. 신나게 땀이 나도록 페달을 밟으며 달리니 보는 가족도 모두 스트레스가 풀리는 듯 시원했다. 레일바이크 주변에는 원주의 명물이라 불리는 소금산 출렁다리도 보이고 강에서 다슬기를 잡는 사람도 보인다. 역에 도착해 매점에 들러 바이크 타던 기념사진이 찍힌 액자를 찾았다. 이천 언니 내외는 상기된 얼굴로 바이크에서 내려 부축을 받으면서도 싱글벙글 즐거워하며 승용차에 올랐다.

시간이 바쁜 몇 분은 원주역에서 기차로 상경하시고, 다른 이들은 단계교회 뒤뜰 몽골텐트 안으로 탁구를 치러 갔다. 큰형부와 언니는 옛날에 탁구를 잘 치셨는데 지금은 컨디션이 안 좋아 의자에 앉아 관람하시고, 둘째 형부와 둘째 동생이 게임을 하고, 이어서 나와 둘째 동생이 땀이 나도록 게임을 하며 동영상도 찍었다. 나는 퇴직 후 동호회에서 꾸준히 탁구를 쳐서 상대방에게 실망을 줄 정도는 아닌 실력이어서 좋다.

오후 5시에 이슬비를 맞으며 원주에서 가장 맛있다는 막국수 식당에 갔다. 막국수를 먹으며 다음 모임 날짜를 이야기하다가 정하지는 못 하고 7시 30분경 일어났다. 조카 송효진 목사는 면접시험에 통과해 6월 11일 교회 사택으로 이사를 간다는 유쾌한 전화가 왔다. 우리 친척들의 공동 기도 목표 하나가 완전 해결 되어 기쁘다. 조카가 해외 선교사로 있을 때 친정 큰동생 내외가 아프기라도 하면 병원비 부담과 누가 시중을 드나가 늘 걱정이었는데, 아들 가족이 왔고 사역도 할 수 있는 임지가 마련 되어 마음이 놓인다. 장로인 올케의 기도와 친척들의 기도를 하나님이 들으시고 축복해 주셨다는 생각이 든다.

모임을 마친 다음날부터 며칠 동안 청송회 모임의 즐거웠던 사진들을 송가네 밴드에 올리고 후기(後記)도 남기는 생활을 하며 즐겁게 보내니 무더운 여름에 충분한 힐링(Healing)의 자료가 되었다. 청송회 모임이 또 기다려진다.

44. 보석 같은 귀한 친구들

    2019년 4월 20일, 중학교 동기 모임인 순담회에 가려고 9시에 승용차로 춘천을 출발했다. 소양교 건너 사거리에 「전국 자전거 대회」 현수막이 걸려있다. 춘천 봄내체육관부터 춘천 인형극장까지 자전거를 탄 아저씨, 아주머니, 어린이, 아가씨, 할아버지, 할머니, 군인들이 등번호를 부착하고 열심히 달린다. 허벅지가 꿀벅지로 되고 종아리 근육이 튼튼해졌겠다. 페달만 밟으면 휘발유도 없이 가는 자전거를 만든 사람이 참 고맙다. 나는 3년 전 자전거가 준비되었는데 넘어지면 골절부상이 생길 것 같아 71세가 되도록 못 배웠다. 1995년 금산초등학교에 근무할 때 장애우 4학년이 자전거를 타는 것을 보고 '나는 자전거 장애우구나' 했었는데 아직도 그 상태라 참 나약함이 느껴진다.

    신포리를 지나는데 2017년 2월에 빙어 낚시를 하고 나오다가 안전불감증 후유증으로 두 번씩이나 얼음이 깨져 강에 빠졌다 살아난 죽을 뻔 했던 기억에 웃음이 난다. 그 후 3년 동안 빙어낚시를 못 가고 화천으로 가곤했다. 사창리에 숲이 우거진 골짜기 도로변 상점에 노란 종이꽃 같기도 하고, 누룽지 같은 것이 비닐에 싸여 매달려 있는데 비타민 D가 많은 목이버섯이라 한다. 시식용으로 잘 데친 것을 양념간장에 찍어 먹으니 경로용으로 안성맞춤 같이 식감이 좋아서 2봉을 샀다. 오늘 점심은 철원 민통선 한우 식당에서 최은혜 친구 손녀의 주선이 첫돌 맞이와 더불어 작년 12월에 아들이 모범공무원 국무총리 표창을 타서 기쁘다며 한턱을 거하게 낸다고 한다. 축하와 덕담들을 나누며 오랜만에 한우불고기를 맛있게 실컷 먹고, 임꺽정의 역사 자리인 고석정 카페로 가서 담소를 나누며 차를 마셨다. 잠시 후 소풍을 자주 갔던 '한국의 나이아가라 폭포' 같은 직탕강변 번지점프 아래로 가서 정자에 올라가 둘러앉았다.

점심을 낸 친구는 쑥절편, 찐 고구마, 레몬, 참외, 천혜향 등 간식까지 싸와서 내놓으니 몸과 마음이 푸근하다. 그때 즐거운 중대발표가 있었다. 내 대리에 사는 친구가 "메주를 쑤어 회원들에게 주려고 된장을 한 독 담갔는데 조금 더 익혀서 6월 모임에 주겠다."고 한다. 친정엄마나 줄만 한 된장을 준다니 정말 가슴 뭉클한 진한 감동이 밀려왔다.

그 친구가 5년 전에 입원해 있을 때 위로금 50만원과 이명희 회원이 갖다 준 전복죽을 먹고 힘이 생겨서 침대 위에서 일어나 앉을 수도 있고, 말할 수 있었다고 회원들의 문병을 무척 고마워했었다. 그리고 치료가 끝나고 건강이 웬만큼 회복된 후엔 집에서 기른 사슴을 잡아 엑기스를 만들어 회원 11명에게 모두 건강하게 살자며 50봉짜리 한 박스씩을 줘서 받았던 기억도 난다.

또 작년에는 부인이 우리 회원들에게 주려고 취나물을 뜯어와 한 봉투씩 받았던 기억도 나고, 고추밭에 가서 풋고추와 빨간 고추를 한 봉투씩 따 온 기억도 난다. 건강이 회복된 후에 친구는 창을 배우고 농악도 익혀 공연도 가고 봉사활동도 하며 여가생활을 즐긴다. 칠순잔치 때는 그 농악단체가 와서 공연을 하는 멋도 보여 주고 우리 모임 때도 가끔 창을 불러 자리를 즐겁게 한다. 가요 중에 '있을 때 잘 해'라는 가사를 늘 실천하고 있는 친구 같다. 오늘도 자기 동네 내대리에 막국수를 잘 하는 곳이 있으니 꼭 먹고 가라고 안내를 한다. 2006년 여름에 왔을 때 식당 울타리에 오갈피나무가 있는데, 관절염 예방에 매우 좋은 약초라 해서 잎을 뜯어서 고추장을 찍어 먹어 본 후로, 시장에서 오갈피나무 순을 사서 데쳐 먹었던 이야기도 했다. 식당 마당 안쪽에는 맷돌에 메밀을 타는 모습이 보이고 30분 정도를 기다려 맛있는 막국수를 대접받고 아쉬운 작별을 했다.

그 후로 2개월이 지나고 6월 22일 순담회 모임을 위해 총무인 내가 황영한 친구에게 문자를 보냈다. '문자 보내기가 좀 쑥스러운데 6월에 친구들에게 된장을 주겠다고 했는데 내가 된장 통을 사 갈까?' 하는 문자를 보냈다. 대답은 '내일 모임에 와서 된장을 한 통씩 가져만 가라'고 한다.

다음날 친구들이 점심식사를 하고 평상에 둘러앉았는데 친구가 잘 익은 된장을 한 통(2kg)씩 안겨 준다. 친구들을 주려고 작년에 농사 지은 콩 2말로 메주를 쑤어 된장을 담갔다고 한다. 농사를 지어 본 사람들은 농사가 얼마나 힘든 것인지 알기에 더욱 감동이다. 이른 봄부터 밭을 일구어 이랑을 만들고, 파종을 하고, 풀을 뽑고, 순을 쳐 주며, 콩포기를 뽑아 쌓아 말린 후 일손이 좀 뜸해지면 콩타작을 한다. 그리고 콩을 씻어 삶아서 찧고 메주 모양을 만들어 짚으로 엮어 매달아 말리고 띄운다.

그 복잡한 일을 하며 친구들을 생각했을 것을 생각하니 정말 가슴이 뭉클하다. 영한 친구를 비롯해 해묵은 된장 맛을 내는 친구들이 수시로 가져오는 고추, 강낭콩, 상추, 수세미, 감자, 알밤, 장가방, 볼펜, 수필집, 산천어 등은 우정을 돈독히 한다. "우정도 숲길과 같아서 오가지 않으면 길이 없어진다."는 말이 실감난다. 여자가 나이 먹어 꼭 필요한 5가지 중에 하나가 '친구'라는 세간의 말이 딱 맞다는 생각이 든다. 29년째 2개월에 한 번씩 만나는 중학교 동기 모임 순담회는 해외여행, 국내여행을 하며 서로를 보듬어 주는 보석 같은 값진 느낌을 안겨 주어 행복하다.

 2020년은 1월 20일부터 코로나-19로 나라 전체가 사회적 거리두기로 가득 차 있어서, 12월 10일이 되도록 한 번도 못 만나고 카톡과 전화를 통해서 그리움만 전하고 있다. 모두가 경로인 친구들이니 나와 주변의 안녕을 위해 집에서 좋은 음식을 먹고 적당한 운동을 찾아서 최선을 다하리라 믿는다. "운동에 시간을 내지 않으면 병이 그 시간을 차지한다."는 말도 있다. 조만간 코로나-19가 물러가기를 바라며 보석 같은 친구들의 안녕을 기원한다.

45. 탁구대회 3위 입상

2011년 2월에 교직을 정년퇴직하고 건강을 위해 퇴계동 탁구동호회에 가입했다. 언제나 상대방만 있으면 전천후 실내에서 할 수 있는 운동이어서 좋다. 탁구 운동의 효과로는 근육과 순발력 강화, 체중감량, 유산소 운동으로 심장 강화와 정서적 안정, 성인병 예방, 우울증 예방, 치매 예방, 눈동자 운동, 소뇌기능 향상, 성취감과 사회성 함양 등 60대 나이에 적당한 운동으로 소개 되어 있다. 동호회에서는 2개월에 한 번씩 추첨을 통해 팀을 구성해 복식으로 월례 탁구대회를 개최해 상품도 주고 친목을 도모하곤 한다. 2년 반 동안에 한 번도 월례대회에서 입상을 못해 아쉬웠다.

그런데 2013년 10월, 제6회 순복음춘천교회에서 주최하는 '춘천시민초청탁구대회'에 여자 실버부(60세 이상)복식조로 출전해서 3위로 입상해 처음으로 상장과 부상을 타서 정말 기뻤다. 그 이후로는 손자와 손녀를 돌봐야해서 연습할 시간이 적었지만 '뜻이 있는 곳에 길이 있다.'고 열심히 해서 기회가 되면 출전하려는 마음을 먹었다.

드디어 2019년 8월 19일부터 28개월 된 손녀가 어린이집을 다니게 되어 10월 18일~19일 개최되는 제12회 춘천시민초청탁구대회에 출전할 기회를 얻었다. 탁구대회의 목적은 교파를 초월하고 하나님의 나라를 확장하며 지역 사회를 위해 '사랑과 섬김을 실천' 하는 대회로 12년 동안 2,300여 명(탁구단체 22개)의 춘천시민들이 참여했으며 춘천에서 개최하는 대표적인 대회로 자리매김 하고 있다.

올해도 209명의 선수가 신청을 했고, 전 국가 대표였던 윤길종 감독도 내빈으로 참석했다. 김종렬 탁구 선교회장은 "춘천지역 탁구 활성화와 스포츠 선교를 위해 힘을 다하겠다."고 인사를 하신다. 장소 제공과 선수 관리, 점심과 간식 제공, 상품 준비 등을 위해 스폰도 받으시는 일에 참 수고가 많으심에 감사를 드린다.

10월 18일 탁구대회에 여자 단식과 복식, 실버부(60세 이상) 혼성복식을 신청했다. 내가 탈락해도 그동안의 연습으로 건강을 유지하고 즐겁다는 것만으로도 충분하기에 위로가 된다. 혼성복식이라 남자 두 분을 권유했지만 이런저런 이유로 다른 사람과 복식조를 구성한다고 외면해서 내심 섭섭하기도 했다. 나는 스매싱 서브에 특별한 기교가 있어서 스매싱을 잘 하시는 김 목사님을 선택했다. 내가 서브할 때 대각선 탁구대 끝부분에 공을 화로 공격하면 상대편이 불편하게 받는 공을 김 목사님이 공격하는 방법을 택했다. 출전 준비 10일 동안 위와 같은 방법으로 연습하는데 우수한 점수를 확보할 수 있어서 방법을 굳혔다.

연습 기간 중에 10월 7일~8일은 삼척 대금굴과 정선 레일바이크로 가족여행이 있었고, 9일은 한글날이라 휴일이고 10일과 11일은 주말이라 연습 시간이 없어서 훈련에 좀 부족한 감이 있었지만 시간이 나는 대로 열심히 연습을 하며 유니폼도 생각했다.

옛 말에 "입은 거지는 얻어 먹어도 벗은 거지는 못 얻어 먹는다."는 말이 있다. 대회장 분위기도 높이고 우리 팀도 돋보일 겸 해서 K2매장에서 긴소매 T셔츠를 유니폼으로 샀다. 경험자의 말이 경기장이 더우니 반팔 티셔츠를 입으라 한다. 다시 2개를 구입해 경기 당일에 입고 세탁해 두었다가 다음 출전할 때 다시 입으려고 준비 했다. 주변에서는 "한 번 입는 건데 아무거나 입지 뭘 새로 구입을 하느냐?"고 빈정거리는 듯한 소리가 들리지만 경로자의 내 모습은 내가 가꿔야겠기에 권유를 외면하고 혼성 복식과 여자 복식 티셔츠를 구입했다.

첫날인 10월 18일 여자 단식과 복식 경기에 임했다. 첫 경기 단식에서는 같은 퇴계동 회원과 겨뤄 이겼지만 2번째 경기는 다른 팀과 겨뤘는데 실력은 비슷하나 경기 요령에서 컷트 볼이 약해서 졌다. 여자 복식에서도 공격을 잘 하는 우리 팀은 아웃(out)이 잦아 탈락했다.

둘째 날인 10월 19일 탁구 혼성 복식 경기가 시작되었다. 내가 탁구공을 낮고 길게 대각선으로 서브를 하면 상대편이 불편하게 받으므로 뜨는 공을 김 목사님이 스매싱 공격을 해서 득점을 높여 갔다. 드디어 16강과 8강을 통과하고 준우승을 가리는 4강 경기에서 2 : 3이 되어 공동 3위에 머무르게 되었다. 관중석에는 2004년도에 홍천 노천초등학교에서 모셨던 교장 선생님께서 내가 탁구경기하는 모습을 보고 계시는데 다행히 3등에 입상하게 되어 기뻤다. 경기가 끝났는데 칭찬이나 격려 한마디 없이 자리를 뜨셨음이 못내 서운하다. 1등 상품을 보니 쌀 20kg 1포, 2등은 배 1상자, 3등은 양말과 탁구용품이다. 1, 2등이 되면 택시로 실어 가야 하며 먹는 것이라 기념이 안 남겠다는 생각을 했다. 3등이면 더 실속이 있겠다는 생각을 해서인지 3등에 머물렀다.

2013년엔 여자 복식 3등을 했고, 이번에는 혼성 복식 3등을 해서 만족하다. 퇴계동 탁구동호회의 위상을 높인 것 같아 기분이 좋다. 우리 퇴계동 동호회 회원이면서 다른 단체로 출전한 회원을 모두 합해 18명인데, 그중에 우리 혼합 복식 3등과 다른 단체로 출전한 선수가 남자 단식에서 1명이

2위로 입상했다. 우리 가족에게 3위 입상 상장과 상품, 오랜만에 경품으로 받은 접시세트를 핸드폰 사진으로 보냈다. 경품은 순복음교회 목사님을 비롯한 춘천시내 병원, 상점 등 여러분들이 보내 주셔서 푸짐했고, 퇴계동 탁구동호회에서도 여러 분이 당첨 되어 경기 종료까지 기다렸던 보람이 있다고 즐거워했다. 밤 9시에 끝이 나서 동료 회원의 차를 타고 집에 왔다. 가족들에게도 떳떳한 실적으로 남게 되었고, 다음날 수상 턱으로 저녁에 보신탕을 맛있게 먹었다. 그리고 내가 속한 단체에 탕수육을 대접해 입상의 기쁨을 만끽했다.

　퇴계동 탁구회원에겐 입상 턱으로 김 목사님이 바나나 1상자를 사 오셨고, 나는 다음날 금병산 둘레길 걷기 야유회에 식사 찬조금으로 5만원을 냈다. 며칠 후 탁구동호회 회장에게 언제든지 탁구 시합 공문을 받으면 알려 달라고 부탁을 했다. 꾸준히 연습해서 다음 경기에도 출전할 목표로 즐겁게 연습을 한다.

　가는 세월이 빠르다고 아쉬워하지 않고 '오늘이 세상 끝 날 열흘 전쯤에 가장 젊은 날'이라는 생각으로 세월과 손잡고 즐겁게 같이 간다는 생각이다. 인정도 받고 명예도 얻고, 육체와 정신이 떳떳한 칠십대의 건강인으로 살아가고 있음이 감사하다.

46. 터키석 반지

　원망의 대상이었던 파란 터키석 반지가 요즘 설렘을 만들어 내 손가락을 맴돈다.
　여러 가지 선물 중에 반지를 받으면 우선 맘이 설레고 몇 년이 지났어도 그때의 생각에 기분이 좋아지는데 작년에 산 터키석 반지는 볼 때마다 기분이 씁쓸해진다. 그런데 요즘 반지의 씁쓸함이 단맛으로 새롭게 부각되었다.

　2012년 8월 터키로 우리 부부가 패키지여행을 떠났다. 터키의 넓은 들판에 보리와 밀을 벤 자리에 갈색이며, 끝없이 펼쳐진 녹색 초지와 노란 해바라기꽃과 자연 풍경은 화가 고호가 그린 멋진 한 폭의 그림을 감상하는 것 같았다. 초등학교 1학년 미술책에서 그림으로만 보았던 '풍선열기구'를 진짜로 타고 높은 하늘에서 세상을 내려다보는 것 또한 해외여행의 신비스런 진품이다. 100여 년 전 석회석으로 이루어진 바위 속에 굴을 뚫어 사람들이 생활하던 여러 곳도 보았고, 로마황제의 기독교 핍박이 심해지자, 지하 교회로 사용하던 석굴 300여 개 중 일부에 들어가 보기도 했다. 이런저런 곳을 둘러보고 세계적으로 유명한 터키석 보석상에 갔다.
　파란 물빛 색깔의 터기석으로 만든 장신구들이 진열장 안에 가득하다.

진열장 앞을 서성이던 남편이,

"당신, 이 터키석 반지 하나 끼워 봐. 파란색이 참 멋지다. 기념으로 내가 사 줄게."

"여기서 안 살래요, 비싸기도 하구 사려면 우리나라에 가서 사 주세요."

"아니야, 결혼하고 아직 한 번도 사주지 않았으니 반지랑, 목걸이랑 골라 봐. 돈은 집에 가서 줄 테니, 우선 당신 카드로 사요."

그래서 비싸지만 황송한 마음으로 반지와 목걸이를 골랐다. 하얀 내 손가락에 파란색 반지도 예쁘고, 목에 주름을 가리기나 하듯 목걸이도 잘 어울렸다. '정말 안 산다고 했다고 진짜 안 사줬으면 후회할 뻔' 했을 것 같았다. 여행 기간 동안 신나게 반지와 목걸이를 하고 다녔다. '남편이 늘 잔소리를 한다고 생각했었는데 그래도 내 생각을 하고 있구나.'를 생각하니 기분이 좋았다. 9일간의 터키 여행을 끝내고 집에 돌아왔다.

여행 후에도 계속 반지를 끼고 다니며 모임에서도 친구들에게도 자랑을 했다. 그런데 한 달이 지나도 남편이 내게 반지와 목걸이값 줄 생각을 안 하는 것 같기에,

"당신, 터키석 반지와 목걸이값 나 안 줘요? 집에 가서 준댔잖아요!"

"아, 그런데 내가 돈이 없으니 다음 달부터 5개월 월부로 줄게. 기다려."

"참, 어이가 없어 기가 막히네. 남과의 약속은 칼같이 지키면서 마누라한테는 월부로 주겠다니, 지금 생각하니 아까워서 그러는 거잖아요. 말도 안 돼!"

여행 기간 동안 열기구를 타고 하늘에 둥둥 뜬 것 같이 신나던 기분이 싹 사라지고 치사한 기분까지 들어서 당장 반지와 목걸이를 뺐다.

"됐어요. 기분 나빠서 월부 돈 안 받을래요. 반지랑, 목걸이랑 감정이나 받아 보고 팔아 버리든가 해야지. 월부로 할 것이 따로 있지! 몇 십 년 만

에 한 번 사 주고 어떻게 그럴 수가 있어!" 아무리 생각해 봐도 정말로 기분이 나빠서 반지를 끼기가 싫었다. 그런데 반지를 안 끼는 나만 속상했지, 남편은 매일 아무렇지도 않은 표정이다. '마누라가 돈을 안 받겠다니, 오히려 잘 된 거라고 생각을 하는 거' 같기도 하다. 내 속은 끓었지만 친구한테 속풀이 말은 누워서 침 뱉는 격이 될까 봐 할 수도 없고, 반지를 볼 때마다 남편이 얄미웠다. 반지를 봉투 속에 넣어 둔 채 한 해를 지냈다.

그러다가 이듬해 9월에 패키지로 남편과 동유럽 여행을 가게 되었다. 나이도 있고 남의 이목도 있고 해서 어색하지만 터키석 반지와 목걸이를 치장하고 갔다. 처음 도착지인 독일에서 관광을 마치고 다음날 아침 오스트리아로 가는 날이다. 엊저녁에 침대 위에 빼놓은 반지를 누워서 집어 침대 옆에 있는 핸드백에 넣었다. '버스 타고 갈 때 끼워야지' 생각을 하는데 남편이,

"어디, 뭐 방에 두고 가는 게 있는지 잘 살펴 봐. 저녁에는 이 집에 안 오니까." 고함을 치듯이 하면서 남편이 침대 아래 여기저기를 굽어보더니,

"이 사람아, 여기 좀 와 봐. 큰일 날 뻔 했잖아?" 하면서 움직이지를 않고 서 있어서 '또 무슨 잔소리인가!' 하면서 가보니 터키석 반지가 침대 밑에 떨어져 있었다. 머리맡에 놓았던 반지를 누워서 핸드백에 넣는 다는 게 잘못 넣어 양탄자 바닥에 떨어져서 소리도 안 나는 것을 핸드백에 있으려니 하고 대충 생각한 것이 실수다. 순간 창피하기도 했지만 남편이 깜짝 놀랐을 걸 생각하니 속이 시원해졌다. '이제, 이 터키석 반지가 남편이 준 선물이다.' 하는 생각이 들며 반지에 애착이 갔다.

그렇게 동유럽 여행을 다니다가 마지막 여행지 체코의 보석상에서 쇼핑하는 시간이 있었다. 나는 작년 터키석 반지의 쓸쓸한 생각이 나서 혼자 다니며 진열장 안을 구경하는데 남편이 나를 불렀다. 작년에 반지 샀던 일

이 미안해서인지 내 생일인 1월의 탄생석이라며 카렛 목걸이를 현금 42만 원을 주고 내게 사 주었다. '선물은 의무도 아닌데 남편이 부담을 갖고 지냈나 보다. 가슴이 찡했다. "주머니 돈이 쌈지 돈인데." 하며 이해심이 부족했던 내가 초라하게 느껴졌다. "어질 인(仁)자 셋이면 살인도 면한다." 했는데, 어질 인(仁)자 하나만 생각하고 있었어도 터키석 반지값 50만원은 내 돈이 되는 거였다고 생각했는데, 올해 탄생석 목걸이를 받으니 내 입장이 좀 뻘주름해졌다. 나도 나이를 먹었나 보다. 니꺼 내꺼, 니 돈 내 돈 가리는 걸 보니…….

여행에서 돌아와 손가락에 끼워져 있는 터키석 새파란 반지를 보니 좀 스웠던 내 행동에 피시시 웃음이 나온다. 늦었지만 나도 남편이 좋아하는 향수를 사서 선물해 주어야겠다. 앞으로는 오는 정 가는 정이 아니라 가는 정 오는 정으로 바꿔 살아야겠다.

제 4 부
아름다운 삶을 만들어요

아름다운 세상에 보석 같은
사람들과 더불어 살아가는 일은
행복이고, 축복입니다.
돕고 돕는 한평생 귀한 삶을 만드는
주인이 되어 봐요.

47. 효자급 개망초 나물

  철원 장흥초등학교 6학년 때 이웃 동네에서 군인아저씨들이 와서 밤에 하는「빼앗긴 일요일」계몽 영화를 어른들과 보았다. 그런데 구멍 뚫린 철모 옆에 엄지손톱만한 하얀 예쁜 꽃이 바람에 하늘거리는 장면을 보고 '저 꽃이 무슨 꽃이야, 6·25전쟁 때 영화에 나오니까, 6월에 피는 꽃이구나' 정도만 알고 늘 궁금했었다. 그 후에도 반공 영화에는 똑같은 꽃이 나와서 이름은 모르지만 낯이 익었다. 아버지가 군인이어서 그런지 군인들이 나오는 영화가 재미있었다.

  아버지가 6·25때 인민군에 학도병으로 끌려가 전쟁 중에 포로가 되어 거제도 포로수용소에서 생활하다가 미군 앞에서 북한(친공포로)과 남한(반공포로)을 선택하기를 물을 때 남한을 선택했다 한다. 할머니는 방물장수를 해서 모은 돈으로 포로가 된 아들을 만나러 거제도포로수용소에 면회 갔던 이야기를 친척들이 오면 수시로 해서 재미있게 들었다. 면회 가서 잘 곳이 없어서 구덩이 속에 들어가서 자기도 하고, 아버지가 손목시계와 군복 바지를 주어서 그것을 팔아서 차비를 해서 집에 왔다고 한다. 남은 돈으로 엄마와 작은고모와 나는 아버지가 군사 기초훈련을 받으러 간 논산훈련소로 면회 가는 차비를 쓰는 등, 늘 옛날 이야기 같아서 재미있었다.

논산훈련소 철조망 안에 군인들이 오가는 것이 멀리 보이는데 엄마가 시키는 대로 "아버지!" 하고 불렀는데 아버지는 작은고모를 일순이로 보고 일순이를 재가해서 얻은 딸로 보고 안 나올까 하다가 나왔다고 해서 많이 웃었다. 아버지는 논산에서 군사기초훈련이 끝나고 광주로 포병(병과)학교 전술교육을 받으러 간다고 했다.

할머니 이야기가 재미있어서 '언제 또 6·25가 일어나서 저런 재밌는 옛날 이야기를 또 듣나'를 5학년까지 기다렸는데, 「빼앗긴 일요일」영화 중에 그 남자 아이의 생활을 보고 다시는 그런 생각을 안 했다. 영화 내용은 주인공 남자 아이의 생일인 6월 25일에 전쟁이 일어나 부모를 잃고 남루한 옷차림에 흙 묻은 얼굴로 항구 뚜껑에 얻어온 밥을 돌담 아래서 혼자 손으로 집어 먹는 내용이다. 전쟁은 모든 것을 거지로 만들고 사람들을 죽이는 것을 보았기에 계몽영화가 중요함도 그때 알았다.

우리 집이 있는 철원 장흥리 들판에는 밭이 거의 없고 논이 많아 개망초 꽃을 못 보았던 것 같다. 기억나는 풀은 길가에 있는 코스모스와 쑥, 삐삐기풀, 도깨비바늘 정도이고, 물가엔 물쑥, 미나리, 미나리아재비, 줄, 부들, 갈대 정도다. 밭에는 쇠비름과 비름, 능쟁이(명아주), 바랭이 정도며 부모님들이 밭에서 김을 매니 학교를 다니는 우리들은 볼 틈이 없었던 것 같다.

1970년부터 교직생활을 하면서 식물도감을 보게 되어 개망초꽃이라는 것을 알게 되었고, 꽃꽂이로 쓰게 되었다. 꽃은 하얀색으로 웬만한 꽃이면 잘 어울리고 질 때도 깔끔하다. 1995년 금산초등학교에 근무할 때 개망초로 꽃꽂이를 할 때 우연히 TV에서 "시골 사람들이 개망초를 산나물로 속여 서울시장에 판다."는 뉴스를 보고서 개망초가 나물로 쓰임을 알게 되었다. 그때 학교실습지 고추밭에 거름이 잘 되었는지 개망초가 커다랗게 자란 것을 보고 포기 채로 한 푸대를 뽑아서 다듬어 저녁에 데치니 색깔이 녹색으로 영양가가 많은 것 같이 보인다. 헹군 나물에 파, 마늘, 소금, 참기름을 넣고 무치니 약간 쌉사름한데 향기가 좋고 맛도 좋았다. 특히, 대학생 딸이 맛있다고 하니 기분이 더 좋았다. 개망초 나물의 효능으로는 아피제닌 성분이 있어 암을 예방하고, 퀘르세틴 성분으로 혈액의 흐름을 원활하게 하여 고혈압, 동맥경화 등 성인병 예방과 해독을 하며 중이염, 결막염, 전염성 간염, 잇몸염증 등 항염작용이 효과적이란다. 특히, 장염으로 인한 복통, 설사 등을 개선하여 장 건강에 도움을 준다고 한다. 뿐만 아니라 소화불량을 개선하며 위장염, 복통 등 위 건강에도 도움을 준다고 한다. 부작용으로는 성질은 평이하지만 임산부들에게는 좋지 않다고 먹기를 권유하지 않도록 함이 좋다고 한다. 그 다음날 밭에 남은 개망초를 다 뽑아 데쳐서 냉동에 넣고 남은 것은 말렸다.

겨울에 냉동된 것을 밤에 내놓아 녹여 아침에 물에 씻어 무치니 역시 연하고 맛있었다. 또 냄비물에 멸치를 넣고 끓이다가 개망초 나물을 넣어 살짝 한 번 끓은 다음에 된장을 풀고, 또 한 번 끓으면 부추나 대파를 넣어 끓이니 훌륭한 된장국이 되어 맛도 좋고 변비 예방에도 한 몫을 하는 훌륭한 반찬이 되었다. 말린 나물도 삶아서 불렸다가 양념을 넣고 볶으니 쫄깃한 식감이 참 좋고 맛있었다.

20년 동안 봄이면 개망초 뜯는 것이 우리 집 연례행사처럼 지켜지고 있다. 올해는 나이가 먹어선지 작년에 말린 나물을 삶아서 불리기가 번거로워 한참을 궁리했다. 말린 나물을 삶지 않고 5번 정도 씻어서 밥을 할 때 전기밥솥 맨 아래에 놓고 그 위에 쌀을 넣고 물을 평소보다 1cm 더 넣고 전기를 꽂아 밥을 하니 삶은 나물처럼 부드럽고 향기가 나며 먹기에 좋았다. 양념장만 잘 하면 시중 식당에서 유행하는 곤드레 나물밥과 같은 느낌으로 우리 집 별미 밥이 되곤 한다.

올해는 1월 하순부터 코로나-19 전염병이 강해 모임도 취소되고, 탁구도 못 치고 집에서 성경 타자와 글만 쓰고 있자니 답답해서 들로 나가고 싶었다. 과감하게 마스크와 장갑을 끼고, 손소독제를 바르고, 안경도 쓰고 탁구동호회원 3명과 개망초를 뜯으러 춘천 레고랜드 공사가 한창인 중도로 갔다.

중도는 1986년에 개장해 국민관광지로 운영되다가 2011년부터 레고랜드 코리아 조성 사업으로 캠핑장과 놀이터가 폐쇄되고 관광객 출입이 중단된 상태다. 현재는 땅 고르기와 건물 터잡기에 한창이지만 개인 농사나 볼일이 있을 때는 누구나 자유롭게 출입이 가능하다. 중도 묵밭에 개망초와 쑥이 싱싱하게 자라고 있어서 3명이 배낭에 한가득씩 2번이나 뜯어 왔다. 3번째 가니 제초제를 뿌려 나물 뜯기를 생략하고 나무 그늘에서 담소를 나누다 왔다. 2번씩이나 해 온 나물은 데쳐서 냉동에 넣었다가 반찬이 궁할 때 수시로 무치거나 된장국으로 끓여 먹으니 시간 절약과 경제에 보탬이 된다.

올해는 황사와 미세먼지가 심해서 말리는 것을 생략하고 거의 다 데쳐서 냉동에 넣어 얼려 두었다. 개망초와 더불어 뜯어온 지친개도 쌉싸름한 맛이 입맛을 돋군다. 쑥은 절편도 하고, 반대기도 하고, 부치기도 하고, 수제비도 하니 맛과 건강에 모두 효자 노릇을 톡톡히 한다. 가끔은 집에서 가까운 석사천 둑에서 명아주를 뜯어 데쳐서 무치니 전쟁 후에 철원이 수복 되어 초등학교 때 먹었던 고유한 반찬에 옛날이 생각나곤 한다.

우리 엄마는 탈무드에 나오는 "고기를 잡아 주지 않고 고기 잡는 법을 가르쳐라."를 실천해 준 고마운 분이다. 초등학교 때부터 엄마와 같이 들로 나가 나물을 캐봤다. 강에서는 다슬기, 가재, 새우, 자라, 미꾸라지, 개구리, 방게 등 언제라도 산과 들에서 먹거리를 취할 수 있어 누구에게나 가르쳐 줄 수 있어 마음이 든든하다.

48. 영화 「기생충」 감상

    제72회 프랑스 칸 국제영화제에서 최고상인 <황금종려상>을 받은 봉준호 감독의 영화 「기생충」은 한국 영화 역대 최다 판매 192개로 기록을 경신 선판했다 한다. 내용이 그렇게 훌륭한지 궁금해 2019년 6월 4일 춘천 CGV에서 영화를 보았다.

    영화 줄거리는 기택의 가정이 빵 사업에 실패하자, 피자박스를 접는 아르바이트로 생계를 유지해 가며 4인 가족이 지하 단칸방에 살고 있다. 어느날 4수를 하는 아들 기우의 고교 동창생이 찾아와 "유학을 가게 되어 자기가 하던 고액 과외를 2년간 맡아 달라."는 부탁을 받고 글로벌 IT 기업의 CEO 사장 댁 딸인 여고생의 영어 과외선생이 되었다. 여고생의 남동생은 ADHD인가 할 정도로 수선스럽고 돌발적인 행동을 하는 것을 기우가 보게 되었는데, 주인집에서 미술선생을 구하는 중이라는 말을 듣고 미국에서 유학을 한 미술 선생을 소개한다며 자기 동생을 모르는 사람처럼 소개해 미술치료 교사로 채용시키게 된다.

    미술 교사는 아이가 어린 시절 놀랐던 이야기를 엿들은 것을 이용해 미술 심리치료를 받아야 한다며 고액의 월급을 받는다. 미술 교사는 아버지의 취업을 위해 퇴근길에 이용했던 사장 전용차 뒷자리에다 팬티를 벗어 놓고 내린다. 다음날 출근 때 이것을 본 사장이 문란한 운전기사라는 오해를 받게 해서 다른 구실로 운전기사를 그만두게 한다. 미술 교사는 자기 아버지를 취업시키려고 모르는 택시회사 기사처럼 아버지를 소개해 사장차 전용기사로 이 집에서 근무하게 한다.

미술 교사는 그 다음으로 자기 엄마를 가정부로 오게 하려고 복숭아 알러지가 있는 현재의 가정부의 목덜미 뒤에 몰래 깎아 모아 놓은 복숭아털을 거실에서 지나가며 살짝 뿌린다. 잠시 후 가정부는 열이 나는 듯 얼굴이 벌겋게 달아오르며 기침을 한다. 기사인 아버지는 휴지에다 토마토케첩을 뿌려 휴지통에서 꺼낸 것처럼 하여 집주인 사모님에게 가정부가 피를 토한 것 같이 보이게 했다. 사모님은 놀라며 가정부를 폐결핵으로 인정해 다른 이유를 대서 내보냈다. 이 일을 이용해 미술 선생은 자기 엄마를 가정부로 소개하여 근무하였다. 그렇게 해서 집주인은 모르지만 기우네 4인 가족 모두가 이 집에서 매월 고정적인 고액의 수입이 들어와 지하 단칸방이지만 행복하게 살아간다.

그러던 어느 날 사장 집 아들이 5일간 캠핑을 가는데 가족을 동반하여 갔다. 이를 기회로 거실에는 오붓하게 기우네 가족 4명이 모여 맥주를 마시며 행복한 시간을 가졌다. 그때 인터폰으로 먼저 일하던 가정부가 지하실에 두고 온 물건을 가지러 왔다고 해서 문을 열어 주었다. 자기도 몰랐던 지하 벙커로 가정부를 따라 들어가니, 그의 남편이 사업에 실패해 주인도 모르는 지하방에서 4년째 살고 있는 것이다. 그런데 갑자기 가정부가 파면되는 바람에 4일이나 굶어서 부인이 먹을 것을 가져온 것이다. 먼저 가정부가 보니 지금 가정부는 자기가 알고 있던 사람들이라 4인 가족이 이 집에서 모두 일한다는 문자와 사진을 핸드폰으로 찍어 사모님에게 신고하겠다고 하자, 핸드폰을 뺏느라 옥신각신하다 먼저 가정부가 넘어지면서 머리를 다쳐 쓰러지고, 그의 남편도 손발을 묶고 입을 수건으로 막아 기둥에 동여서 매놓고 거실로 나갔다. 때마침 집주인 사모님이 "비가 너무 많이 와서 아이들 캠핑이 취소 되어 8분 후에 집에 도착하니 카레 음식을 해 놓으라."는 전화가 왔다. 맥주파티를 하던 상황이 급해지자, 허겁지겁 거실 테이블에 있던 맥주 등 다과를 치우다가 미처 못다 치우고 탁자 밑에 3명이 숨었다. 잠시 후 사장 댁 가족이 도착해 식사를 한다. 숨소리를 죽이며 탁자 밑에 누워서 주인 내외가 하는 일들을 보고 있는데 주인 내외가 깊이 잠이 들자, 겨우 빠져나와 자기 집으로 갔다.

그때 지하방에 물이 가득 차서 체육관으로 대피해 잠을 잤다. 비가 그치고 며칠 후 사장 댁 아들의 생일에 사업에 관련된 사람들과 아이 친구들을 생일파티에 초대해 뒤뜰에서 거대한 생일잔치가 벌어졌다.

생일 케이크에 촛불을 끄고 케이크를 자르려 할 때 지하실 기둥에 묶여 있던 옛날 가정부의 남편이 어떻게 결박을 풀었는지 부엌칼을 들고 뜰로 뛰어 나와서 닥치는 대로 사람을 찌르므로 사장 댁 가족과 여러 사람들이 죽게 된다. 기우 아버지인 운전기사도 칼을 들고 나와 사장을 찔러 죽이게 되고 수배자가 되어 경찰 수사가 시작되었다. 짐작컨대 사장이 운전사의 몸에서 지하철 냄새가 난다고 한 것에 자존감이 상해 사장을 찔러 죽인 것 같다. 살인자가 된 운전사인 기우 아버지는 경찰의 수배를 받게 되자, 예전 가정부의 남편이 숨어 지내던 지하 벙커에 숨어 지내고 아들과 부인은 집 행유예로 풀려난다.

집을 부동산에 내놓았으나 살인 사건이 일어난 집이라 잘 팔리지 않는다. 기우의 상상으로는 '몇 년간 돈을 벌어 그 살인자의 집을 사는 날 법의 형벌 없이 아버지는 그냥 지하에서 나오면 되는 거라는 배달되지도 못 할

편지'를 쓰는 것으로 끝이 난다. 기우네 4인 가족은 사업이 망했다고 자녀가 4년간 재수를 하는 것도 불평불만이 없이 서로 도와 가며 힘을 실어 주는 화목한 가정인 것 같다. 현대 사회의 빈부의 계급적 갈등을 그린 영화니까 그렇겠지만, 내 삶을 위해 남을 속이고 파멸시키며 3명씩 취업을 하는 것이 기발한 아이디어 같아서 재미는 있지만 유쾌하지는 않다.

순간순간 가슴 졸이는 행복은 누릴 수 있지만, 결국은 파멸이라는 것으로 짧지 않은 생의 불행으로 귀결됨을 느낄 수 있다. 정말 이런 세상이 판치는 날은 오지 말아야 하겠다. 칠십 평생을 살아서 이해는 가지만 요즘 젊은 세대들은 비겁하지 않게, 당당하게 실력을 길러서 나도 행복하게 잘 살고 남에게도 봉사하는 정신으로 유익한 삶을 살았으면 좋겠다.

한국영화가 해외 영화제서 받은 상은 1957년 아시아영화제에서 「시집가는 날」이 특별 희극상을 받는 것을 시작으로, 1961년 베를린국제영화제에서 「마부」가 은곰상을 수상했고, 1987년 베니스국제영화제에서 「씨받이」에서 배우 강수연이 여우주연상을 받았다. 1990년엔 「소풍」이 단편부문 심사위원상을 받았다. 그리고 2019년과 2020년을 거치며 영화 「기생충」이 프랑스 칸 국제영화제의 경쟁부문 최고상인 <황금종려상>과 아카데미시상식의 최고상인 <작품상>을 받게 되었다.

영화 「기생충」은 영화 역사를 바꾸는 선물을 우리에게 안겨 주었다. 영화 「기생충」이 해외 영화제와 해외 시상식에서 받은 트로피가 174개라고 한다. 봉준호 감독은 기자회견에서 "화려한 기록보다 영화 자체가 기억됐으면 좋겠다."라고 했고 이어령 전 문화부장관도 언론 인터뷰에서 "남들이 주는 상을 받고 기뻐하는 한국인에서 벗어나 이제부터는 남들에게 상을 주는 주체가 되는 꿈을 꿔야 한다."라고 말했다는 기사를 읽었다.

49. 새끼고양이와 십자매 사육

2001년 5월 춘천시 남산초등학교 3학년을 담임하던 때 먹이사슬을 체험해 볼 기회가 왔다. 3층 과학실에서 실험을 하고 맨 아래 서랍을 여니 걷지도 못 하는 새끼 고양이 2마리가 있다. 어미도 없는데 얼마나 추울까 하며 2마리를 교실에 가져 와서 박스 속에 수건을 깔고 덮어 놓았다. 수건을 조금 덮어 준 고양이는 2일 만에 죽었고, 수건을 많이 덮어 준 고양이는 우유병에 분유를 잘 빨아먹으며 15일을 살고 죽었다. 어미가 있었으면 죽지 않았을 것이지만 우리가 고양이의 생태를 잘 몰라 죽게 되었으니 땅에 묻어 주던지 아니면 죽은 고양이가 어떻게 변해 가는지 알아보자고 했다.

고양이 시체의 변해 가는 과정을 알아보기 위해 죽은 고양이를 비어 있는 새장에 넣고 햇볕이 잘 드는 나무아래에 놓았다. 3일째 되니 배가 불룩해진다. 어린이들에게 "죽은 고양이가 먹지도 못 했으면 살이 빠져야 될 텐데 왜 배가 불룩해질까?"

질문을 하니 다들 모르겠다고 한다. 잘 관찰해 보자고 4일을 더 두니 배가 탁구공만큼 불룩해졌다. 뱃속에 무엇이 들었는지 살펴보자고 새장을 갖고 학교 뒤 실습지 나무 아래로 가서 새장 문을 열고 내려놓았다.

"누가 고양이 배를 터뜨려 볼까?" 하니 남자 어린이는 다 안 한다고 뒤로 물러서는데 여자 어린이가 하겠다고 한다. 막대기를 들고 고양이 배를 툭툭 치니 배가 터지며 구더기가 탁구공만큼 나와 오물거리며 어디론가 비틀비틀 뒤뚱대며 도망가기도 하고 흙 속으로 들어가기도 한다. 아이들은 징그럽다고 도망가다가 호기심에 다시 와서 보고 따라가는 아이도 있었다. 도망가는 구더기는 새들의 먹이가 되고 땅 속으로 들어가는 구더기는 번데기가 되어 파리가 되어 나온다는 과정을 알려 주었다. 구더기를 먹은 새들은 똥을 싸서 식물의 거름이 되며, 풀씨, 꽃씨, 과일씨를 먹고 대변에서 소화되지 않고 나온 식물의 씨앗은 땅에 떨어져 비바람과 먼지 속에 파묻혀 새싹으로 나와 풀이나 꽃나무로 자란다고 알려 주었다.

땅 속으로 들어간 구더기는 20일 정도가 지나 번데기가 되었다가 파리로 태어나 새나 개구리, 두꺼비 등 동물들의 먹이가 된다. 그렇게 자란 동물들은 더 큰 동물들에게 잡혀 먹고, 그 동물들은 사람들에게 선별 되어 식재료가 되어 사람을 이롭게 한다는 먹이사슬 과정을 어느 정도 알게 되었다.

새끼고양이를 보고 쓴 어린이의 동시다.

고양아, 잘 잤니/ 어쩌다가 엄마를 잃었어/ 엄마를 잘 쫓아 다녀야지/ 학교에 있으면 어떻게 해 큰 소리로 불러야지/ 엄마가 어디로 갔는지 모르는 불쌍한 새끼고양이/ 이 다음부터는 꼭 엄마를 잘 따라 다녀라.

다음은 십자매의 생활을 관찰하였다. 십자매의 이름을 사전에서 찾아보니 '십자매'는 열 마리의 새를 한 새장에 넣어도 싸우지 않고 사이가 좋아 십자매란 이름을 붙였다 한다. 우리 교실에는 2마리의 십자매가 있다. 어느 날 회장 어린이가 집에 십자매가 많이 있다며 1마리를 가져 와서 새장에 넣었다. 처음에는 서로 날며 경계를 하며 하루를 지냈는데 다음 날 부터는 먼저 있던 새 두 마리가 나중에 온 새의 머리털을 부리로 뽑아 대머리가 되는 모습을 보았다. 텃세를 부리는지 시기하는 건지 잘 모르겠지만 세월이 변해 가며 새들도 힘이 세야 살 수 있다는 것을 어린이들이 보았다. 십자매의 먹이를 위해 학교 실습지 5평 정도에 조, 배추, 상추를 심었다. 봉사 당번을 정해 밭에 물을 주고 풀도 뽑아 주는 체험 농사를 지었다.

 우리의 생각대로 상추, 조, 배추는 잘 자란다. 상추를 뜯어다가 고무줄로 묶어 새장 틀에 매어 주면 잘 뜯어 먹으며 무어라고 조잘된다. 그 소리를 듣고 어린이들은 각자 해석을 한다. 고맙다, 맛있다, 질기다, 연하다, 색깔이 예쁘다는 말을 한다고 한다.

 새장을 뜰에 내어놓고 물을 한 그릇 넣어주면 물을 먹고 잠시 후 물그릇에 들어가 목욕을 한다. 10분 정도 목욕을 하곤 그릇 가장자리나 홰에 올라 온몸의 물기를 몸을 흔들어 털면 깨끗한 깃털이 된다. 어떤 날은 모래를 넣어 주면 모래목욕을 한다. 작은 그릇에 두 마리가 들어가 발길질도 하고 몸을 비비대어 모래목욕을 한다. 몸에 붙은 진드기를 털어 내는 것이라고 한다. 수컷은 검은 털이 많은 편이며 몸이 길쭉하고 소리를 낼 때는 머리와 목에 깃털을 세우고 소리를 낸다. 주로 수컷이 암컷을 유인하기 위해 크게 소리를 내는 것 같다. 교미를 할 때도 그렇게 한다. 교미를 위하여는 발정을 낼 수 있는 달걀노른자를 좁쌀 한 컵에 버무려 말린 후 주면 1~2주내에 교미가 이루어지고 20일 동안에 5~8개 정도의 알을 낳고 14일~15일 정도 품으면 부화된다.

 며칠 후 퇴근 시간에 새장에 물과 먹이를 확인하려고 갔는데 새 한 마리가 죽지는 않았는데 바닥 철망에 날개를 펴고 퍼드러져 있다. 새의 병에 대해선 아는 바가 없고 알아볼 수도 없어 먹이와 물을 준비해 놓고 할 수 없이 퇴근을 했다. 다음날 아침 일찍 근심스런 마음으로 가보니 새는 팔팔하게 홰에 올라 무어라 지저귀고 있고, 바닥 철망 위에는 새알이 하나 놓여 있는데 깨졌다. 또 며칠 후 예전같이 새가 퍼드려져 있다. 며칠 전 일을 생각하며 퇴근을 하고 다음날 아침에 오니 새알이 또 하나 있었다. 새의 몸집이 작으니 알을 낳기가 매우 힘이 드는구나를 생각했다. 새들도 정서적으로 안정되어야 알을 부화시킬 수 있는데 어린이들이 시끄럽게 하여 알을 부화시키지 못했다.

그리고 며칠 후 새장 안에 목욕물을 넣어서 교실에 물이 튀지 않게 하려고 화단에 내놓았다. 다음날 아침 와 보니 화단에 놓은 새장 옆에는 십자매 새 날개와 깃털이 여기저기 붙어 있다. 어제 저녁에 교실에 들여 놓고 갔어야 하는데 잊고 그냥 집에 가는 실수로 어떤 동물의 습격을 받은 것이다. 고양이와 십자매의 먹이사슬 공부가 끝이 났다.

어린이들은 7개월 동안 십자매를 기르며 새에게 편지도 쓰고, 동시도 쓰고, 일기도 쓰고, 산문도 쓰니 문장력이 신장되었다. 7개월 정도 쓴 글을 모아 책을 만들어 춘천시 교육청에서 주관하는 학급문집 전시회에서 최우수상장과 상금 10만원을 받아 모두 기뻐했다.

글을 다듬어 주던 나도 문장력이 향상 되어 2010년 수필가로 등단했고, 정년퇴임 후 시인으로 등단했다. 2018년 5월 『행복을 품은 열정』이란 수필집을 출간하고, 2021년 1월에 제2의 산문집을 출판하려고 준비 중이다. 19년이 지난 지금도 어린이들과 생물들의 관찰과 먹이사슬을 관찰했던 공부가 생생하게 기억난다.

50. 아름다운 선율 크로마하프

 2017년 10월 춘천중앙교회 문화교실 운영 종목에 크로마하프(Autoharp) 연수생 모집 광고가 눈에 번쩍 띄었다. 1990년도 화천군 사내초등학교에 근무할 때 크로마하프 악기를 5개월 정도 배우다가 춘천으로 발령이 나서 중단했었기에 다시 배울 수 있는 기회가 와서 무척 반가웠다.
 크로마하프는 1881년 독일계 이주민 잴스 F. 짐버만(Charles F. Zimmerman)이 미국 필라델피아에서 고안해 만들었다 하며, 어원은 크로매틱(Chromatic) 즉, 반음계라는 뜻의 어휘에서 나온 것이라 한다. 우리나라에 전해진 유래는 6·25 당시 유엔군으로 참전한 미군들 가운데 자주 이동하는 군목 등이 예배 인도를 위해 휴대한 것이 최초이고, 70년대 초 해외연수 여행을 하고 온 몇몇 연예인들이 국내 매스컴을 통해 가끔 연주를 하게 되었다고 한다.
 최초로 소개된 것은 1972년 요들 송 가수 김홍철 씨에 의해 알려졌으며, 1980년부터 악기가 국산화 되어 본격적으로 시판, 보급되었고, 처음엔 간단한 반주 악기로 화음을 연주한 정도였으나, 점차 주법과 악기가 개발됨에 따라 리듬(Rhythm)과 멜로디(Melody)를 연주하게 되었다. 연주 방법도 왼쪽 3개의 손가락으로 코드를 짚고 오른손은 위, 아래로 줄을 긁어 소리를 내어 다양한 스타일을 구사하게 되었다고 한다.

이 악기를 처음 접한 것은 1990년도 사내초등학교에 근무할 때 영양사가 춘천에 이기호 크로마하프 학원에서 배워서, 여교사 8명에게 전달연수를 하곤 했다.

크로마하프는 연주자가 노래를 부르면서 연주하니 참 아름다운 화음이 이루어진다. 화음을 듣고 있노라면 봄날 아지랑이가 피어오르는 듯한 기분도 들고, 아름다운 꽃동산에서 드레스를 입고 너울너울 춤추는 모습도 연상되며 행복하기도 하고 그리움도 일렁인다. 때로는 애잔 하기도 하며 가슴 설렘이 벅차오르기도 한다. 5개월 동안 열심히 연습해서 한복을 입고 2월 교장선생님 퇴임식 무렵 유행였던 영화「닥터 지바고」의 주제곡인「에델바이스」도 연주하고「석별의 정」과「스승의 노래」를 연주했다. 앵콜로「고향의 봄」을 연주하며 노래도 병행해서 박수갈채를 받았다. 연주를 잘 했다고 금일봉도 주셔서 저녁식사를 같이 한 것으로 기억된다.

그런데 곧바로 3월 정기인사에서 춘천시 발산초등학교로 발령을 받아 연수가 중단 되어 아쉬웠는데, 마침 춘천시교육청에서 10월에 학생 종합예술제가 열리는데 각 학교마다 1~2개의 출연 종목을 신청받는다고 하였다. 그 무렵 회의에 참석했던 여교사 10명이 크로마하프 연주를 하자고 의견을 모아서 신청을 하고 몇 달을 연습해서「에델바이스」외 2곡을 연주해 많은 박수를 받았다. 이듬해인 1992년 3월에 타시군으로 교원 정기 인사 발령이 나면서 연수가 끊겼고, 유행이 지나면서 연주 의욕도 기억도 희미하게 26년의 세월이 지나갔다.

내 습관으로는 운동이나 미술은 어떤 목표가 세워지면 스스로 꾸준히 연습을 해서 실력을 쌓아 간다. 화천군 교원실기대회서도 약화 1회, 경필 2

회 입상을 하고 40여 명이 참가하는 교내 테니스대회서도 우승, 준우승을 하고, 퇴직 후 춘천순복음교회에서 춘천시민초청으로 실시하는 탁구 대회서도 여자복식 3등과 혼성복식 3등에 입상을 했는데, 음악쪽의 출전은 접수조차도 못 하는 형편으로 늘 주눅이 들어 있다. 악기를 잘 못 다루니 음정이라도 정확히 잡으려고 교회 찬양대서 알토파트를 50년 정도 하다 보니 웬만한 곡의 알토 음은 잘 잡는다고 생각이 들어 그나마 위로가 되고 있다.

화천군 논미초등학교에 근무할 때는 농악의 기초인 꽹과리, 장구, 북, 징을 배워서 어린이들을 지도해 화천군민체육대회에도 초청 되어 공연을 해서 칭찬을 받았다. 그러나 기악 쪽은 음악 교과서에 있는 곡 정도로 피아노나 풍금, 리코더로 간단히 연주하다가 CD등 정보 매체를 이용해 가르쳤고 하모니카, 오카리나도 조금 배우다 어려워지기 시작하면 나태해져서 제대로 연주할 줄 아는 게 없다.

그 후 2011년 2월 28일 교원 정년퇴직을 하고 여가선용으로 크로마하프를 다시 배우고 싶어서, 114에 전화를 걸어 춘천시내 크로마하프 학원이나 개인교습소가 있는 곳을 연결해 달라 하니 한 곳도 없다고 하여 마음이 무척 허전했다. 그런데 2017년 10월에 춘천중앙교회 문화교실에 크로마하프 종목이 있어 구명로프를 잡은 심정으로 반갑게 등록을 했다.

연습 시간은 10월 11일부터 시작해서 매주 수요일 오후 8시부터 10시까지다. 26년만에 크로마하프를 꺼내 36개 줄을 교체하고, 멜방, 악보철, 보면대 등을 구비하여 9명의 대원들을 만나게 되었다. 오랜만에 크로마하프 악기의 기본인 C, G7, F 코드를 짚는데 왼쪽 약지, 장지, 검지의 누름이 정확치 않고 자꾸 비뚤어지며 약지가 무척 아프고 쥐까지 난다. 음정은 가름할 수 있는데 운지법과 독보력이 미숙하다. 5주째 열심히 연습을 하니 손가락 사용이 조금은 유연해졌는데, 경로가 되니 높은 음의 아름다운 멜로디를 할 수 없어 젊은 날을 뒤돌아보는 아쉬움도 가득하다.

자원봉사자인 강사는 영어가 전공이지만 피아노, 첼로, 바이올린 등 음악에도 조예가 깊으며, 매우 열정적으로 지도에 임하고 있는 미모가 아름다운 분이다. 유기농산물 판매장을 경영하면서도 하나님의 은혜로 모든 일을 처리하는 분 같아서 참으로 감사하다. 고마움에 힘입어 제주도 여행을 다녀와 피곤해도 밤에 출석하여 열심히 배우고 있다. 지금의 이 열정이 나와 대원들에게 꾸준히 지속되기를 바라는 마음 간절하다.

드디어, 8개월을 연습하여 2018년 6월 17일 주일에 헌금송으로「주 예수보다 더 귀한 것은 없네」와「아름다운 마음들이 모여서」두 곡을 연주했고, 봉사 준비곡으론「조개껍질 묶어」,「모닥불」,「산바람 강바람」,「어머님 은혜」,「작은 별」을 연습했다.

11월 13일 주일에는 분홍색 블라우스로 단복을 맞춰 입고「내 기도 하는 그 시간」과「사랑의 띠」를 연주했다. 여러 교인들이 이구동성으로 은혜가 되고, 연주 모습이 아름답다고 칭찬을 해서 감사했다. 연주 이후엔「고요한 밤 거룩한 밤」,「창 밖을 보라」,「징글벨」,「가을」,「오빠 생각」,「아침 이슬」을 연습해 연말 분위기도 만들어 윷놀이도 하며 단원들과의 친밀감도 높이는 조촐한 송년 파티도 열어 결속을 다졌다.

2019년 새해엔 5월에 있을 연주에 대비해「사철에 봄바람 불어 있고」,「나 주를 멀리 떠났다」등을 연습하며 사회봉사 신청이 오면 연주할 곡도 연습하고 있다. 허송세월(虛送歲月)로 늦었지만 그래도 연주 악기인 크로마하프 하나만이라도 지도자가 있을 때 잘 해 보려고 의도적으로 꾸준히 연습하고 있다. 강사도 언제 어떤 사정으로 떠날지도 모르니 기회가 왔을 때 열심히 배우고자 한다. 2월은 휴강기간이지만 집에서 열심히 연습해 언제나 떳떳한 모습을 보이려 한다.

드디어 6월 14일 계삭회 때와 6월 17일 주일 2, 3부 예배 때 연주를 잘했다. 연습 이외에는 왕도가 없음을 실감나게 한다. 그런데 2020년 1월 24일 설날을 기점으로 예상도 못 했던 코로나-19 감염병이 발생해 원치 않는 휴강이 11월 현재도 지속되고 있다. 사회적 거리두기와 생활 속 거리두기로 좀 완화되기는 했지만 단원들이 모여 한 방에서 연습을 하기는 아직 염려스러워 속만 끓이고 있다. 악기와 나는 인연이 없는 것인가? 다시 생각되는 것이 '무엇이든 기회가 왔을 때 열심히 해야 한다'는 것이다.

51. 유기 선인장과의 만남

    2012년 10월 15일, 친정엄마의 고관절 수술로 강원도재활병원에서 간병을 하던 중, 11월 말일에 반찬도 해야 하고 빨래도 해야겠기에 토요일에 간병을 올케한테 맡기고 집으로 왔다. 집안 청소를 대강하고 쓰레기를 버리러 분리수거장에 갔는데 선인장이 화분에서 뽑힌 채 잎이 거의 마른 상태로 버려져 있었다. 1964~1967년도에 손바닥 선인장을 길러 보고 가시 때문에 안 길러 본 내가 화분을 집으로 들여와 베란다에 놓았다.
    인터넷에서 선인장 이름을 검색해 보니 잎사귀 끝이 게발 모양으로 생겨서 게발선인장 이란다. '나는 이 선인장을 살릴 수 있을 거야.' 하고 생각을 하며 물을 흠뻑 주고 월요일 아침에 재활원에 갔다. 일주일 정도가 지나니 선인장 잎이 말라서 생겼던 주름이 펴지고 약간의 볼륨이 생기며 잎의 색깔이 연한 녹색으로 촉촉해 보였다. 세상에 이런 일이! 참으로 반가웠다. 다시 물을 주며 '선인장아, 힘을 내서 살아 봐. 내가 잘 돌보아 줄게.' 하는 간절한 기도를 하는 마음으로 물을 주곤 했었다. 그렇게 한 달이 지나니, 선인장 마디마디 잎새에 볼륨이 생기고 가지가 쭈욱 뻗는 느낌이 들었다. '역시 생명은 강하고 나와의 소통이 잘 된 것 같다.' 12월이 되자, 정말 기적같이 선인장 잎사귀 끝에 분홍색 꽃봉오리가 맺히기 시작했다. 그래서 아파트 베란다가 열대 식물인 선인장에겐 추울 것 같아 재활병원으로 옮겨 왔다. 재활병원은 환자들이 환자복 하나만 입고 있고 하루 종일 해가 잘 드는 곳이라 선인장 생육 조건에 맞을 것 같았다. 선인장 잎 끝에 분홍색 꽃봉오리가 가득히 맺히니 병실 복도를 오가는 환자들도 들러서 보고 가며 "병실에 화분이 있으니 기분이 좋아져서 병이 더 빨리 나을 것 같다." 며 칭찬들을 하셨다. 꽃을 좋아하는 우리 엄마 어깨가 으쓱한 것 같다.

  열흘 정도 꽃봉오리들이 점점 커 갔는데 갑자기 하루아침에 꽃봉오리가 떨어지며 잎이 마르기 시작하더니 사흘 사이에 30여 개쯤 되던 꽃봉오리가 모두 떨어졌다. 나는 당황이 되었고 어찌해야 될 지를 몰랐다. '선인장은 열대 식물이지만 우리나라에 와서 살면서 환경에 적응이 되어 실내온도 28도의 높은 온도에서는 살기 힘든가 보다.' 하는 생각을 하고 다시 아파트 거실에 갖다 놓고 물을 주며 관찰을 했다. 일주일 정도가 지나니 다시 원기를 회복하는 듯 잎에 볼륨이 생기고 붉던 잎이 녹색으로 변해 가서 안도의 한숨이 나왔다. 기온이 높거나 물이 부족한 상태 같았다.

  친정 엄마는 건강이 회복 되어 2013년 1월 25일 퇴원을 해서 화천으로 가셨다. 선인장은 아파트에 와서 올해 여름을 나더니 11월에 잎사귀 끝에 29개의 분홍색 꽃봉오리를 맺혔다. 드디어 12월 20일 아름다운 핑크색 꽃망울을 터뜨려 보여주었다. 나는 얼마나 기쁜지 눈물이 핑 돌았다. 어린아이들이 망사로 된 층층 분홍색 드레스를 입은 것같이 깜찍스럽고, 귀엽고 사랑스러웠다. 게발선인장꽃이 이렇게 예쁜 꽃인지 처음 보았다. 아직은 하늘을 향해 선인장 잎이 꼿꼿이 서지는 못 했지만 꽃을 피워 정말 예뻐서 사진을 찍었다. 어제는 세탁소 옷걸이 철사를 원형으로 구부려 꽃잎을 받쳐 주었다. "지성이면 감천"이라는 말이 이런 경우에도 해당되는 것이구나를 생각하며 식물은 보살펴 주면 꼭 보답을 한다는 것을 실감했다. 선인장

종류는 낮에 햇빛이 많이 들어오는 안방이나 침실에서 키우는 것이 좋다고 한다. 이유는 게발선인장이 CAM 식물이어서 낮에는 기공을 꽉 닫고 있다가 밤에 기공을 열어서 이산화탄소를 흡수하고 산소를 내놓기 때문에 공기정화에 좋은 식물이라 한다.

2020년 1월까지 7년 동안 해마다 90여 송이의 층층치마 같은 핑크 꽃을 피워 황홀한 한 달을 보낼 수 있었다. 올해도 12월의 개화를 위해 물 2ℓ에 복합비료를 팥알만 하게 넣어 녹여 준다. 2020년 7월 10일에는 우리 집에 온 지 7년 8개월 26일 만에 지름이 90cm 되는 거대한 화초로 성장해 자리 잡고서 집 안을 환하게 만들고 있다.

52. 윷놀이 상품과 산천어

  2018년 12월 26일 오후 8시 크로마하프 연습을 끝내고 망년회 윷놀이를 하려고 단원들이 윷가락을 던져 같은 모양이 나오는 사람끼리 편이 되었다. 요즈즘 윷놀이 말판에 유행하는 지옥, 천당, 전도, 음주운전, 중앙선 침범, 안전띠 미착, 과속 등을 넣은 신식 말판을 놓았다. 상품은 아(아껴 쓰고), 나(나눠 쓰고), 바(바꿔 쓰고), 다(다시 쓰고)식으로 각자가 준비해 오기로 했다. 평소 갖고 싶었던 기모가 들어간 겨울용 잠옷 바지를 새로 구입해서 가져갔다. 여러 회원들은 목도리, 양말, 스타킹, 다과, 프라이팬 등을 가져왔다.
  2019년 권사로 임명 받은 김 집사는 회원 전체에게 주겠다며 홍천농고에 가서 30구짜리 계란 7판을 사 오는 적극성도 보였다. 신천권사 신고식이냐고도 해서 웃었다. 갖고 갈 선물의 결정은 승패가 결정되면 이긴 편 회원끼리 윷을 한 번 던져 높은 점수가 나오는 순서대로 1, 2, 3등이고, 패자도 같은 방법으로 해서 4, 5, 6등이 나오는 것이다. 윷을 던졌을 때 '지옥' 말판에 말이 놓이게 되면 순간 '내가 무슨 죄를 지었나!' 하고 순간 회개의 순간이 되고 '전도' 말판에 놓아 1말을 업게 되면 '그렇지, 아직 전도를 못 했는데 열심히 해야지' 하는 생각이 든다고들 한다.

그런데 희로애락(喜怒哀樂)끝에 우리 편이 이겨서 윷을 차례로 던졌는데 '걸'로 내가 1등이다. 참 오랜만에 가슴이 벅찬데 선물을 고르라기에 선망의 대상인 고급 프라이팬을 골랐다. 누구라도 1등이면 당연히 고급 프라이팬을 고르리란 생각이 든다. 모양도 멋지지만 식용유 없이도 달걀프라이가 된다니 위생적으로 잘 처리된 느낌이 든다. 프라이팬 선물을 가져온 이 권사는 "아주 비싸고 좋은 프라이팬을 가져왔는데 누구한테 갈지 참 좋은 것"이라고 즐거운 표정으로 침이 마르게 소개도 했었다.

다른 선물들과 차별화가 되는 프라이팬을 가져온 회원은 전화 문자에서 '집에 있는 것'이란 글자를 보고도 비싼 새 물건을 사 온 성의를 보인 것 같다. 어쩌면 그 회원의 위생 생활수준을 나타낸 것 같이 보인다. 모두 다 선물을 본인 필요에 맞게 고르고 단체로 손에 들고 사진을 찍었다.

나는 이틀 전에 집에 있는 프라이팬과 냄비가 오래 된 것 같아 금속성 오염이 걱정 되어 분리수거장에 버린 상태로 아직 구입을 못 했기에 금상첨화(錦上添花)였다.

옛날 동화에 나오던 연못에 쇠도끼 빠뜨리고, 금도끼 얻은 격이다. 그런데 반가우면서도 마음 한구석은 불편하다. '내가 1등이니 프라이팬을 가져온 분을 지명해서 도로 갖고 가게 할까?' 하는 생각도 들었는데 분위기가 어떨지 순간 판단이 안 되었다. 프라이팬을 가져온 회원은 손자 준다고 양말을 골랐다. 내가 너무 미안해 하니까, 프라이팬 가져온 권사가 "오늘 20개월 된 어린 손녀 보느라고 힘 드신데도 눈에 좋은 블루베리 음료와 윷도 준비하고, 말판도 신식으로 시대에 맞게 별모양 스티커를 붙여서 깔끔하게 준비했으니 그 값 같습니다."고 이야기를 해서 고맙다고 했지만 왠지 미안하다.

곧 이어서 다과가 시작되었다. 단장이 만든 1년생 포도주와 제주감귤, 껍질 채 먹는 골든 키위, 총무가 만든 토스트와 김밥, 박 집사가 만든 모시개떡, 김 집사가 준비한 바나나와 딸기, 프라이팬을 사 온 이 권사는 쌀 도넛, 회원 전체에게 드릴 30구 달걀 7판을 가져온 신천권사, 모두 다 살찌겠다는 말을 하면서도 아주 맛있게 먹었다. 남은 것은 센스 있는 총무가 포장을 해서 고르게 나누어 주었다.

집에 와서 딸에게 엊그제 분리수거장에 버린 프라이팬 대신 위생적인 고급 프라이팬 선물을 받았다고 뽐내며 무엇으로 보답을 해야 할까를 이야기하며 식탁 아래 세워 놓았다. 너무 좋아서 쓰지도 않고 바라만 보는데 한 달 반이 지나도 미안한 생각이 든다. 그렇게 생각만 하다가, '지난 가을에 사 온 강화도산 노란 고구마 1상자를 보낼까?' 하고 상자를 뜯어보니 더러더러 싹이 나서 보낼 수가 없다. 그러면 '닭갈비와 8월에 속초에서 잡은 고등어로 만든 젓갈을 보낼까? 아니면 2019년 1월 5일(토), 화천 산천어 개장 축제 때 잡은 산천어를 드릴까?' 하는데 마침 전화가 왔다.

"올해도 화천에 산천어 잡으러 가셨어요?"

"그럼요. 1월 5일 산천어 축제 개장하는 날 고기가 많아서 43마리 잡았어요. 25마리는 갈릴리찬양대 다음 주일 아침식사 때 매운탕 끓일 거고 나머지는 냉동실에 있어요."

"그럼, 남은 거 나한테 몇 마리 팔면 안 되겠어요? 남편이 매운탕을 좋아해서요."

"아, 그래요? 잘 되었네. 너무 좋은 프라이팬 선물을 받아 부담이 되어 무얼 드릴까 하고 생각 중이었는데 산천어를 좋아하신다니 내일 10마리 드릴게요."

"추운 날씨에 잡은 산천어인데 공짜로 받아도 돼요? 고맙습니다."

"그럼요, 그렇게 좋은 프라이팬을 선물로 받았는데, 이것도 부족하지요."

"그런데 어떻게 43마리를 가지고 나올 수 있었어요?"

"개장날은 폐장 때 퇴장하면 다른 사람들도 많이 잡아 나눔통이 넘쳐서 그냥 통과예요. 다른 날도 폐장때 나오면 검사도 안 하고 못 잡았으면 더 가져가라 해요. 아직 며칠 남았으니, 권사님도 두툼한 외투와 털신 신고 모자 쓰고 장갑 끼고 가서 많이 잡아 두고두고 매운탕 맛있게 끓여 드세요."

산천어는 식당에서 1kg에 2만원을 하니 프라이팬 값과 대강 맞을 것 같아 마음이 편하다. 산천어는 민물 1급수에 살며 단백질이 많아 노인 보양식과 피부노화 방지, 암 예방에 매우 좋다고 한다. 요즘은 나를 아는 사람들이 "올해도 산천어 많이 잡았어요?"가 인사다. 그런데 1월 9일부터 12일까지 홍콩으로 가족여행을 하게 되어 산천어를 많이 못 잡는 것이 좀 아쉽다. 학교에 근무하는 아들 내외가 2월에 졸업식, 수료식 등 학교 행사 계획이 많아 산천어 축제 기간이지만 1월로 날짜를 정했기 때문이다.

1월 12일 홍콩 가족여행을 다녀온 후, 그 다음 주일에 찬양대 아침으로 35명분의 산천어 25마리를 갖고 가서 매운탕을 끓였다. 송 권사가 무와 대파를 가져오고 나머지 양념을 준비했다.

평소 집에서 하던 대로 끓이는데 윤 집사가 "매운탕에 된장을 넣으면 맛있다."고 한다.

"아까, 고추장이랑 고춧가루를 넣었어요. 된장을 왜 넣어요?" 하고 지나쳤다.

드디어 매운탕이 한 그릇씩 배정되었는데 먹어 보니 정말로 맛있었다.

"아니, 왜 이렇게 매운탕이 깊은 맛이 나고 맛있어요? 참 잘 끓였네요!" 하고 감탄을 했다.

그때 배 권사님이 "매운탕에 된장 두 숟갈을 넣었어요. 비린내도 없고 깊은 맛이 나지요." 한다.

　나는 그때 '젊은이들이 뭘 알겠나' 하며 무시했는데 내가 지나간 후 된장을 넣었단다. '나이 많이 먹었다고 경험만 자랑하지 말고, 누군가 말을 하면 잘 듣고 해 봐야겠구나!' 생각하며 참 감사한 마음이 들었다.

　찬양대원 여러분들이 "산천어매운탕은 생전 처음 먹어 봤는데 정말 맛있네요. 고맙습니다. 내년에도 또 끓여 주세요." 하는 인사를 많이 받았다. 하루를 수고해서 여러분들이 즐거워하니 내 마음이 기쁘며 낚시 재능을 주신 하나님께 감사하다.

　남은 축제일 6일 동안도 산천어를 많이 잡아 지난 해 푸성귀를 주신 지인들과 친척에게 드리게 되어 매우 기쁘다. 산천어 축제를 개최하는 화천 군민들이 부자가 되기를 바라며, 한겨울 축제 준비로 수고하는 모든 관계자들에게 깊은 감사를 드린다.

53. 말레이시아 반딧불이 여행

    2019년 11월 3일 인천공항에서 오후 6시에 말레이시아 가는 '진에어'를 타고 이륙해 밤 12시 현지에 도착해서 가이드를 만났다. 이곳은 영어와 인도네시아 말이 허용되어서 인도네시아어가 능숙한 이 권사가 의사소통을 담당했다. 회원 8명 중 1명은 가족 내 환자가 있어 참석을 못 해서 고교동창생 김 권사를 추천해서 같이 왔는데, 재치를 겸비한 유모어박스 역할을 해서 고마웠다. 올해도 방 짝은 제비뽑기로 정하기로 했다. 그 결과 내 짝 고 권사는 천생연분인지 작년에도 올해도 짝이 되었다.

    내년에 회장으로 피선될 내 짝은 배우기를 즐기며 적응력이 탁월하고 추진력도 우수하다. 내가 좋아하는 탁구에 취미가 같아 반갑다. 미(美)에도 관심이 많아 매일 밤마다 팩을 제공하겠다고 하니 금상첨화 짝이다.

    첫날 아침 7시에 L(1층)뷔페식당에 가는 엘리베이터는 우리나라와는 달리 방 열쇠를 박스에 대어야 층수가 표시되는 등 어색하다. 아침에 뷔페 식사 후 시워크를 가려고 수영복과 덧옷을 입고 버스를 탔다. 가이드가 본인 소개와 말레이시아 역사를 안내한다. 11월이 여행하기 좋은 이곳은 570여 년간 영국, 일본, 포르투갈, 네덜란드 등 외국의 식민 지배하에 있다가, 1963년부터 독립해 현재 3,204만 명의 인구를 갖고(2018년 추계)있으며, 치안 상태는 양호하다고 한다. 초등학교부터 대학까지는 무상교육으로 국민에게 세금을 받지 않고 정부에서 운영하며 복지가 잘 되어 있다고 한다. 주요 수출 품목으로는 석유, 고무, 주석, 야자유, 철강이며 이슬람교가 국교라 하는데 성(性)적인 것이나 식품으로 법을 위반하면 사형이 집행되고, 절도죄는 절도한 쪽 손목을 절단했는데, 최근에는 외모를 고려해 팔의 중요한 6개의 신경을 잘라서 손은 있지만 그 손을 쓸 수 없게 만들고, 매를 맞아 죽게 하는 법도 있으므로 범죄율이 매우 낮다고 한다.

멀리 보이는 '코타키나발루산'은 4,101m로 동남아시아에서 최고로 높고 세계에선 10번째로 높은 산이다. 지난 2000년도에 말레이시아 최초로 '유네스코 지정 세계자연유산에 선정' 되었으며 천혜의 자연이 훼손되지 않고 남아 있어 사랑을 받고 있다고 한다. 그곳에는 '라플레시아'란 자주색의 꽃이 있는데, 지름이 50cm~1m 정도이고, 꽃잎 두께가 3cm 정도로 무게가 7kg이며 기생 식물로 뿌리에 기생하므로 줄기와 잎을 볼 수 없고 충매화로 수분한다고 한다. 출산 후 자궁 수축제로 쓰이고 있어 멸종 위기의 식물이 되어 가고 있으며, 등산을 하려면 1일 방문 인원이 제한 되어 있어서 몇 달 전에 예약을 해야 계획대로 볼 수 있다고 한다.

현지에 도착해 10분 정도 해수욕을 하고 씨워크(Sea Work)장소로 갔다. 머리에 산소통을 쓰고 2.5m 정도의 바닷물 속에 들어가 식빵을 뿌리니 열대어들이 몰려들어 잘 먹는다. 2002년 태국의 파타야 바닷속 관찰자료보다 다소 빈약한 느낌이 들며, 산소가 부족한지 10여 분이 지나면서 머리가 아파 모두 나왔다. 점심으로는 옥외에 설치한 뷔페에서 닭고기와 열갱이 요리를 맛있게 먹고, 오후에는 전원이 「전신 맛사지숍」에 갔다. 물놀이가 피곤했었는지 몸이 개운하다. 저녁엔 김치찌개를 먹어 입 안이 개운하다. 이어서 야시장에 가서 냄새가 고약하지만 열대지방의 명물인 맛있는 '두리안'

열매를 사서 먹고 왔다. 밤 9시에 8명이 한 방에 모여 윷놀이를 하였다. 전통 말판에다 전도, 천당, 지옥, 음주, 센터 등을 그려 넣었다. 이 권사 차례가 되었는데 걸을 하면 지옥이란 말에 빠져 처음부터 다시 시작해야 하는데, 다행히 윷이 나와서 박수를 치며 지옥을 건너뛰었다. 그런데 호사다마(好事多魔)라고 한 번 더 던지니 물림 도가 나와 뒤로 한 말 물러나 지옥에 빠지게 되어 말이 처음 시작으로 가야 해서 한바탕 웃었다. 그 순간 '내가 잘못한 일이 무엇이 있나?'를 누구나 생각나게 한다고 한다. 정말 예상치 못한 폭발적인 웃음이 재미를 더한다. 놀이가 끝나자, 이 권사가 회원들 8명의 선물을 준비해 와서 여러 친구들이 고마움을 가무로 표현해 더욱 즐거웠다.

다음날은 남지나해에 파도타기를 하러 갔다. 부대(浮袋)를 꼭 붙잡았지만 중심이 안 맞는지 파도에 자꾸 뒤집혀 물도 먹으며 힘이 드는데 김 권사는 잘 뜬다. 잠시 후 모래밭에서 그네도 타고 사다리를 올라가 하늘을 배경으로 독사진과 단체사진을 찍었다. 점심에는 전통춤을 하는 식당으로 가서 식사를 하며 즉흥적으로 김 권사와 같이 땀을 덜나게 하는 뱀춤으로 손가락을 펴고 손목을 비트는 춤을 추었다.

교직에 있을 때 무용연수에서 배웠는데 처음으로 쓸 일이 생겨서 즐겁다. 기온이 낮은 러시아 같은 추운 나라에서 하는 발을 통통 구르는 춤은 아직 써 보진 못했다. 기온이 높은 식당 밖에는 집채만 한 나무들이 그늘을 만들어서 시원하다. 현지 전문인들이 다듬잇돌같이 생긴 전통나무 악기를 두드리니 맑고 아름다운 소리가 났는데 내가 두드리니 탁한 소리가 나서 전문인의 위상이 돋보인다. 이어서 특별활동으로 천연염료를 이용해 그림을 그려 마르도록 놓았다. 그 사이 대나무 80cm 정도의 길이에 젓가락 한쪽에 햇살처럼 얇은 나무를 오려 붙인 것을 대나무통 속에 넣어 입으로 불어 20m쯤 있는 과녁을 맞추는 놀이다. 처음엔 10점에 명중하고, 두 번째는 8점에 명중해서 기분이 무척 좋았다.

잠시 후 그림을 갖고 나와서 '바나나 보트와 카약'을 탔다. 수심은 60cm 정도인데 앞서가던 카약이 물 속 흙에 걸려 움직이지를 못 해 내려서 배를 미는 팀도 있었지만, 나는 다행히 몇 년 전 라오스에서 카약 노를 저어 본 경험이 있어 앞으로 잘 나갔다. 한 시간 정도 지나 나뭇가지로 바닥을 엮고 풀잎으로 지붕을 만든 15평쯤 되는 넓은 배를 타고 6시경 호텔로 왔다.

저녁식사가 끝나고 밤에는 「반딧불이 투어」를 갔다. 물가에 우거진 '맹그로부(Mangrove)'나무숲에는 수십 마리씩 반딧불이가 움직이는 빛이 크리스마스트리처럼 참 아름답게 반짝이고 있다. 내 곁으로 오는 반딧불이를 모자를 휘둘러 한 마리 잡았다가 놓아 주었다. 딱정벌레과의 반딧불이의 먹이로 유충 때는 다슬기, 물달팽이, 우렁이를 먹고 성충이 되면 이슬을 먹고 산다고 하는데 청정지역이 56곳이나 있다고 한다. 전등 불빛이나 소리로 유인하기도 하므로 배안에서는 기타를 치며 노래를 부르기도 했다. 물가 숲이지만 모기 퇴치제를 뿌리면 냄새가 나서 오지 않거나 반딧불이가 죽으므로 삼가 했다. 맹그로부 나무는 수중식물로 인도네시아와 말레시아가 원산지인데 다른 식물보다 세계 인구가 만들어 내는 이산화탄소를 2.5배 흡수하고 저장할 수 있어서 '녹색성장 식물'로 지구의 기후를 지키는데 가장 강력한 힘을 보유하고 있다고 한다.

투어(tour)가 끝나고 밤이 늦었지만 10시에 또 윷놀이를 하러 모였다. 나는 분위기 조성을 위해 TV화면에 'Welcome'이라고 휴지를 꼬아서 테이프로 붙이고, 입체감이 나도록 분홍색 루즈로 글자 테두리와 반딧불이를 그려 놓고 여선교 9지회라고 쓰니 훌륭하다. TV둘레에는 양말 포장지 은박지를 8칸으로 찢어 길게 늘어뜨려 아름다운 장식이 되었다. 비상식량인 컵

라면 야식으로 추억을 쌓아 가는 동안 은박지를 잘라 장미꽃을 접어 머리에 한 개씩 꽂았다. 70세 노인들이 3살짜리 아기 얼굴 같아서 웃음이 폭발하는 재미 있는 모습들이 나왔다. 오늘 윷놀이는 방장과 방원 팀으로 나누었는데, 어제 윷을 5번이 나온 김 집사는 오늘도 4번을 던져 윷놀이의 고수로 인식되었다. 윷놀이의 마지막 밤이 흥겹게 끝나면서 이 권사는 신·구 회장의 선물로 가방을 준비해 와서 수고와 부탁의 한 말씀을 드리므로 기쁨을 더했다.

늦은 밤 내일 귀국을 위해 캐리어를 여는데 지퍼가 고장났다. 할 수없이 포크로 지퍼를 해체하고 비닐 가방 2개에 짐을 나눠 담았다. 한국을 떠나기 전에 '캐리어가 낡아서 버릴까 하다가 한 번 더 쓰고 버려야겠다.'고 생각했는데 여행지에서 버리고 가게 되었다. 혼자 생각했었지만 생각도 잘 해야겠다는 생각이 든다.

마지막 날 시티투어 길에 가이드가 "말레지아 지폐 후면에 있는 나무 이름을 맞추면 선물을 드립니다." 해서 잠시 후 '팜나무'를 맞춰 코코낫초코렛을 상품으로 받아 기분이 좋았다.

이른 저녁을 먹은 후 전신 맛사지를 받으러 갔는데, 아기엄마 같은 분이 정성껏 해 주어 팁으로 5달러를 주고 나니 내 마음이 즐겁다. 맛사지가 끝나고 밤 11시 55분에 출발하는 비행기를 타고 오전 6시에 인천공항에 도착했다. 입국수속 줄에 외국인들의 수가 3백 명쯤 된다. 한류열풍을 일으킨 「보컬그룹」, 「비빔밥」, 「말춤」, 「아리랑」, 「대장금」, 「겨울 연가」, 「태양의 후예」, 봉준호 감독의 영화 「기생충」, 2019년 베트남 축구 대표팀 감독 박항서(2019년 11월 5일, 재계약)등의 자랑스런 인물들이 고맙다. 15년 전 연수 때 강사가 말한 '세계가 지구촌'이라는 말이 딱 맞다. 공항 식당에서 두부찌개로 아침식사를 하며 11월 15일(금) 오후 6시 30분에 뒤풀이 식사를 하고 내년 계획을 세우기로 했다. 식사가 끝나고 유머박스 같은 김 권사가 '투썸플레이스'에서 모닝커피를 사서 신나게 마시며 여행 중에 희로애락(喜怒哀樂)을 토로했다. 춘천에 도착해 점심은 생략하고 집으로 돌아갔다. 반딧불이와 윷놀이가 눈에 어른거린다며 사진과 동영상을 주고받는 감사 문자가 며칠 오고 갔다. 70세 경로자지만 아직은 가족을 위해 할 일이 있는 사람들임을 새삼 느끼며 건강하게 아름다운 세상을 다녀보고 맛있는 것도 먹어 보았음에 감사하다.

웬만큼 피로가 풀린 11월 15일 오후 6시 30분에 9명이 모두 모여 저녁 식사를 하면서 여행에서 권장할 일과 취소해야 할 일들을 짚어보고 경비 지출을 보고한 후 여행에 참석하지 못한 고 권사에게 선물을 주고 서로의 배려에 감사하며 알뜰한 여행을 마무리했다.

54. 반가운 개구리 소리

  2020년 7월 2일 오후 5시경 충혼탑 산책 후 퇴계동 대로변을 걷는데 풀밭에서 바리톤급의 개구리 소리가 구성지게 들린다. 감자를 캔 밭에서 감자 잎사귀 나물을 하려고 한 포기를 얻어 천천히 50여 계단을 올라가고, 아파트 11층을 올라가서 창문을 열어도 여전히 잘 들린다.
  '짝짓기를 하는 봄철도 지난 상태인데, 왜 지금 소리가 나는지 궁금하다. 주변에 아파트 공사로 삶의 터전을 빼앗겼나? 비가 온다는 예보를 하나? 사람들이 논밭에 뿌린 농약에 대한 항의 농성인가?'
  개구리 소리를 좋아하는 나로선 오랜만에 참으로 반갑다. 직장에 출·퇴근할 때도 개구리 소리가 들리면 창문을 열고 들으며 주행을 한다. 계속 소리를 들으니 옛날에 큰어머니가 구워 주시던 참개구리의 뒷다리가 생각난다. 개구리의 효능으로는 단백질이 많고 지방이 거의 없으며 중국에서는 개구리 고기가 닭과 비슷해서 '논에서 나는 닭'이라 해서 전계라고 불렀다고도 한다.
  1960년대는 먹거리가 궁해 참개구리를 잡아서 몸통은 닭을 주고 다리는 화롯불에 구워서 아이들이 간식으로 먹었다. 뼈까지 연해서 모두 먹을 수 있었고 알은 순대 속에 당면을 먹는 것 같이 쫄깃쫄깃하다. 초등학교 때

개구리가 많았던 논에서 참개구리를 잡아서 다리를 머리카락으로 매서 놀다 사촌언니를 보여 주는데, 소가 언니를 뒤에서 뿔로 받아서 논바닥에 떨어졌으나 다치진 않았다. '소도 개구리를 좋아하는데 우리가 잡아서 그런가?' 하고 웃었다. 농한기에는 개울가나 산골짜기에 가서 돌을 들추어 동면하는 개구리들을 잡아다 구워 주곤 했다. 그때는 농약이 없었으니 봄철만 되면 논밭이나 개울에 개구리, 두꺼비, 맹꽁이와 부화된 올챙이가 무척 많았다. 새마을 사업으로 지붕개량, 농로만들기, 도로정비, 교량건설 등의 사업과 시멘트 가루 섞인 물로 인해 늪지대가 사라지면서 개체가 점차 줄어든 것 같다.

노천초등학교에서 근무할 때 1학년 어린이 6명과 족대를 들고 자연관찰을 한다고 개울로 갔다. 족대 대는 방법과 물고기를 모는 방법을 설명하며 직접해 봤다. 족대에 고기가 한두 마리씩 들어가서 10마리 정도 잡았고, 개구리도 5마리를 잡았다. 그중에 등은 녹색 얼룩무늬에 배는 주황색이며 독이 있다는 무당개구리도 1마리 있는데 무서워 만질 수가 없어 금방 놓아주었다. 농촌에 사는 어린이들이지만 족대로 고기 잡는 것이 처음이라며 개구리가 무섭다고 붙잡지도 못 한다. 교실에 가져와 어항에 넣고 물보다 더 높은 돌도 넣어 주었다. 고기 종류는 피라미, 돌고기, 쉬리여서 밥과 멸치와 건빵을 부셔서 넣어 주니 잘 먹는다. 물 위에는 개구리밥과 부래옥잠을 넣었다. 식물의 뿌리 내리는 것과 6장의 잎이 생기면 3장씩 포기 나누기 하는 것을 보려고 넣었다.

그런데 다음날 아침 개구리들이 밤새 눈이 맞았는지 둘씩 짝짓기를 하며 어항 속을 헤엄쳐 다닌다. 아이들은 개구리가 개구리를 업고 다닌다고 깔깔댄다. 2일째 아침엔 두 쌍 개구리들이 어항 속 돌에 알을 낳았다. 주전자로 물을 세게 부어도 흔들리기만 하고 안 떨어져 손으로 만져 보니 돌

위에 끈끈하게 붙여 놓았다. 자연이 참 신기함을 이야기했다. 2일이 지나자, 우무 속에 들깨알 만한 검은 점이 강낭콩 모양으로 바뀌어 가면서 점점 커지며 꼼지락거리며 움직이는 것이 신기했다. 개구리들은 파리나 모기 등 움직이는 먹이를 주어야 하는데 할 수가 없어 3일째 풀밭에 놓아 주었다.

개구리 알이 며칠 만에 부화하는지 기다리는데 7일이 되니 몇 마리가 알에서 나오고 8일이 되니 많은 올챙이들이 돌아다닌다. 나중에 알았지만 수온에 따라 부화 기간이 달라진다고 한다. 올챙이는 헤엄쳐 다니다가 물고기가 다가오면 죽은 척 나뭇잎 같이 가라앉다가 바닥 돌 가까이 가면 얼른 헤엄쳐서 돌 속으로 숨는다. 올챙이들이 자기 목숨을 보호하기 위한 행동을 보는 일이 참 재미 있다. 먹이는 달걀노른자, 밥, 두부 등을 주었는데 몸통이 땅콩만하고 잘 크며 돌이나 벽에 돋는 녹색말을 먹어 물도 깨끗하다. 올챙이들은 15일쯤 되어 뒷다리가 나오고, 25일쯤 되어 앞다리가 나오더니 꼬리가 없어지고 개구리가 되어 헤엄을 잘 친다. 그런데 움직이는 모기나 파리 먹이를 줄 수가 없어 2일째 아기개구리들도 그림을 그려 놓고 풀밭에 놓아 주었다.

농촌 인구가 줄면서 논밭에 농약이나 제초제 살포가 많아져 비가 오면 논밭에서 나온 물이 개울이나 강으로 흘러 들어가서 미생물이 죽어 먹거리가 없어선지 개구리도 없다.

2020년 7월 8일(수) 밤 9시 뉴스를 듣고 글을 쓰려고 컴퓨터 앞에 앉았는데 청개구리 울음(raincall)이 아파트 11층에서도 너무나 잘 들린다. 전래동화 「청개구리」가 생각난다. 인터넷을 검색해 보니, 청개구리는 옛 사람들이 청·녹색의 구별이 없이 푸르다는 뜻에서 붙여진 이름이며, 세계적으로 2,000종에 이르나 우리나라에 서식하는 11종의 개구리 중에서 몸은 가장 작지만 울음소리는 가장 크다고 한다. 몸길이는 2.5cm~4cm로 피부색은 녹색이나 주변의 환경에 따라서 몸 색깔이 변하며 발가락 주변에 흡반이 발달 되어 벽이나 나뭇잎을 잘 타고 내릴 수 있다고 한다. 청개구리 한 마리가 울기 시작하면 모두 따라 우는데 이것은 종족끼리 통하는 감정의 표시로서 평화와 안전의 표시라고도 한다. 수컷은 주로 밤에 울며 울음주머니가 발달해 암컷을 끌어들이는데, 알을 낳았거나 성숙하지 않은 암컷은 반응을 나타내지 않는다고 한다(정해문, 1983).

청개구리가 울면 통계상으로 울음소리를 들은 30시간 이내에 비가 내릴 확률이 60~70%나 되는 비교적 단기 예보자료의 하나라고도 한다. 기압이 저하되고, 습기가 많아질 때 호흡에 지장을 받기 때문에 운다고 한다(김광식, 1983). 청개구리는 3년이 지나야 어른 청개구리가 되고 수명은 야생에서 3년~5년, 인간이 사육 시는 10년 정도 살 수 있다고 한다.

수십 년 개구리 소리를 들어왔지만 새로운 사실들을 알게 되었다. 오늘 밤 청개구리는 10시부터 울기를 시작했는데 새벽 1시 45분까지 계속 운다. 「개구리」동요 가사 중에 '밤새도록 하여도 듣는 이 없네. 듣는 사람 없어도 날이 밝도록, 개굴개굴 개구리 노래를 한다. 개굴개굴 개구리 목청도 좋다.'가 생각이 나서 정말 몇 시까지 우는가 보려고 작심하고 시간을 지켜보고 앉아 있었다.

밤 10시경에는 20초~30초 간격으로 자주 울더니 자정이 지나면서부터 4분~5분쯤으로 간격이 생기고, 1시 이후는 10분 정도 간격이다. 짝을 만났는지, 울다 지쳤는지, 장맛비가 온다는 예보인지, 잠을 자는지 조용해져서 새벽 2시에 나도 잠자리에 들었다.

55. 빈 우유팩의 변신

 '휴지' 하면 얼른 생각나는 곳이 화장실인데, 국내 여행을 하다 공중화장실에 가보면 "우리 집보다 더 깨끗하다."고 다들 이구동성(異口同聲)이다. 문화를 자랑하는 서유럽, 동유럽을 여행할 때 화장실마다 사용료를 내야하고 휴지도 갖고 다녀야 하는 번거로움도 있는데, 우리나라는 어느 곳이든 준비되어 있어 편리하다. 두루마리 화장지나 티슈(Tissues)등 디자인이나 색상이 모두 훌륭하다. 전국에서 아름다운 화장실 선발대회가 있은 후 국민들도 더욱 깨끗이 사용하는 느낌이 든다. 올해는 화장실 안에 다 쓴 휴지를 넣는 휴지통도 없이 변기에 넣어 냄새도 없어 쾌적하다.
 연수교재에서는 대변볼 때 화장지를 13겹을 써야 오염 없이 안전하다고 하나 아까워서 그렇게 쓰지는 못 하는데, 젊은이들은 13겹을 쓰니 두루마리 화장지 하나가 일주일도 못 가는 형편이다. 시댁 조카가 큰아버지댁에 한 달간 머무는 동안에 화장지 쓰는 것을 보고 큰아버지는 잔소리도 할 수 없고 참느라 혼났다는 이야기도 들었다.
 1960년대에는 대변을 보면 휴지가 없어서 어린 호박잎사귀, 지푸라기, 거름푸대 종이, 누런 종이, 신문지, 달력 등을 구겨서 사용했다. 미국에서는 다 먹은 옥수숫대를 쓰기도 했단다. 화장지는 목재에서 나오는 펄프로 만들며, 천연화장지 재료인 유칼립투스는 호주에서만 생산되고, 미국에서 화장실용 휴지는(Tolet paper) 1857년 처음으로 공장에서 생산되었다 한다. 월도프 티슈는 1880년 만들었다고 한다. 우리나라는 1961년에 무궁화 화장지 회사에서 두루마리 화장지를 만들고, 1971년 유한킴벌리에서 크리넥스 BT가 나왔다. 1974년 화장지 '뽀삐'가 대히트를 치고, 이후 1980년대부터 아파트를 많이 지으니까, 수세식 화장실이 늘어나 화장지 회사가 많이 생겼다고 한다. 요즘은 화장지 냄새도 향기롭고 꽃, 동물, 인형, 집 등 여러 가지 그림이 예쁘고 올록볼록 엠보싱이 있어 사용감도 좋다. 더욱이 물티슈가 생겨 물 없이도 다방면으로 쓸 수 있어 위생적이고 편리하다.

화장지는 화장실용과 구강용 티슈사용을 구분해서 써야 한다. 두루마리 화장지로 입술을 닦는 경우 형광 물질에 노출 되어 장염, 소화기 질환 등 암도 유발 시킬 수 있다고 하며, 장기간 사용하면 피부 트러블이나 아토피, 피부염 등이 유발할 수 있다고 하니 입술은 구강용 티슈를 사용해야겠다. 또한 식탁위에는 티슈를 놓고 화장실에는 두루마리 화장지 놓기를 구분해 신중히 사용해야 할 필요가 있다.

2009년 3월 춘천 교동초등학교로 전입해서 1학년을 담임한 어느 날, 한 어린이가 "선생님, 이 휴지는 할머니가 동사무소에서 빈 우유곽 20개랑 바꿔서 가져온 것인데 우리 교실에서 써요." 한다. 그 말을 듣고 우리 반 어린이 27명이 빈 우유팩을 모으기로 약속했다. 빈 우유팩을 휴지랑 바꿔서 쓰면 교실에서 개인이 쓸 휴지를 집에서 가져오지 않아도 되겠다고 하니 모두 좋아한다. 우유를 먹고 난 다음에 우유팩 아래 이름을 쓰고 모으니 안 먹고 버리는 어린이도 우유팩 모으는 재미에 우유를 마신다. 어떤 어린이는 집에서 먹은 빈 우유팩을 몇 개씩 갖고 오기도 하고, 길이나 운동장에서 주워 오기도 한다. 우리나라도 머지않아 물 부족국가로 분류 되어 있음을 어린이들에게 말해 주고, 물을 아껴 쓰려고 두 컵으로 20개를 헹구어 창 밖에서 말리고 오후 4시경 걷는다. 모은 빈 우유팩은 여러 가지 모양으로 자르며 모양을 생각하니 창의성도 생긴다. 빈 우유팩은 5일이면 135개 쯤이고 교동사무소에서 휴지는 6개를 받아오는데 한 달이면 25개 정도가 된다. 교동사무소 직원과 인사하는 방법도 이야기해 주고 안전하게 잘 다녀오도록 안내를 한다. 때로는 교실에서 우유팩으로 높이 쌓기 놀이도 하고, 볼링핀 대용으로 공을 굴려 맞추는 놀이도 한다. 놀잇감으로도 사용하고, 덧셈과 뺄셈을 잘 못하는 어린이에게는 구체물이 되어 더하고, 빼고, 나누는 셈하기에 도움이 되기도 한다. 특별한 아이디어를 발표하는 어린이는 휴지 1롤을 선물로 준다.

학급에서 소모되는 화장지를 충당할 수 있고 한 달에 한 번은 어린이들이 1개씩 집으로 가져가도록 하니 모두 다 열심히 한다. 가끔 옆 반과 음악 공부 합반을 할 때는 몇 개씩 준다. 작은 일이지만 근로의 대가가 있으니 꾀부리는 어린이도 없고, 서로 경쟁을 하듯이 열심히 하곤 했다. 분단별로 아껴 쓰기 기준을 정하니 절약도 되고 휴지통도 잘 정리되곤 한다. 어떤 날은 하얀 휴지로 장미꽃 접기를 가르쳐 액자 가장자리와 창가에 줄장미가 핀 것처럼 꾸미기도 하고 집에 가져가기도 한다.

휴지가 또 쓰이는 곳은 관찰용으로 햄스터를 기를 때 햄스터는 어두운 곳을 좋아하므로 휴지 속의 둥근 기둥모양을 넣어 놓으면 햄스터가 들어가 낮잠을 자고, 빈 우유팩의 사각면에서 한 면만 잘라내어 문을 만들어 주거나, 3~4개 팩을 길게 이어 장 속에 넣어 주면 어두운 터널 같은 모양이 되어 모두 들어가 낮잠도 잔다. 햄스터가 많이 들어가는 분단이 일찍 집에 가기도 하고 햄스터 장을 청소하는 봉사를 하기도 한다. 어떤 때는 휴지를 50cm쯤 길게 끊어서 가로로 반을 접어 머리에 띠로 매고 편을 갈라 단체로 닭쌈도 하고, 모두 원 안에 들어가 엉덩이로 밀치기도 하면, 어느 편이 많이 남아서 이겼는지 확실히 구분이 된다. 또 휴지를 두 줄로 길게 이어 놓고 도랑 건너뛰기도 하고, 실내화 멀리 차기 민속놀이도 한다. 썼던 휴지는 유리창 틀이나 구석진 곳의 먼지를 닦는데 쓰니 간편하고 비누나 물도 절약 되어 좋다. 그리고 휴지를 길게 잘라 반으로 접어 붕대 대용으로 응급처치하는 방법을 가르치면 흥미 있게 활동에 임한다. 또는 휴지를 길게 잘라 모두 잡고 끊어뜨리지 않고 목표물을 돌아오는 협동심을 기르는 놀이도 한다. 놀이에 썼던 휴지는 분단별로 모아 물풀에 섞어서 바람이든 풍선 위에 덧붙여 둥글게 말린 다음 풍선을 떼어내고 익살스런 얼굴을 그려 넣고 탈춤 출 때나 게임할 때 탈로 쓰고 보관한다. 그런데 2학기가 되니 참여자가 많아 휴지 조달이 어려운지, 동사무소에서는 빈 우유팩이 20개에서 100개로 올라서 휴지 1롤을 받아오는 날이 그리워진다. 다행히 1학기 때 모은 휴지가 많아 걱정 없이 쓸 수 있었다.

 2011년 퇴직 이후 집에서 나오는 100㎖ 빈 우유팩(30개), 폐건전지(20개), 모임 때 썼던 종이컵(200개)을 모아 동사무소에 가서 두루마리 화장지와 바꿔 쓰니, 휴지 구입을 안 해도 해결이 된다. 1년에 55개 정도의 두루마리 화장지를 얻으니 자원을 절약해서 좋고, 청결해서 좋다. 뿐만 아니라 푼돈을 쓰지 않아도 되며 손자와 휴지를 이용한 작품을 만들어 쓰며 보람을 느낀다. 방학 때는 손자와 같이 동사무소에 폐품과 휴지를 바꾸는 체험도 하며 자원의 소중함과 경제 가치의 효과를 배우는 기회를 만들기도 한다.

56. 동해안 봄나들이

　2016년 4월 12일, 몇 년 전 일본 여행팀으로 조직된 10명이 한국관광공사가 '4월에 가볼 만한 곳'으로 뽑은 강원도 삼척시 맹방 유채꽃 축제를 보고 대게를 먹으러 가려고 차를 탔다. 고속도로로 진입하는 퇴계동 대로변에는 연분홍 벚꽃잎이 바람에 날려 축하 세례(洗禮)를 받는 듯 기분이 좋다. 고속도로변에 하얗게 핀 조팝나무꽃이 가드레인에 흰 줄을 걸쳐 놓은 듯도 하고 백회를 뿌려 경계선을 그은 것 같기도 하다.
　산에는 참나무들이 연둣빛 잎사귀를 키우고 있고, 소나무 아래에는 단짝인 분홍색 진달래가 다정스레 피어 있다. 어느 해보다도 개나리, 진달래, 벚꽃, 목련, 조팝나무꽃이 지구 온난화의 전령사처럼 앞다투어 선보인다. 인삼과 찰옥수수의 지방인 홍천읍 들에는 논과 밭의 푸름이 싱그럽다. 먹거리가 귀했던 1960년대 초등학교 때 진달래꽃을 따 먹던 일과 소나무를 꺾어 껍질을 벗겨 물을 빨아 먹던 일들이 생각난다. 강화도 고려산의 진달래꽃 면적만큼은 안 되어도 환호성을 지르기에 충분한 진달래꽃이 군락을 이루었다. 김소월 시인의 애틋한 사랑이 담긴 「진달래꽃」시도 읊어지며, 나에게 애틋한 사랑을 주었던 사람들이 누구인가도 생각해 본다. 이런저런 생각을 하다 한우, 추어탕, 더덕으로 유명한 횡성읍에 진입하니 벚꽃으로 길이 환하게 열려 있다. 회전 교차로도 잘 꾸며져 있고 도로변의 아파트와 큼직한 건물이 부자 마을처럼 보인다. 어제는 지인의 초대로 횡성 음식점에서 한우 채끝살을 먹었는데 명품답게 연하고 맛이 좋았고, 식당 종업원들의 서비스도 마음에 들었다. 2km 정도 되는 횡성 벚꽃길을 벗어나 평창 가는 길로 접어들었다.

2018년 예정된 평창동계올림픽 개최지의 원활한 교통을 위한 도로공사가 한창이다. 길가에 안전표시로 돌아가는 빨간 네온 불빛이 1월에 대만 가족여행에서 본 뼁낭과도 비슷한 모양으로 보인다. 잠시 후 차창 밖에 펼쳐진 동해의 푸른 바다를 보니 일본 여행으로 쿠르즈여객선을 탔을 때 배멀미로 고생했던 추억이 된 이야기가 꽃을 피웠다. 그리고 작년 12월 친정 동생들과 속초 외옹치항에서 복어 25마리를 낚았던 일, 새벽에 통발을 던져 잡은 도루묵을 구워 먹던 일, 일주일 전 속초항에서 도다리 8마리를 잡아서 봄철의 보양식이라고 쑥도다리탕을 끓여 먹던 생각에 기분이 좋아진다. 렌트카 기사님이 주신 커피를 마시며 길가에 만들어 놓은 양들을 보는데 동해시 천곡동굴과 무릉계곡 이정표가 보인다. 무릉계곡은 두타산과 청옥산을 배경으로 기암괴석이 절경을 이루고, 신선이 노닐 정도로 아름다워 이상향의 세계로 동경해 왔다는 뜻으로 중국에서 따온 이름으로 지어졌다고 한다.

1995년도 4월 금산초등학교 개교기념일에 교직원들과 여행을 갔었다. 무릉계곡 입구에 가까이 있는 무릉반석에는 양사언, 매월당, 김시습을 비롯한 수많은 시인 묵객들의 시가 새겨져 있고, 김홍도의 금강사군첩은 관동팔경을 돌면서 44세에 그렸다는 그림이 있었다.

12시가 되어 점심식사는 묵호항에서 다리가 큼직하며 몸집이 두툼한 대게를 두 마리씩이나 신나게 먹었다. 식사 후 수협에서 건어물과 오징어, 젓갈 등을 구입한 후 유채꽃 축제가 열리는 삼척 맹방으로 향했다. 과수원엔 벌써 분홍색 복숭아나무 꽃과 하얀 배나무 꽃이 펴서 장관을 이루고 있다. 길가에 온 산을 뒤덮은 벚꽃나무는 30년 전 최은혜 친구가 이곳 보건소에서 근무할 때 식목일에 직원들과 같이 심었다는 이야기를 해서 숨은 공로자로 박수를 쳐 주며 고마워했다.

4km쯤 된다는 벚나무 꽃길 옆으로 펼쳐진 맹방의 유채꽃 밭은 7ha로 3년 전보다 넓어졌고, 전통을 가진 제주도 유채꽃밭을 무색케 할 정도로 아름답다. 키도 가지런히 자라서 투명한 노랑꽃을 보는 순간 가을 벌판에 벼이삭이 노랗게 익은 듯한 느낌이 든다. 유체는 가을에 파종하고, 이른 봄에 8cm~120cm 정도로 자란 어린순은 나물, 김치, 국으로 이용하고 씨는 기름을 짜서 콩기름 다음으로 식용에 많이 이용한다. 특히, 유채의 칼슘은 노인에게 필요하고, 엽록소와 엽산은 신체의 저항력을 높여 주어 눈을 밝게 하고 독을 차단해 주는 등 감기를 예방해 준다고 한다. 또한 철분이 많아 출혈 예방과 변비, 우울증, 신경과민 예방에도 좋은 작용을 한다고 한다. 노란 유채꽃 한 포기에 꽃봉오리가 550개쯤은 되는 것 같다.

축제장답게 주변에는 원색의 바람개비 수십 개가 신나게 돌아가고 작은 마차, 그네, 엿장수, 작은 바이킹과 그네도 보인다. 꽃밭에서 웃음 띤 얼굴들이 삼삼오오 포즈를 잡고 사진을 찍고 있다.

우리 일행도 사진을 몇 장 찍고 커피의 원조인 강릉시 학산리 테라로사 커피숍엘 갔다. 5년 전에 왔을 때보다 매장이 넓게 잘 정리 되어 있고 3m를 넘는 커피나무 15그루와 묘목도 100여 개쯤 되는 것 같다. 하얀 커피나무 꽃이 향기를 쏟아내며 녹색과 빨간 열매를 달고 서서 손님을 기쁘게 맞이한다.

우리 집에는 여기서 5년 전에 얻어간 묘목이 120cm 자라서 고추꽃 같이 하얀 꽃송이가 많이 맺혔는데 오늘 아침 한 송이가 피고 있는 것을 보고 왔다. "공든 탑이 무너지랴."라는 생각으로 늘 노심초사 하여 돌보고 있다.

　커피 양이 많아 남은 반 컵은 포장해서 들고 작년에 먹었던 감자부침개 맛을 잊지 못해 강릉 중앙시장으로 가서 감자부침, 녹두전, 메밀전병과 부침개를 먹었다. 1960년대 감자와 강낭콩으로 끼니를 잇던 세대들의 향수 때문인지 맛있게 잘 먹는다.

　돌아오는 길에 저녁식사로 횡성 식당에서 먹은 민들레 무침, 새콤달콤한 햇마늘 무침과 된장찌개 맛이 좋았다. 맑고 투명했던 아름다운 세상이 검정색으로 변해 갈 즈음, 만족스런 힐링의 하루를 마감했음에 감사 인사를 끝으로 편한 밤을 맞으러 집으로 향했다.

57. 아마릴리와 민달팽이

2020년 2월 25일, 3살 손녀에게 콩의 싹틈과 하얀 뿌리를 보여 주려고 화분에 콩 5알을 심으려고 보니, 아마릴리 3포기에 새싹이 나와 자라고 있었다.

드디어, 4월 7일 주홍색의 아마릴리 꽃봉오리가 1시간 간격으로 개화하던 날은 황홀하기까지 했다. 두 꽃대에 7개의 꽃봉오리가 맺혔으니 대박이다. 7송이의 꽃을 보는 기쁨을 사진 찍어서 2017년 4월 구근을 보내 준 중학교 동창에게 보내며, 번식 방법을 물으니 구근과 씨를 심는다고 했다. 그런데 인터넷엔 구근 나누기를 하는 것은 있는데, 씨앗 모양은 나온 것도 없고 기른 사람도 없어 무척 궁금했다. 처음 핀 꽃 4송이는 꽃이 지고 꽃대가 누렇게 변해 물러앉을 때도 아무 생각이 없었다.

그런데 며칠 후에 핀 2송이 꽃을 보는데 수술 6개에 암술 1개가 활짝 핀 모습을 보고 순간적으로 '씨앗이 생기면 좋고 아니면 말고'라는 심사로 2송이에다 손으로 암술머리에 수술 꽃가루를 묻혀 주었다. 몇 년 전 군자란도 씨앗을 한 번도 못 보았지만 인공중매를 해 본 결과 씨가 맺혀 1년을 기다려 빨갛게 익은 껍질을 벗기고 나팔꽃씨 같이 생긴 씨 4개를 심어 새싹을 키웠던 경험이 생각나서였다. 5월 6일 드디어 한 대에서 나온 두 꼬투리에 꽈리 3개를 붙여 놓은 삼각형 모양의 씨방이 뚜렷이 나타났다. 하지만 씨앗을 보지도 못 했고 지식도 없으니 마냥 기다렸다.

드디어 5월 25일, 노랗게 된 씨방 껍질이 탁 터졌는데 검정 비닐을 세로로 차곡차곡 쌓아 놓은 모습으로 크기는 어른 검지 손톱만한데 늘어난 검정비닐 모습 같은 게 92개나 들어 있다. 너무도 보잘 것 없는데 모두 다 같은 모양이니 틀림없이 꽃씨 같아서 싹을 틔우려고 투명 그릇에 넣고 물을 부으니 모두 다 뜬다. 눌러도 다시 뜬다. 그대로 6일 정도 지나면서 비닐 같은 아래로 하얀 뿌리의 돋음이 보이기 시작했다.

물에 뜬 검정비닐 같은 것은 태양열을 받아 뿌리가 잘 자라도록 따뜻하게 돕는 역할을 하는 듯하다. 6월 8일 오후에는 하얗고 곧은 뿌리가 1cm쯤 자란 게 보여서 신기했다. 씨앗의 검은 부분은 위로 놓고 뿌리만 흙에 심으니 6월 15일에 키가 5.5cm가 자라고 잎의 넓이는 5mm 정도다. 1차로 성공적이란 생각에 가슴이 뿌듯하고 70여 폭 모종을 친구들에게 분양해야겠다. 핸드폰의 사진에 상세 정보를 보니 날짜와 시간이 있어 자람을 관찰하게 되어 기쁘다. 5월 28일에는 식당 뜰에 있는 활짝 핀 아마릴리꽃 2송이를 자신 있게 인공 중매를 해 주었는데 결실이 되었는지 조만간 가봐야겠다.

지금은 아마릴리 씨를 받아 새싹을 틔우기까지 가슴 조리던 생각이 여유롭다. 지난 3월 7일 3개의 구근에서 새싹이 나서 10cm쯤 자랐는데 잎사귀에 빨간 3mm쯤 되는 세로줄이 많이 나타나 '병이 들었구나' 하고 안타까워하는데 민달팽이 2마리가 화분 옆에 붙어 있다. 평소는 귀엽게 생겨 교직에 있을 때 약화로 많이 그렸던 모습이었는데 의심이 생겼다. '혹시, 민달팽이가 줄기의 즙을 갉아먹나? 화분 속에 있으면 익사를 시켜 보자' 하는 혼자만의 우스운 생각으로 2리터 팻트병의 물을 화분 가득 부었다. 스며들면 또 붓고를 반복 하니 20여 분 후에 콩알만 한 민달팽이가 화분 위로 자꾸 나와 15마리를 잡았다. 일주일 후 또 물을 넣으니 12마리가 나왔다. 한 달쯤 후에 우유를 먹고 난 빨대와 먹고 남은 닭다리에도 민달팽이가 나와 붙어 있음을 보고 잡식성에 단백질을 좋아함도 알았다. 인터넷에 보니 민달팽이는 알을 30여 개씩 낳고 잡식성이란다. 퇴치 방법은 쓰고 남은 커피 가루를 식물 옆에 뿌려 놓거나 맥주를 담아 놓으면 먹으려고 기어들어 갔다가 빠져 죽는다고 한다. 밭에 놓아서 채소를 보호하면 좋겠다는 생각이 든다. 민달팽이의 유익한 점은 한약재로 쓰여서 사육하는 사람도 있고, 프랑스에선 고급 요리로 쓴다고 한다. 생명을 가진 모든 것은 유익함도 있고 해함도 있으니 잘 이용해야겠다.

이제 아마릴리의 일생을 알고 나서 여유가 생기니 어이없던 기억이 떠오른다. 50년 전 김구철 목사님께서 아마릴리 화분을 주시고 8km 가까운 곳으로 전근을 가셨다. 1년이 지나 주홍색 아마릴리꽃이 4송이 피었을 때 목사님께 보여 드린다고 친구들과 갖고 가서 보여 드리니 참 예쁘다며 칭찬을 해 주셨다. 지금 같으면 선물로 드리고 왔을 텐데, 그때는 꽃이 예뻐서 "목사님, 이 꽃 보셨으니, 가져가서 또 잘 기를게요." 하고 체면도 없이 되가져와 길렀던 생각에 웃음이 난다. 하늘나라에 계신 목사님도 아마 그 생각이 나서 빙그레 웃으실 것 같다.

11월이 되어 아마릴리가 있던 화분엔 빨간 줄이 쳐진 잎사귀와 누런 떡잎이 쳐져 있었다. 봄에 민달팽이를 많이 잡았던 기억에, 혹시 지금도 민달팽이가 있나 의심이 가며 알뿌리를 캐서 보관할 겸 흙도 점검할 겸 화분을 쏟았다. 다행히 민달팽이는 한 마리도 없어서 다행이다. 1월 중순쯤 화분에 옮겨 심으려고 양파 자루에 넣어서 서늘한 그늘에 놓았다.

58. 이사

  2020년 2월 7일, 새 아파트로 이사 갈 준비로 매일 분주한 시간을 보냈다. 그런데 1월 19일 연초에 어렵게 얻은 자녀들의 직장 휴가로 사이판에 가족 7명이 여행을 가게 되었다.
  친환경으로 최상급인 사이판에 도착하여 이사준비로 한 달 동안 쌓인 피로도 풀며 며칠을 즐겁게 보냈다.
  1월 24일 귀국 후 코로나-19 감염병 예방으로 외부 활동이 자유롭지 못하고 마스크를 써야 하는 등 불편이 시작되었다. 피로가 채 풀리기도 전에 귀국 다음날부터 이삿짐을 쌌지만 여행의 즐거움에 힘이 솟는다.
  포장이사비가 백만 원이나 내가 싸야 할 짐들이 있어 분류를 하고 중요한 것들은 먼저 옮겨놓도록 했다. 특히, 10여 년을 길러온 1.5m의 체리핑크색 연산홍 나무와 향기를 폭발하는 문주란을 이웃에 주기로 했다. 이사 가는 집에 놓을 자리가 마땅치 않아 서운하지만 캐리어에 실어 날랐다. 그리고 1월 29일~1월 31일까지 새 아파트의 새집 증후군, 줄눈이 준비, 청소 등을 실시했다. 새로운 직업이 다양해졌음을 실감하며 감사했다.
  드디어 2월 7일 이사를 했다. 아들, 딸, 부모가 한 아파트 안에 살게 되어 연락관계가 수월해지는 것 같다. 우리는 101동, 아들은 103동, 딸은 107동이다. 국사봉 중턱에 자리를 잡은 아파트는 35층으로 건축가와 건축물의 위대함이 느껴진다. 초봄에도 외부 경관이 좋아 남의 집에 놀러온 느낌이 들 정도로 조경이 아름답다.

  4월부터 잎이 피기 시작하더니 5월 5일에는 아파트 전체가 대공원에 나들이를 온 것 같다. 분홍색, 빨강색, 하얀색, 다홍색, 체리 핑크색의 아름다운 연산홍 무더기는 환상적이다. 절기 따라 피어나는 여러 가지 색깔의 탐스러운 꽃과 나무가 잘 어울리고 연못에 이은 도랑에도 물이 흐르고 노랑꽃 범부채도 물가에 서서 오가는 사람들을 마중한다.

  분수가 나오는 주변 바위 사이에서 폭포(인공)가 쏟아지니 장관이다. 큰 바위, 작은 바위, 작은 돌들 사이사이에 심은 목초는 크고 작은 것과 색깔의 조화가 어찌나 잘 어울리는지 화폭에 잘 그려 놓은 그림보다 아름답다. 바람이 불면 수입종인지 처음 보는 80cm 정도의 갈대 같은 풀들이 어울려 춤을 추는 모양이다. 3곳의 어린이 놀이터는 새로운 시설물들이 많아 오후 4시경이면 어린이와 젊은이들이 모여들어 사람 사는 세상 같다.

  11층 거실에서 창 밖을 내다보면 인도 블럭은 회색과 흰색이 조화를 이뤄 싸락눈이 살짝 덮인 것같이 시원스러움이 환상적이다. 3살 손녀가 밖을 가리키며 눈이 왔다고 가리킬 정도다. 누가 조경을 했는지 춘천에선 최고요, 서울아파트와 대결해도 충분히 최상위를 차지할 것 같았다. 기온이 30℃를 올라가도 아파트 정원에 서기만 하면 땀이 다 스러진다. 예상대로 건물이 높아 햇빛을 가려 주고 대도로변보다 50m쯤 높은 곳에 건물이 있으니 국사봉(202m)에서 불어오는 바람이 더운 기운을 다 날려버린다. 데크로드와 잔디가 더위를 흡수해 버리는 듯 하고 곳곳에 마련된 데크 탁자와 의자가 운치를 더한다.

6개월이 지나기 전 이 아파트가 아름답고 살기 좋게 지어졌다고 이구동성 이사를 잘 했다는 듣기 좋은 말을 많이 들었다. 몇 달을 살아보니 방음도 잘 되고, 통풍도 잘 되고, 냉난방 유지가 잘 되어 온도의 변화도 크지 않고 1년 내내 방 보일러는 1달 정도만 돌리면 될 정도로 단열이 잘 되어 온도 유지가 좋다. 2,835여 세대가 사는 곳이라 아파트 관리비는 먼저 363세대 아파트보다 5만 원 정도가 적게 나오니 이 또한 감사한 일이다. 기온이 높은 여름밤에 시원한 바람을 찾아 아파트 뜰 탁자에 세 집 식구가 모여 앉는다. 할아버지는 치킨을 가져가고, 손자는 과일을 가져오고, 딸은 음료를 가져와 담소가 어우러진다.

아파트 이사의 목표가 하나씩 이루어진다. 아파트 이사의 목표는 자녀들의 취원, 취학의 문제와 경로이신 부모님이 응급을 요하는 아픔이 있으면 자녀들이 옆에 있어야 한다고 같이 이사를 왔는데, 이런 꿈을 꾸고 실천하게 한 자녀들의 지혜가 고맙다. 가끔은 일상을 뒤로 하고 아파트 길 건너에 소나무숲인 국사봉을 다녀와 활기를 북돋우며 건강 생활을 영위하고 있다. 곳곳에는 CCTV가 설치 되어 안전하고, 경비실이 상주해 범죄 발생이 적으며 쓰레기 처리가 편리할 뿐만 아니라, 아파트 밖에도 공동 화장실이 있어 매우 편리하다.

단점으로는 많은 사람들이 거주해서 간접흡연이나 층간소음에 시달릴 수도 있고, 화재나 지진 등 안전사고가 발생하면 층수가 높아 거주자가 많으니 피하기가 어렵고, 만약에 불상사가 일어나면 아파트 전체의 부동산 값도 떨어질 것이다.

2021년 3월에는 유치원과 퇴계초·중학교(가칭)가 개교를 한다. 유치원 입원 후보생인 4살 손녀와 중학생이 되는 큰손자가 이 학교에 입학하게 되면 금상첨화(錦上添花)다. 1월 4일 손녀는 유치원에 선착순 전화로 후보 1

순위가 되었다. 1월 8일에는 손자의 중학교 배정이 확정되었다. 지금 새 아파트에 이사 온 목적도 손자 손녀의 취원, 취학 혜택을 보기 위함이 목적인데 이루어져서 하나님의 도우심에 감사드린다.

이곳에 취원, 취학이 되면 도보로 10분이면 되는데 탈락되면 먼 거리 통학을 해야 하니 아침 저녁 교통 혼잡으로 인한 사고 발생도 두렵고, 하교 후 할아버지, 할머니가 돌봐 줘야 하는데 시간 맞춰 차량 출발, 도착 시간을 맞추기도 불편하기 때문이다. 세상은 공평하니 발생하는 일에 대해 내가 맞춰 살아야 함은 생각하지만 자꾸 안전함이 기대가 된다.

2021년 신축년(辛丑年) 새해가 되어 코로나-19가 해제되면 아파트의 편리함을 최대로 이용해 아침에는 각자 먹고, 점심은 아들집 103동에서 먹고, 저녁은 107동 딸집에서 먹고 담소를 나누어야겠다. 코로나-19 감염병 예방으로 휴원할 때 할머니와 같이 놀며 배우고 익힌 손녀의 재롱이 보관된 동영상을 연결해 보니 발표회에 버금가는 훌륭한 자료다. 우리 손녀를 아는 몇 명 친구에게 동영상을 보내니, 코로나-19로 집콕하고 있는 답답한 시기에 정말 재미있게 잘 보고 즐거웠다는 카톡이 온다.

1960년대 우리 집은 흙벽돌에 문풍지가 일렁이고, 펌프물에 설거지며 빨래할 때 손이 곱아 쩔쩔맸다. 천장에는 쥐가 마라톤을 하는 허술한 집에 아침 저녁 연탄가스 냄새가 지면을 덮던 그때를 생각하면 여기가 천국이다. 지금까지 살아 있음에 감사한다.

> 저자와의
> 협약으로
> 인지생략

송일순 산문집

감사는 행복의 통로

지은이 송 일 순
펴낸이 이 재 갑
펴낸곳 도서출판 문예사조
등 록 2-1071 (1990. 10. 15)

04558 서울시 중구 퇴계로 41길 8(충무로4가)
Tel. 02-720-5328, 2272-9095
Fax. 02-2272-9230

http://www.munyesajo.co.kr
e-mail : mysj5328@hanmail.net

발행일 2021년 2월 26일

잘못된 책은 바꿔 드립니다.
값 12,000원
ISBN 978-89-5724-260-5